Gerhard Konzelmann

Die Schlacht um Israel

Der Krieg der Heiligen Tage

Gerhard Konzelmann

Die Schlacht um Israel

Der Krieg der Heiligen Tage

Mit über 80 Dokumentarfotos
und 5 Kartenskizzen

Verlag Kurt Desch

VERLAG KURT DESCH MÜNCHEN WIEN BASEL

Gedruckt bei Presse-Druck- und Verlags-GmbH. Augsburg
Gebunden in der Verlagsbuchbinderei Hans Klotz, Augsburg
Schutzumschlag-Entwurf von Klaus von Seggern, München
unter Verwendung eines Farbfotos von Sven Simon, Bonn
Schutzumschlag gedruckt von Poerschke & Weiner, München
Printed in Germany 1974
ISBN 3-420-04700-2

Inhalt

Der Jom-Kippur-Krieg 7

Das schöne Gefühl zu siegen 16

Das Gehirn des ägyptischen Angriffs . . . 21

Das Gehirn der Verteidigung 26

Hoch lebe Sowjet-SAM,
in den Dreck mit Onkel Sam 29

Israels langer Arm 49

Sterben auf Golan 55

Der Luftangriff auf Damaskus 66

Geld – der Nerv des Krieges 70

Das ist eine andere Armee –
sagt ein israelischer General 73

Das Dilemma des Königs 78

Die Israelis setzen über 97

Israel verliert Freunde in den UN 102

Der erste Waffenstillstand 114

Die Israelis betreten afrikanischen Boden . . 121

Die Feuerpause 130

Die Geschenke der Großmächte 141

Der Ölkrieg beginnt 165

Droht der Weltkrieg? 183

Streit in Israel 188

Die Kommando-Organisationen
als Verlierer des Krieges 209

Blockade am Tor der Tränen 222

Das Rezept des Henry Kissinger 226

Die UN erproben den Weg zum Frieden . . . 230

Ein Staat für die Palästinenser? 244

Die militärischen Erfahrungen
des vierten Nahostkrieges 249

Der ägyptische Kriegsheld wird gestürzt . . . 252

Die Sowjetunion denkt an ihr eigenes Spiel . . 256

Erfolg und Mißerfolg im Ölkrieg 264

Der libysche Präsident will nicht
an einem abgekarteten Spiel teilnehmen . . . 270

Israel muß Zeit gewinnen 276

Drei Männer planen den Frieden 279

Der Frieden wird verspielt in Algier 282

Die erzwungene Friedenskonferenz 286

Der Jom-Kippur-Krieg

Der vierte Nahostkrieg beginnt am 6. Oktober 1973. In Israel ist Feiertag: Jom Kippur, das Versöhnungsfest. Auch Arabien begeht eine heilige Zeit: den Fastenmonat Ramadan.

Am 6. Oktober, um 14 Uhr, detonieren zwei Sprengladungen am Ostufer des Suezkanals. Ägyptische Froschmänner haben den Sprengstoff unbemerkt in der Nacht zuvor unter Wasser in die Sandaufschüttung der israelischen Befestigungen gebohrt. Zwanzig Meter hoch sind diese Sandbarrieren – ich sah sie oft vom ägyptischen Vorposten in Ismaïlia aus. Die Aufschüttungen sollten eine Landung unmöglich machen. Die Böschung ist bis hinunter zum Wasser mit Stacheldraht und Minen gesichert. Um 14 Uhr reißen die Sprengladungen zwei Breschen in die Sandbarriere. Im gleichen Augenblick schieben hundert ägyptische Soldaten kleine Schlauchboote mit Außenbordmotoren in den Kanal – improvisierte Sturmboote. Die hundert Soldaten besetzen die Breschen am Ostufer. Sie graben sich sofort ein.

Bei Gabasat, am Südende des Suezkanals, knattern fünfzig Hubschrauber über das Wasser, schwere Maschinen vom russischen Typ Mi-8. Jeder Hubschrauber transportiert 28 Mann. Aus drei Metern Höhe springen die ersten ägyptischen Soldaten ab. Nach zwei Minuten fliegen die Hubschrauber leer zum Westufer zurück, sie holen Verstärkung. Die 140 Ägypter stürmen mit Flammenwerfern und Dynamitladungen das israelische Stellungssystem von Gabasat. Die Israelis haben hier ein Netz von Laufgräben gebaut, Sandsäcke stützen die Wände ab. Das Vorfeld des Stellungssystems ist schwer überwindbar: die Israelis haben nicht gespart mit Stacheldraht und Minen. Die ägyptischen Pioniere sprengen sich Gassen frei. Der Widerstand aus den Gräben und Bunkern ist zur Überraschung der Ägypter schwach. Es zeigt sich: die israelischen Stellungen am Kanal bieten zwar hervorragenden Schutz gegen ägyptische Artillerieüberfälle und gegen die Bomben der Kampfflugzeuge, als Verteidigungsstellung ist das Grabensystem aber ungeeignet. Die Angreifer stehen plötzlich auf dem Grabenrand – über den Verteidigern – in einem

Chaos aus Detonationen und Geschrei. Feuerwolken aus Flammenwerfern verbrennen israelische Soldaten. Die Ägypter springen in die Gräben: Widerstand wird mit Panzerfaust und Flammenwerfern gebrochen. Die verzweifelt kämpfenden Israelis finden keine wirksame Schußposition. Die Ägypter beginnen diesen Krieg gut ausgerüstet, sie haben die richtigen Waffen für den Kampf um die Bar-Lev-Linie. Beim Sturmangriff führen die Offiziere ihre Männer im Kampf. Alle bis hinauf zum Brigadekommandeur haben Befehl, innerhalb einer Viertelstunde nach Beginn der Offensive zum Ostufer überzusetzen.

An fünf Stellen des Suezkanals überqueren die Ägypter den Kanal: Bei El Kantarah, bei El Ferdan, bei Ismaïlia, vor den Bitterseen und nördlich von Suez. Nur in diesen Abschnitten sind Landungen überhaupt möglich. Von Port Said bis El Kantarah führt der Kanal durch ein Gebiet, das häufig überschwemmt ist. Von Kanalkilometer 75 bis Kilometer 85 bedecken seichte, sumpfige Brackwasser die Ufer. Von Kilometer 98 bis 134 erstrecken sich der Große und der Kleine Bittersee. 171 Kilometer lang ist der Kanal von Port Said bis Suez.

Auf alle Abschnitte, in denen eine Landung möglich ist, legt die ägyptische Artillerie seit 14 Uhr Trommelfeuer. 1650 Geschütze beschießen die Stellungen der Israelis mit Granaten vom Kaliber 15,2 und 20,3 Zentimeter. Die Einschläge wirbeln den Sand am Ostufer des Kanals auf. Kein Wind weht an diesem Tag in der Wüste, gelbe Staubwolken bleiben in der Luft stehen; nach wenigen Minuten bildet sich am Ostufer ein Tarnschleier. Die israelischen Kanoniere sehen kein Ziel; die Maschinengewehre feuern ungenau auf die Ägypter, die irgendwo in diesen Wolken aus Sand, Staub und Rauch gelandet sein müssen.

In den ersten Minuten nach dem Beginn des Kriegs setzen die Ägypter leichte Amphibienpanzer vom Typ PT 76 bei Ismaïlia, Shalufa und El Kubis über. Zwei Minuten braucht der Schwimmpanzer für die 120 Meter lange Fahrt über den Kanal, der Wasserrückstoßantrieb gibt den 14 Tonnen Stahl die bemerkenswerte Geschwindigkeit. Die Sowjets haben der ägyptischen Armee diese Panzer nur ungern geliefert; lange Zeit war die sowjetische Rüstungshilfe auf Defensivwaffen beschränkt – der PT 76 aber ist das ideale Kampffahrzeug für den Beginn der Offensive an einer Wasserstraße. Der sowjetische Panzer klettert auch in ungünstigem Gelände leicht aus dem Wasser. Die PT-76-Panzer durchfahren die Breschen der Sandbarrieren, sie kommen den ersten hundert Ägyptern am Ostufer zu Hilfe. Die 7,6-Zentimeter-Kanonen schießen auf die israelischen Stellungen. Die langsame Feuergeschwindigkeit mindert jedoch den Effekt; der Panzer PT 76 hat seine Nachteile.

Die Soldaten, die mit Hubschraubern den Kanal überquert haben, bahnen sich den Weg durch die Sandbarriere mit einem einfachen Gerät: mit der Wasserpumpe. Die Soldaten werfen das Ende der Schlauchleitung über die Böschung ins Wasser. Aus der Pumpe spritzt ein Wasserstrahl mit hohem Druck gegen den Sand: Die Minen kommen zum Vorschein, das Sandhindernis wird weggeschwemmt.

Kleine Boote auf dem Kanal beginnen das Gebiet der Brückenköpfe zu vernebeln. Unter dem Schutz des weißlich-blauen Dunstes bauen die ägyptischen Pioniere Pontonbrücken über den Kanal. Kahn legt sich neben Kahn; dann werden die Planken von großen Rollen wie ein Gebetsteppich abgerollt. Der Brückenbau ist für die Pioniere einfach: der Suezkanal hat keine Strömung. Trotzdem: das ist die kritische Zeit der Offensive; ein rascher Gegenangriff der Israelis kann die Vorauseinheiten wieder ins Wasser treiben. Doch die PT-76-Panzer weiten die Brückenköpfe aus und zerstören die ersten Bunker der Israelis. Die Hubschrauber transportieren ohne Pause Soldaten zum Ostufer. Nach einer Stunde ist die erste Pontonbrücke benützbar. Panzer vom Typ T 54/55 rollen über den Kanal. Sie sind abgedeckt mit Tarnnetzen und vollgepackt mit Treibstoffkanistern. Die 10-Zentimeter-Kanone der T 54/55 hat panzerbrechende Kraft auf die Entfernung von 1000 Metern. Aber die ägyptischen Panzerkanoniere sind jetzt ebenfalls durch Staubwolken in der Sicht behindert.

Über die Panzer hinweg fliegen Hubschrauber, vollbesetzt mit Fallschirmjägern, hinauf zum Mitlapaß. Entfernung vom Kanal: 30 Kilometer. Dort sollen die israelischen Posten überwunden und die Paßstraße besetzt werden. Aber die Israelis halten sich, sie bekommen Verstärkung. Der ägyptische Verband wird

aufgerieben. Über den Mitlapaß verläuft die Straße von Suez nach Zentral-Sinai. Jeder weitere offensive Vorstoß der Ägypter wird im südlichen Frontabschnitt über diesen Paß vorgenommen werden müssen. Panzer können hier in den Geröllhalden des Berglandes nur auf der Straße fahren, die Umgehung der Paßbefestigungen ist nicht möglich.
Die ägyptische Artillerie feuert weiter. Die Offensive kann nur gelingen, wenn die Verteidigungskräfte am Kanal nicht zur Besinnung kommen. Die Israelis finden keinen Augenblick Zeit, um Gegenangriffe zu beginnen, sie flicken ihre Front, sie improvisieren. Aber das gegnerische Artilleriefeuer ist zu heftig. Das israelische Oberkommando befiehlt die Rücknahme der Front an den Brückenköpfen. Das Landeunternehmen der Ägypter ist gelungen. Die Fahne der Arabischen Föderation weht am Ostufer des Kanals, genau dort, wo seit 1967 zum Ärger der Ägypter der Davidstern zu sehen war.
Am Freitagabend, 18 Stunden vor Kriegsbeginn, bereitet sich Israel auf den Feiertag vor. Tausende beten in den Synagogen und an der Klagemauer. Jom Kippur ist ein Tag der Besinnung, der absoluten Ruhe. Von Sonnenaufgang bis Sonnenuntergang ist es den Juden nicht erlaubt, zu essen und zu trinken. Niemand darf rauchen. Auch das Autofahren untersagen die frommen Vorschriften. Am Versöhnungstag schweigt der Rundfunk.
Die Israelis halten die religiösen Regeln des Jom-Kippur-Festes ein wie etwa in Deutschland die Ruhe des Karfreitags geachtet wird. Abba Eban, der israelische Außenminister, sagt über diesen Tag: »Am Fest Jom Kippur schlägt Israels Puls langsam. Die Lebensnerven der komplexen Gesellschaft entspannen sich. Diese generelle Atmosphäre wirkt sich auch auf die Armee aus.«
Die israelische Armee ist am Morgen des Festtags nicht in Alarmbereitschaft. Die Kasernen sind leer, die Männer verbringen den Feiertag zu Hause. Auch die Verteidigungslinie an der Suezfront ist nicht voll besetzt, Soldaten und Offiziere fehlen. Schon lange hat es keine ernsthaften Zwischenfälle an der Waffenstillstandslinie mehr gegeben. In den ersten Stunden dieses Tages aber melden die Vorposten am Kanal Panzergeräusche vom Westufer. Bei Tagesanbruch ist für Stunden alles wieder ruhig. Die Beob-

achtungen der Soldaten werden über Funk ins Hauptquartier nach Tel Aviv gemeldet. Die Auswerter zucken die Schultern: »Außergewöhnlich stark waren die Geräusche nicht.« Frau Golda Meïr, die den Versöhnungstag in ihrer Wohnung in Tel Aviv verbringen will, erfährt davon nichts; es liegt kein Grund zur Besorgnis vor.

Truppenverschiebungen auf dem Westufer des Suezkanals werden von den Israelis längst ohne Argwohn gesehen. Ihre Meinung lautet: »Sicher muß Sadat seine Soldaten beschäftigen.« Die Konzentration der Panzer ist nichts Außergewöhnliches: 350 000 Mann sind schon seit drei Jahren in den ägyptischen Camps der Kanalzone zusammengezogen. Die ägyptische Artillerie steht seit zwei Jahren direkt am Kanal. Bedrohlich ist die Lage immer. Es gibt also keinen besonderen Anlaß, den Festtag ausfallen zu lassen.

Der israelische Geheimdienst hat einige Tage vor Jom Kippur Truppenbewegungen bemerkt: Verschiebungen westlich von Ismaïlia in Richtung Suez. Auch die amerikanische Botschaft in Tel Aviv weiß, daß Sadat seine Truppen umgruppiert. Der mit Geheimdienstfragen betraute Beamte fragt seinen israelischen Kollegen nach der Bedeutung der Panzerkonzentration. Er bekommt zur Antwort: »Die Verteilung der ägyptischen Truppen am Kanalufer zeigt eindeutig, daß sie sich auf defensive Aufgaben vorbereiten.« Diese Fehleinschätzung der Situation am westlichen Kanalufer und auf den Golanhöhen wird dem General Moshe Dayan später zur Last gelegt.

Die Syrer haben mit einer List den israelischen Geheimdienst geblufft. In Damaskus ist vor dem 6. Oktober dieses Gerücht zu hören: die Regierung von Golda Meïr brauche zu den Wahlen am 30. Oktober einen militärischen Erfolg, der ihrer Partei den Wahlsieg garantiere; Golda Meïr werde im syrisch-libanesischen Grenzgebiet einen Schlag gegen die Stellungen der palästinensischen Kommandos führen lassen. Syrien sei verpflichtet, seine Grenze zu schützen, deshalb würden vor Golan Truppen konzentriert werden. Syrien bittet die Ägypter für den Fall des israelischen Angriffs laut um Hilfe. Präsident Anwar el-Sadat erklärt sich ebenso lautstark bereit zu helfen.

Kurz nach 14 Uhr heulen die Sirenen in Tel Aviv. Das Frontkommando hat den massiven Artillerieschlag der Ägypter gemeldet: »Die gesamte Artillerie der Ägypter feuert.« 1650 Geschütze stehen direkt am Kanal. Tel Aviv befürchtet einen Luftangriff. Die Israelis riskieren in dieser unübersichtlichen Lage nichts: die Armee gibt Alarm für die Bevölkerung. Um 14 Uhr 15 beginnt der israelische Rundfunk mit Sondersendungen. Ein Dutzend Techniker und Sprecher ist zu Beginn des Sirenengeheuls ins Funkhaus gefahren. Sie improvisieren ein Notprogramm: Musik, Befehle des Oberkommandos, Nachrichten. Der Krieg hat dem Festtag ein Ende gemacht.

Per Telefon, durch Boten, mit verschlüsselten Durchsagen im Rundfunk mobilisiert die israelische Armee ihre Soldaten. Das israelische Telefonnetz mit über 350 000 Anschlüssen bewährt sich. Der Straßenverkehr, stillgelegt am Jom Kippur, wird von einem Augenblick zum anderen hektisch: die Reservisten fahren zu ihren Einheiten, die Männer der Zivilverteidigung melden sich bei ihren Mobilisierungsstellen. Wer kein Auto hat, versucht sein Glück im Autostopp: »Wer fährt in Richtung Galiläa? Wer nach Jericho?« Die Entfernungen sind nicht groß in Israel, von Tel Aviv zur Golanfront mißt die Luftlinie 150 Kilometer. Das Land ist klein und deshalb so gefährdet. Für die Mobilisierung aber hat die kurze Entfernung Vorteile. Eine Stunde nach Kriegsbeginn übernehmen requirierte Busse den Transport.

Frau Golda Meïr war gegen 9 Uhr 30 in ihr Büro gefahren. Die Unruhe im Hauptquartier ist bis zu ihr durchgedrungen. Die Panzergeräusche in der Nacht sind von den Offizieren doch weiterdiskutiert worden. Ungewöhnlich an der Panzerbewegung war nur die Nachtzeit. Doch Sicherheit geht über alles in Israel – auch am Fest Jom Kippur. Der Generalstab trifft sich zur gleichen Zeit, zu der die Ministerpräsidentin ihr Büro betritt. Golda Meïr bittet den amerikanischen Botschafter zu sich. Er versichert: »Es ist keine militärische Aktion der Araber zu erwarten.«

Eine Stunde später ruft Golda Meïr das Kabinett zusammen. Der Generalstab ist jetzt überzeugt, daß zumindest an der syrischen Waffenstillstandslinie ein arabischer Angriff vorbereitet wird. Von den Golanstellungen aus läßt sich das Gebiet weit nach

Syrien hinein einsehen: Panzer nähern sich von Damaskus her. Doch an den großen Krieg glaubt noch immer niemand.
Das Kabinett diskutiert die Möglichkeit eines Präventivschlags, um den Aufmarsch der Syrer zu stören. Die Mehrheit der Kabinettsmitglieder ist dagegen; das Ansehen Israels in der Welt ist angeschlagen, seit die israelische Luftwaffe eine libanesische Linienmaschine aus dem Luftraum von Beirut nach Tel Aviv entführt hatte. Israel muß auf den wichtigsten Freund – auf die USA – Rücksicht nehmen. Für einen Präventivschlag ist kein Verständnis in Washington zu erwarten. Golda Meïr und Moshe Dayan wissen: niemand glaubt diesmal, daß dieser Präventivschlag notwendig ist – Israel wird als der Störenfried dargestellt werden, der die Entspannung in der Welt dazu benützt, seine politische Position zu stärken.
Das israelische Kabinett beschließt zur Vorsicht am Vormittag des Festes Jom Kippur die Teilmobilisierung. 5000 Reservisten werden einberufen. Die Armee soll in die Lage versetzt werden, einen syrischen Angriff abfangen zu können.
Der Sprecher des Außenministeriums in Tel Aviv sagt: »Am Vormittag zeichnete sich die Möglichkeit eines Angriffs ab: Wir informierten den amerikanischen Botschafter und einige andere Diplomaten. Bei diesen Konsultationen gaben wir das Versprechen ab, nicht als erste loszuschlagen. Wir baten die Diplomaten, Kairo und Damaskus durch ihre Regierungen vor unbesonnenen Schritten warnen zu lassen.«
Doch niemand in der israelischen Regierung glaubt ernsthaft daran, daß die Ägypter und die Syrer einen Krieg beginnen werden. Um die Mittagszeit sieht der israelische Generalstab keine Gefahr mehr für diesen Tag. Nach den strategischen Lehren der Israelis werden militärische Operationen in den Vormittagsstunden begonnen, möglichst – um sich den Vorteil der Überraschung zu sichern – zur Zeit der Morgendämmerung. Die feindlichen Posten vernachlässigen die Beobachtung, die Nachtschicht denkt an die Ablösung, die Morgenschicht ist verschlafen. Eine Offensive in den frühen Morgenstunden gewährt der angreifenden Luftwaffe gut zwölf Stunden Frist für Tageinsätze, sie kann bei Helligkeit Breschen in die Befestigungen des Gegners schlagen.

Der israelische Generalstab überträgt seine Erfahrungen der Feldzüge von 1956 und 1967 auf den möglichen arabischen Angreifer im Jahre 1973. Um 12 Uhr reduziert die israelische Armee die Alarmbereitschaft für die rückwärtigen Einheiten. Die Waffenstillstandslinien am Suezkanal und auf den Golanhöhen sind von der Unruhe und den Diskussionen in Tel Aviv fast unberührt geblieben. Der Generalstab ist jetzt sicher: der Festtag Jom Kippur wird ungestört verlaufen.

Die zwei Explosionen am Ostufer des Kanals blasen die Illusion weg: der Krieg hat begonnen, und zur Überraschung der Israelis gleichzeitig an zwei Fronten.

Am 6. Oktober um 14 Uhr detonieren Granaten in den israelischen Siedlungen auf den Golanhöhen. Die Stellungen um Buq'ata und Ahmadiya liegen unter Beschuß. 500 syrische Panzer durchbrechen die Waffenstillstandslinie und rollen in Richtung Mas'ada. Am ersten Kampftag ist hier die Übermacht der Syrer 10 zu 1. Weiter im Süden zielt der syrische Stoß auf El Al. Das Dorf wird von den Syrern erobert, es liegt zehn Kilometer ostwärts des Sees Genezareth. Bei El Al fallen die Golanhöhen bereits ab zum See. Die Syrer wollen die israelischen Streitkräfte, die Kuneitra verteidigen, einschließen. 20 000 Mann, so rechnen sie, haben die Israelis hier an der Front stationiert. Mit 800 Geschützen vom Kaliber 12,2, 13,0 und 15,2 Zentimeter sollen die Israelis zermürbt werden. 1000 Panzer kämpfen am Abend des ersten Kriegstages auf einem Gebiet von knapp 50 Quadratkilometern gegeneinander.

Auf der Straße vom Jordantal nach Kafr Naffakh transportiert das israelische Oberkommando Verstärkung aus Galiläa zur Front. Die Israelis weichen langsam nördlich und südlich der Stadt Kuneitra zurück. Doch die Einschließung der Stadt gelingt den Syrern nicht; die israelische Reserve trifft rechtzeitig in Kafr Naffakh ein.

Die israelischen Männer auf den Golanhöhen verteidigen sich zäh. Hier ist keiner Zivilist. Die Siedlungen sind Festungen mit Bunkern und Gräben. In vielen hundert Übungen haben sich die Israelis auf den syrischen Angriff vorbereitet; jeder Siedler hat eine militärische Ausbildung. Die Kommandogewalt in den Sied-

lungen ist geordnet. Die Israelis haben sich hier, im besetzten Gebiet, angesiedelt; sie wollen dieses Land für immer behalten.
Mit diesem Krieg aber wollen die Syrer den Israelis die Lust zum Siedeln nehmen. Aus der Gegend um Jajdouliye feuert die syrische Armee ihre Überraschungswaffe ab: sowjetische Boden-Boden-Raketen mit einer Reichweite von 40 Kilometern. Die Rakete transportiert einen Sprengsatz von 250 Kilogramm. Die Nato hat dieser Waffe den Codenamen Frog 7 gegeben. Bis knapp vor die Front fahren die Syrer die mobilen Startrampen, sie können damit die Städte Zefat und Tiberias unter Feuer nehmen. Die Frog-7-Rakete trägt den Krieg nach Israel hinein. Die ersten zwei Geschosse treffen die Stadt Migdal Haemek. Zehn Menschen werden verwundet. Im Kibbuz Gevat zerstört in der Nacht eine Frog 7 die Schule und Wohnhäuser. Es gibt keine Toten und keine Verwundeten, die Menschen im Kibbuz Gevat schlafen im Bunker.
Die Syrer verwenden die weittragende Rakete nur in den ersten Kriegstagen. Nach dem Luftangriff auf Damaskus am vierten Tag des Konflikts schweigen die Raketenbatterien.
Radio Israel droht am Abend des ersten Kriegstages den Arabern Rache an: »Eure Tage werden wir in Nächte verwandeln, wir werden Euch zur Mittagsstunde die Sterne zeigen. Eure Gesichter und Nasen drücken wir in den Dreck. Die Führer unserer Feinde werden teuer bezahlen. Wir werden Euch die Knochen zerschlagen.« Der israelische Verteidigungsminister – im Glauben, daß die Araber bald geschlagen sein werden – tauft diesen Krieg; er gibt ihm den Namen Jom-Kippur-Krieg, der Versöhnungsfestkrieg.
Von den ersten Kriegsstunden an sind junge Rabbiner bei den israelischen Truppen auf den Golanhöhen. Sie fahren von Einheit zu Einheit, sie stimmen hebräische Gesänge an, sie beten. Die Rabbiner tragen die Gebetskleidung, Mantel und Gebetsriemen, über dem Kampfanzug. Trost für die Soldaten im Kampf entnehmen sie dem Buche Amos.

Das schöne Gefühl zu siegen

Mit einem Verlust von 10 000 Mann rechnete der ägyptische Generalstab für den ersten Tag des Krieges; eine sowjetische Schätzung wollte die Araber mit einer Verlustschätzung von 50 000 Mann schrecken. Die Ägypter sagen: »Die Überquerung des Suezkanals hat uns nur 148 Soldaten gekostet«. Die hohen Verluste erlitten die Ägypter erst später. »Allah ist groß, Allah ist mit uns!« Das sind die Schlachtrufe der ägyptischen Soldaten, die über die Pontonbrücken zum Ostufer des Suezkanals ziehen. Lange Fahrzeugschlangen warten am Westufer. In Ordnung und Disziplin verläuft das Übersetzen. Fast 200 Meter breit ist der Suezkanal bei Ismaïlia. Die Panzer manövrieren sich vorsichtig auf die Brücken, die Planken dröhnen unter den Panzerketten. Auch am zweiten Kriegstag werden die Brücken eingenebelt zum Schutz gegen Luftangriffe. Am Abend des ersten Kriegstages waren zwei der Brücken durch Bomben beschädigt. Aber Pontonbrücken sind leicht zu reparieren.

500 Panzer haben in den ersten 18 Stunden des Krieges die Pontonbrücken passiert. Das Ostufer des Suezkanals ist bis zu einer Tiefe von 10 Kilometern in der Hand der Araber. Die Ägypter fürchten den israelischen Gegenangriff, denn bereits jetzt, am Morgen des zweiten Tages, sind die israelischen Verbände nahezu voll aufgefüllt. Zwei israelische Panzerbrigaden versuchen die ägyptischen Verbände zu zerschlagen. Die 200 Panzer aber kämpfen gegen eine Übermacht. Drei Stunden lang zieht sich der Kampf hin, dann gewinnen die Ägypter. Die israelische 190. Panzerbrigade ist aufgerieben; ihr Kommandeur, Oberst Assaf Yakouri, ergibt sich mit 25 noch intakten Panzern. Die Ägypter schmecken zum erstenmal seit zwanzig Jahren, was es heißt, zu siegen.

Am Abend präsentiert das ägyptische Fernsehen den gefangenen Oberst. Er ist für die Ägypter der lebende Beweis des Sieges. Millionen Araber an den Bildschirmen sehen die gefangenen Israelis: verdreckt, unrasiert, deprimiert; die Uniformen der Gefangenen sind zerrissen. Diese Aufnahmen befreien die Ägypter von einem tief eingefressenen Komplex. Die Araber sehen nach drei verlorenen Kriegen den Israeli so: fit, schick, clever, immer Herr der Situation. Die Israelis haben alles getan, um die Araber zu dukken, um den Minderwertigkeitskomplex aufzublasen; die Araber sollen nie auf die Idee kommen, daß sie den Israelis irgendwann ebenbürtig sein könnten. Den letzten Glauben an sich selbst haben die Araber im Junikrieg 1967 verloren. Damals waren die ägyptischen Soldaten verdreckt, unrasiert und deprimiert; viele haben – so sagen die Israelis – ihre Schuhe in der Wüste gelassen, um schneller davonlaufen zu können. Nach dem Junikrieg von 1967 muß Gamal Abd el-Nasser seinen Soldaten befehlen, die Straße nur in Zivil zu betreten; Soldaten waren von der Bevölkerung bespuckt worden. »Der Sieg Nummer 1 in diesem Krieg«, sagt der syrische Staatspräsident Hafis el-Assad, »bestand darin, daß es uns gelang, die Angst abzuschütteln; daß wir Araber den Mut hatten, anzugreifen und standzuhalten!« Die Araber haben plötzlich das Gefühl, auch die übrige Welt habe ihre Einstellung zu den arabischen Menschen im Nahen Osten geändert: »Seit dem 6. Oktober kann ich wieder mit erhobenem Kopf draußen sagen, daß ich Araber bin!« das ist die Meinung eines Libanesen am zweiten Kriegstag. Der israelische Generalmajor Aharon Yariv gibt zu: »Die Araber kämpfen. Das Volk von Israel kann keinen leichten Sieg erwarten!«

Der ägyptische General Ezzeddine Moukhtar addiert am dritten Kriegstag die israelischen Verluste: »Am ersten Tag verloren die Israelis 27 Flugzeuge, am zweiten Tag 30, am dritten Tag 24. Wir haben 128 Panzer abgeschossen und alle 25 Positionen der Bar-Lev-Linie zerstört!“

Das Festungssystem der Bar-Lev-Linie erstreckt sich über die ganze Länge des Suezkanals. Nur im Norden, ab Kanalkilometer 43, folgt die Bar-Lev-Linie der ehemaligen Eisenbahnstrecke von El-Kantarah nach El-Arisch. Nördlich von Kanalkilometer 43 ist das Land oft überflutet. Der ehemalige israelische Generalstabschef Haim Bar Lev hat die Befestigungen am Suezkanal nach dem Junikrieg von 1967 bauen lassen. Die Bar-Lev-Linie war gerade fertig, als Gamal Abd el-Nasser 1970 den Waffenstillstand am Suezkanal akzeptierte. Bar Lev sah den Zweck

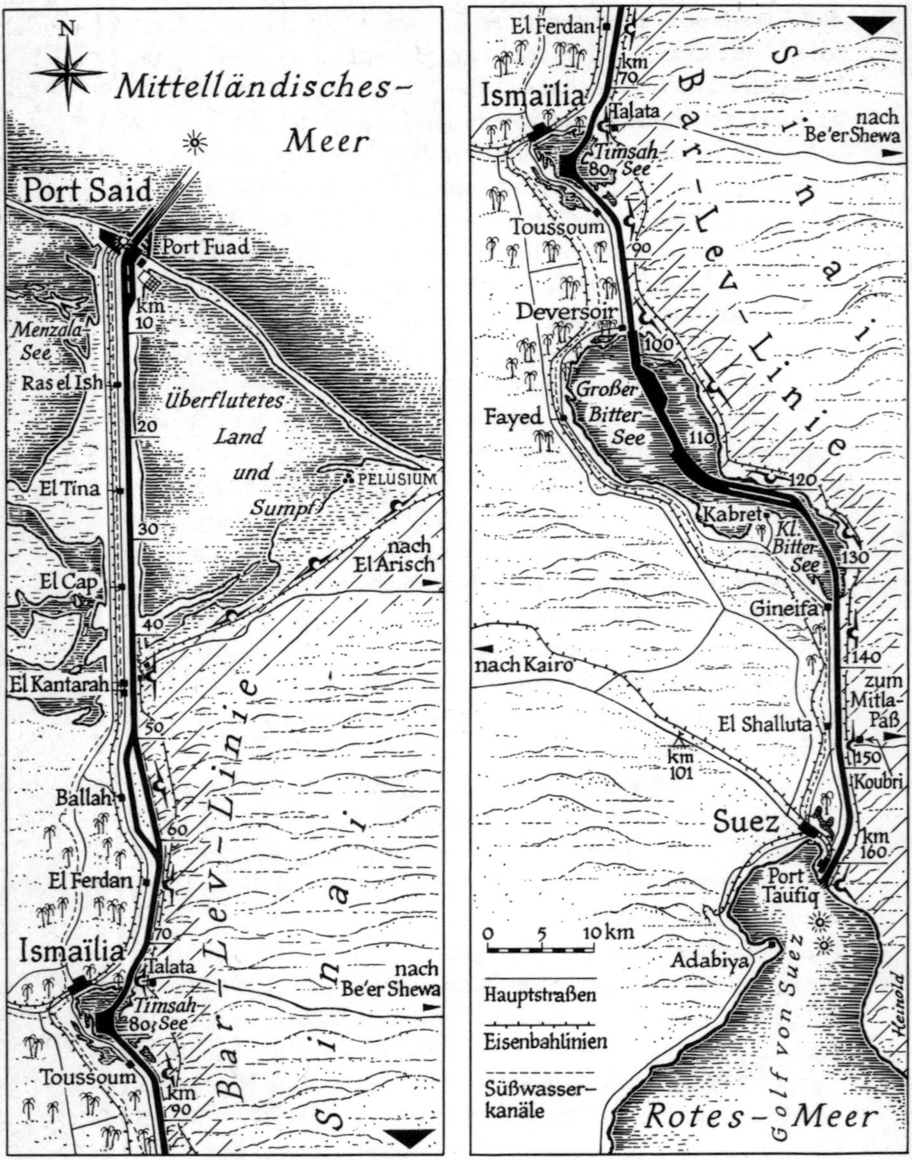

Der Suezkanal.

der Anlage so: »Damit verhindern wir garantiert einen ägyptischen Durchbruch – aber wir können von hier aus auch jederzeit über den Kanal setzen, das ist unser Sprungbrett.«
25 Bunkerstellungen sind ausgebaut, mehrere Stockwerke tief in den Sand betoniert. Als Eisenträger für die Betonkonstruktion benützten die Israelis die Schienen der Trans-Sinai-Eisenbahn. Mit Sand sind die Betonbunker abgedeckt. Minenfelder umgeben die Festungen. In den Stellungen vorn am Suezkanal haben die Israelis im Sand Reservoirs mit Napalm vergraben. Ein Röhrensystem verläuft am Ufer entlang. Es war vorgesehen, daß aus diesem Röhrensystem im Falle des Angriffs Napalm auf die Wasseroberfläche spritzt. Die Angreifer sollten verbrennen.
Jede Bunkerstellung hat Elektrizität, nur Wasser muß täglich in Tankwagen angefahren werden; die israelischen Soldaten loben die Bequemlichkeit der Aufenthaltsräume – doch fehlen Klimaanlagen; die Hitze ist das ganze Jahr über unerträglich in Sinai. Die Bar-Lev-Linie war ständig mit 3000 Mann besetzt. Die israelischen Soldaten hatten Vorräte für vier Wochen vorn an der Waffenstillstandslinie. Die Israelis verließen sich darauf, daß dieses Bunkersystem jeden Angriff abwehren kann. 238 Millionen Dollar hat das Verteidigungsministerium in diese Anlage investiert, alle militärischen Lehren des modernen Festungsbaus wurden beachtet; die Geschosse der ägyptischen Artillerie hatten zur Zeit des Abnützungskrieges von 1970 die Wände und Abdeckungen der Bunker nie durchschlagen können. Auch bei diesem Krieg wurden die Anlagen kaum beschädigt; die Granaten vom Kaliber 15,2 Zentimeter und 20,3 Zentimeter bliesen bei der Explosion nur den Sand über dem Eisenbeton weg. Die Explosionen wirbeln Dreck und Staub auf. Die Beobachter in der Bar-Lev-Linie sehen nichts. Ein israelischer Gefangener sagt aus: »Unser Bunker bekam Risse in Wand und Decke. Wir wußten aber, daß er auch bei direktem Beschuß standhält. Das Schlimme war die Hilflosigkeit, wir konnten gar nichts tun. Wir warteten, bis die Ägypter vor dem Bunker standen. Dann hoben wir die Hände.« Am 9. Oktober geben die Israelis zu, daß sich ihre Truppen nach Osten abgesetzt haben, die Bar-Lev-Linie ist geräumt. Die Araber feiern den Sieg Nummer 2.

Moshe Dayan sagt nach dem Verlust der Befestigungsanlagen, um den Erfolg der Ägypter zu schmälern: »Ehrlich gesagt, die Bar-Lev-Linie war wie ein Schweizerkäse – es gab da mehr Löcher als Käse.«

Der ägyptische Generalstabschef Saadeddin Shazli ging bei seinen Angriffsvorbereitungen davon aus, daß der Schritt über den Suezkanal schwieriger sein würde, als der geplante deutsche Angriff auf England im Jahr 1940. Es bestand die Gefahr, daß der Angriff von der konzentrierten Feuerkraft des Festungssystems schon im Anfangsstadium, mitten im Suezkanal, gestoppt wurde. Es gab keinen Grund, die israelische Legende von der unbezwingbaren Bar-Lev-Linie nicht zu glauben. Noch eine Woche vor Kriegsbeginn hatte Moshe Dayan die Linie als absolut undurchdringbar bezeichnet. Die Ägypter nahmen die israelischen Worte ernst, sie bereiteten sich gründlich vor.

Die ägyptischen Übungen zur Kanalüberquerung blieben geheim. Bekannt wurde nur, daß einige Wasserwege des Nildeltas für alle Zivilisten gesperrt wurden; dort und in El Fayum haben Einheiten der ägyptischen 2. und 3. Armee den Angriff über den Suezkanal drei Jahre lang, Tag für Tag, geübt. Der General der Pioniere, Gamal Mohammed Ali, sagt: »Wir besaßen seit langem Modelle in naturgetreuem Maßstab von Uferabschnitten des Suezkanals und den Befestigungen. An diesen Modellen haben wir geübt.« Erstaunlich ist, daß diese Übungen geheim bleiben konnten.

Die Aufgabe der Bar-Lev-Linie zwingt die Israelis zur Änderung ihres strategischen Konzepts. Generalmajor Israel Tal macht den Vorschlag der »flexiblen Verteidigung«. Er war immer gegen jede Form der »statischen Abwehr«; im internen Kreis hat er vor dem vierten Nahostkrieg Bar Lev vorgeworfen, er sei der israelische Maginot, seine Vorstellungen seien von Festungen und Infanterie befangen, vom Panzerkrieg verstünde er nichts. Generalmajor Israel Tal ist Panzerspezialist. Die Bar-Lev-Linie hielt und hält er für überflüssig. Nach seinem Konzept müssen Panzerpatrouillen die Kontrolle an Fronten und Waffenstillstandslinien übernehmen. Diese Einheiten stellen den Gegner, der ins israelisch beherrschte Gebiet eindringen will, und kämpfen ihn nieder, bis stärkere Einheiten eingetroffen sind. Für die vielen Millionen der Baukosten für die Bar-Lev-Linie, so meint Israel Tal, hätte man Hunderte moderner Panzer kaufen können – sie wären dem ägyptischen Angriff gewachsen gewesen. Selbst beim Rückzug nehmen die Truppen diese mobile Verteidigungslinie mit; die Festungen fallen in die Hand des Feindes. Rückzug und Gegenangriff passen sich bei flexibler Verteidigung der Gefechtslage an. Und: der psychologische Schock bei der Aufgabe einer vielgerühmten Festungsanlage wird der Armee und der Bevölkerung erspart.

Generalmajor Israel Tal befehligt einen Abschnitt an der Sinaifront. Nach dem Verlust der Bar-Lev-Linie kann er seine Ideen in die Tat umsetzen. Moshe Dayan gibt ihm recht. Der Verteidigungsminister sagt heute selbst: »Ich war 1967 gegen den Vormarsch zum Kanal. Die Truppen hatten Befehl, vor dem Kanal zu halten, aber die Soldaten waren nicht zu stoppen. Ich hielt es nicht für klug, die Ägypter durch unsere Präsenz am Kanal zur Weißglut zu reizen.«

Das Gehirn des ägyptischen Angriffs

Ende Januar 1973 in Kairo: Die Chefs aller arabischen Armeen treffen sich im großen Sitzungssaal des Hauses der Arabischen Liga. Durch die mosaikgetäfelte Vorhalle kommen die Generäle Arabiens in khakifarbigen Uniformen, mit roten Streifen an den Hosen, mit silbernen und goldenen Fangschnüren, mit kunstvoll verzierten Mützen. Viele Orden schmücken diese Offiziere, Verdienstorden, die sich die arabischen Armeen untereinander verleihen. Die Generäle sind zwischen vierzig und fünfzig Jahre alt. Sie sind in Arabien der Adel von heute, die politische Elite. In fast allen Republiken des Nahen Ostens regieren Offiziere als Präsidenten. In Kairo, Tripolis und Algier sind Offiziere im Rang eines Oberst an der Macht, in Khartum regiert ein Generalmajor, in Damaskus ein Generalleutnant, in Bagdad ein Feldmarschall, in Amman ein König, der stolz auf seinen Rang als Marschall ist. Diese Elite hat ein gemeinsames Ziel: die Einheit aller Araber zu schaffen. Die Militärs in Arabien sind sich bewußt, daß nur sie die Disziplin haben, eines Tages arabische Zwietracht zu überwinden. Das Rezept dazu haben sie allerdings nicht gefunden; auch im vierten Nahostkrieg nicht.

Die Chefs der arabischen Armeen sind nach Kairo gekommen, um die gemeinsame Strategie für den kommenden Krieg zu beraten. An diesem Tag erzählen sich die Taxifahrer in Kairo folgende Pointe: Ein Kollege fragt den anderen: »Kennst du schon den neuesten Witz?« Und er erhält zur Antwort: »Unsere Generäle wollen jetzt wirklich Krieg machen, das ist der neueste Witz!«

Unter diesen hundert Generälen ist einer am Tag der Konferenz besonders guter Laune, der Generalleutnant Saadeddin Shazli. Ein schlanker, drahtiger, fast zierlicher Typ mit kurzem Bürstenhaarschnitt. Er trägt die grobgeschneiderte ägyptische Offiziersuniform mit Eleganz. Auffallend an Shazli sind die weißen Zähne; er zeigt sie, wenn er lacht. Generalleutnant Saadeddin Shazli ist der brillanteste Kopf dieser Konferenz; den wachen Intellekt sieht man ihm an. Er weiß Emotionen zu wecken: »Zusammen müssen wir den alten Ruhm der Araber zum Leben erwecken!«

Der Generalleutnant ist 1922 geboren, er wirkt aber weit jugendlicher. Saadeddin Shazli ist der Sohn einer aristokratischen ägyptischen Familie. Offizier ist er seit 1940. Im Palästinakrieg von 1948 sammelte er praktische Erfahrungen in Truppenführung. Shazli gehörte vier Jahre später nicht zum Kreis der »Freien Offiziere« um Gamal Abd el-Nasser; er hatte nichts mit der erfolgreichen Offiziersrevolte gegen den König Faruk zu tun. 1953 wurde Saadeddin Shazli Fallschirmjäger; in den Vereinigten Staaten erhielt er eine Spezialausbildung in Taktik und Technik dieser Truppengattung. Dann studierte er; Shazli hat das »Master's Degree« der Politischen Wissenschaften. Für kurze Zeit war Saadeddin Shazli ägyptischer Militärattaché in London. Im Junikrieg 1967 kommandierte er eine Division; Rühmenswertes über seine offensiven Führungsqualitäten in diesem Feldzug wird nicht erzählt: die israelische Luftwaffe zerschlug damals rasch alle Hoffnungen auf strategische Manöver. Aber Geschick in der Defensive zeigte er doch: Shazli war einer der wenigen Kommandeure, die ihre Einheit intakt durch Sinai zurückführen konnten. Er selbst war bei Beginn der israelischen Attacke von seiner Truppe getrennt worden. Shazli erzählt, daß er als Beduine verkleidet durch die israelischen Linien gewandert sei. Er erreichte seine Division wieder. Mit seinen Unterführern entwickelte Shazli eine Fächertechnik für den Weg nach Westen: die Fahrzeuge fuhren weit auseinandergezogen und trafen sich in regelmäßigen Abständen zur Koordinierung der Flucht wieder. Die Verluste blieben gering. Den Suezkanal überquerte die Einheit schwimmend, die Fahrzeuge blieben am Ostufer stehen.

Seit diesen Tagen hatte Shazli eine Wut auf die Generäle mit den »dicken Bäuchen«, sie hatten unrealistische Befehle gegeben. Nach dem Junikrieg wurde er Mitglied eines Säuberungskomitees, das 1967 und 1968 zweihundert hohe ägyptische Offiziere aus der Armee entließ. Seit 1971 ist Saadeddin Shazli Generalstabschef der ägyptischen Armee.

Seinen Staatspräsidenten hatte Shazli mit diesem strategischen Konzept gewonnen: »Wir bilden Brückenköpfe am Ostufer des Suezkanals; wir sorgen dafür, daß uns die israelische Luftwaffe nicht dezimiert und bieten dann sofort unsere Bereitschaft zum Waffenstillstand an. Die Luftabwehr überlassen wir den Raketen.“ Shazli sagte zu Sadat: »Für unsere Männer ist es einfacher, die Automatik einer Luftabwehrrakete in Gang zu setzen, als die komplizierte Technik einer MiG 23 zu bedienen.« Sadat vertraute diesem Mann, der forderte: »Wir müssen wieder Männer werden, die mit erhobenem Kopf durch die Welt gehen können. Wenn wir das nicht schaffen, dann sollten wir in Ehren sterben.«

Im Mai 1971 hatte der ägyptische Präsident Anwar el-Sadat sein Oberkommando umgruppiert. Er ließ den Oberbefehlshaber, den Generalleutnant Mohammed Fawzi, verhaften; der Vorwurf gegen den Generalleutnant: Hochverrat. Chef der Armee wurde jetzt Generalleutnant Mohammed Ahmed Sadek, er gab den Posten des Generalstabschefs auf; der Weg war frei für Saadeddin Shazli.

Die Konferenz der Armeechefs aller arabischen Staaten beginnt mit Umarmungen, mit Küssen auf beide Wangen, mit Händedruck. Die Generäle kennen sich schon von der Militärakademie in Kairo her – dort werden die meisten arabischen Offiziere ausgebildet – oder von Sonderkursen in Sandhurst/England. Viel Kaffee wird getrunken, Diener tragen Tabletts mit Säften in den Saal. Im Vorzimmer stapeln sich goldbetreßte Mützen. Die Herren begeben sich barhäuptig zur Konferenz.

Die Generäle kommandieren Armeen mit einer Gesamtstärke von 950 000 Mann, ohne die Reservisten zu zählen. Zum Vergleich: Israel hat eine Stammarmee von 95 000 Mann, die innerhalb von 72 Stunden durch Einberufung der Reservisten mit 300 000 Mann ihre volle Schlagkraft erhält. Die stärkste der arabischen Armeen ist die ägyptische mit 325 000 Soldaten; ihre Kriegsstärke, mit Reservisten, ist 520 000 Mann. Die Emirate am persisch-arabischen Golf und das Sultanat Oman haben die kleinsten Armeen, jeweils nur wenige tausend Mann. Wenn die Armeen aller arabischen Staaten Israel als geschlossener Block gegenüberstehen würden, dann wären die Chancen der Israelis für einen Sieg gering. Doch bisher ist es nie gelungen, die arabische Militärmacht zusammenzufassen unter einem gemeinsamen Oberbefehl. Der Egoismus der Staatschefs hat das verhindert: nur ungern treten sie das Oberkommando über ihre Truppen an Fremde ab; damit wäre ja das Eingeständnis verbunden, daß der eigene Oberbefehlshaber nichts taugt. König Husseïn hat sich im Junikrieg von 1967 untergeordnet, an der jordanischen Front kommandierte ein Ägypter – mit katastrophalem Ergebnis.

Generalleutnant Saadeddin Shazli bespricht die Fehler der arabischen Armeen in aller Offenheit auf der Tagung in Kairo. Er verletzt trotzdem bei keinem Anwesenden das empfindliche Ehrgefühl, denn die Oberbefehlshaber der Niederlage von 1967 sind abgelöst – eine neue Offiziersgeneration hat die militärische Führung übernommen. Diese Männer denken wie Shazli. Er bekommt Beifall für die ersten Sätze seiner Rede: »Wir Araber sind eine Nation mit einer Bevölkerung von 110 Millionen Menschen; das Jahreseinkommen unserer arabischen Nation beträgt 26 Milliarden Dollar. Unser Gegner hat weniger als drei Millionen Einwohner, sein Nationaleinkommen beläuft sich auf 3,5 Milliarden Dollar. Wir müssen beschämt zugeben, daß wir trotz der Überlegenheit bisher immer verloren haben. Wir selbst produzieren für nur 100 Millionen Dollar Waffen im Jahr – Israel für 427 Millionen. Wir haben überhaupt noch nicht angefangen, uns richtig anzustrengen. Wir reden vom Krieg, aber wir handeln nicht. Wenn wir nichts unternehmen wollen, dann laßt uns kapitulieren; wenn wir aber nicht kapitulieren wollen, dann laßt uns gemeinsam kämpfen!«

Der Generalleutnant beschränkt sich nicht auf allgemeine Phrasen. Er analysiert die Möglichkeiten und die Mängel der arabischen Armeen. Shazli hat Graphiken und Karten vorbereiten lassen. Wie im Schulzimmer vor dem Geographieunterricht hängen die Karten zunächst aufgerollt an hölzernen Ständern. Ein Oberst des Generalstabs entrollt während der Rede Shazlis eine Karte nach der anderen. Shazli erläutert den Verlauf der Waffenstillstandslinie, die Feuerkraft auf beiden Seiten, die finanziellen Möglichkeiten der Araber und der Israelis für Waffenkäufe, das Waffenangebot des Auslands, Vorteile und Nachteile der Waffen, Lieferfristen.

Die Generäle staunen. So klar hat niemand bisher die arabische Lage dargestellt. Ihre Meinung: »So übel stehen wir gar nicht da!«

Mit verbaler Zustimmung zu seiner Analyse ist Shazli nicht zufrieden; er verlangt aktive Mitarbeit. Die arabischen Staaten unterteilt er in Konfrontationsstaaten und unterstützende Staaten. Zu den Konfrontationsstaaten gehören Ägypten, Syrien, Jordanien, der Irak. Sie bekommen die Aufgabe zugesprochen, den aktiven Kampf zu führen. Den übrigen arabischen Staaten werden Unterstützungsaufgaben übertragen. Sie finanzieren die Waffenkäufe der Konfrontationsstaaten, sie kaufen selbst Waffen, sie stellen ihre Häfen und Nachrichtenwege zur Verfügung. »Für die Aufrüstung darf es keine Landesgrenzen mehr geben. Alle Armeen arbeiten zusammen. Wir müssen als eine Nation handeln.“

Der Realismus des Generalleutnants zündet. Die Generäle schütteln ihm die Hand und küssen ihn, sie versprechen sofor-

tige Hilfe; alles soll anders werden: »Shazli hat recht, wir können siegen, wenn wir nur wollen.« Aus Begeisterung stiftet das Emirat Abu Dhabi am Persisch-Arabischen Golf 20 Millionen Dollar für die syrische Rüstung. Saudi-Arabien gibt 12 Millionen Dollar. Später folgen beträchtliche Zahlungen nach. Syrien erhält von den Ölstaaten in den folgenden Monaten 300 Millionen Dollar für Waffenkäufe in der Sowjetunion. Kuwait und Saudi-Arabien finanzieren die Rüstung Ägyptens.
Saadeddin Shazli sagt zum Schluß der Konferenz: »Der Suezkanal ist der größte Wassergraben der Welt. Wir sind fähig, ihn zu überschreiten, und wir werden ihn überschreiten!« Neun Monate später trägt der siegreiche Generalleutnant in Kairo den Spitznamen »der Dayan der Araber«. Zehn Wochen nach Kriegsbeginn aber ist Saadeddin Shazli abgesetzt wegen eines blamablen strategischen Fehlers.

Das Gehirn der Verteidigung

Die Siege der israelischen Armee in den vergangenen Kriegen waren für die Welt die Siege einzelner Männer. Der Name Moshe Dayan und der Sieg von 1967 sind untrennbar miteinander verbunden. Der Jom-Kippur-Krieg findet in Israel nicht so rasch eine Personifizierung.
Der Gegner des Ägypters Shazli in gleicher Position ist der Israeli David Elazar, Jahrgang 1925. David Elazar ist in Sarajewo in Jugoslawien geboren und lebt seit 1940 in Israel. Elazar ist Sefarde: Der Ursprung seiner Familie liegt im orientalischen Judentum. Zum jungen Mann wuchs David Elazar in Scha'ar Ha'Amakim heran, einem Kibbuz bei Haifa; hier siedelten nur Linkssozialisten der Bewegung »Haschomer Haza'ir". Seit Elazar 1946 Soldat wurde, hat er alle Kriege mitgemacht, die Israel durchstehen mußte. Im Krieg von 1948 war Elazar Zugführer im 4. Palmach-Bataillon; er kämpfte an der Zufahrtstraße nach

Jerusalem, an der Lebensader der Stadt. Noch im Jahr 1948 wird Elazar Bataillonschef; er ist, mit seiner Erfahrung, verantwortlich für die Ausbildung hoher Kommandeure. Mitte der fünfziger Jahre steht Elazar an der Spitze der Abteilung für militärische Theorie und Forschung im Generalstab. Den Junikrieg 1967 erlebt er als Chef der Nordfront. Den Jom-Kippur-Krieg leitet David Elazar als Generalstabschef.

David Elazar ist der Typ des Truppenführers: eine Mischung aus Entschlossenheit, Güte und Optimismus. Elazar weckt Vertrauen. Der Kampfanzug mit aufgekrempelten Ärmeln ist sein liebstes Kleidungsstück. Soldat sein macht ihm Spaß. Seine Aufgabe als Generalstabschef erfüllt er nicht mit intellektueller Spitzfindigkeit; er glaubt an die geballte Kraft der Panzerwaffe. »Er macht es wie die Bulldogge«, sagt ein Mitarbeiter des Generals Elazar, »er beißt sich tief ein und hängt sich am Gegner fest.« David Elazar führt im Junikrieg den israelischen Angriff auf die Golanhöhen. Das ist der glänzendste Erfolg seiner Karriere.

Elazar ist, wie gesagt, Panzerspezialist. Seine Taktik: der konzentrierte Durchbruch mit Auffächerung hinter dem Gegner nach dem gelungenen Durchbruch. Der erste Schlag muß den Gegner aus der Balance werfen, ihn zur Defensive zwingen. Nach dem ersten Schlag darf die gegnerische Führung keine Zeit mehr zum Nachdenken und Umgruppieren haben. Für David Elazar gibt es einen wichtigen militärischen Lehrsatz: »Unmittelbares Ziel der Planung im motorisierten Kriege muß die Zerrüttung des organischen Gefüges der gegnerischen Armee sein.« Dieser Lehrsatz stammt von Erwin Rommel.

David Elazar hat seiner Panzertruppe den Elitegeist beigebracht. Die neuernannten Offiziere unterziehen sich einem pompösen Ritual. Wer zum Leutnant befördert wird, der muß in der Nacht den steilen Berg zur Festung Massada erklettern. Bei Fackelschein spricht er einen Treueid auf seine Kommandeure und auf Israel. Ein Blutbund wird geschlossen. David Elazar ist ein Offizier mit Hang zur Romantik.

Die Burg Massada ist gut gewählt für diese Zeremonie. Als im Jahre 69 unserer Zeitrechnung das jüdische Jerusalem vom Römer Titus erobert worden war, flüchteten die überlebenden Soldaten nach Massada in der Wüste Juda. Zwei Jahre lang verteidigten sich die Juden. Als Massada nicht mehr zu halten war, töteten sich die 960 Verteidiger am ersten Tag des Passahfestes. Sie zogen den Tod der Gefangenschaft vor. Zwei Frauen und fünf Kinder überlebten. Der damalige Kommandeur der Verteidiger von Massada hieß Eleazar.

Der Generalleutnant David Elazar bewundert den Geist der Kämpfer von Massada. Die 960 Verteidiger sind Vorbild der israelischen Panzeroffiziere.

Dado ist der Rufname des Generalleutnants für seine Freunde. So kriegerisch er sich gibt, so herzlich kann er außer Dienst sein. Am dritten Tag des Jom-Kippur-Krieges ist David Elazar voll Optimismus: »Wenn wir jetzt wirklich angreifen, zerreiben wir die Ägypter.« Noch immer bestimme die Qualität des israelischen Soldaten den Kampf: »Die ägyptische Ausbildung kann mit unserem Standard nicht konkurrieren!« Chaim Herzog, der ehemalige Geheimdienstchef der Israelis, gibt dem Generalstabschef recht; der israelische Rundfunk hat Chaim Herzog als Militär-Kommentator eingesetzt. In seiner Mittagssendung am dritten Kriegstag sagt er: »Das entscheidende Stadium der Kämpfe hat noch nicht begonnen, aber es steht bevor. Es ist alles eine Frage der Zeit. Wenn erst unsere Soldaten in der vordersten Linie angekommen sind, dann wird dieser Spuk schnell zu Ende sein.« Ein israelischer Offizier meint an diesem Tag: »Uns geht es so wie einem Großmeister im Schachspiel. Ein Anfänger hat uns mit einer ganz primitiven Eröffnung überrascht, und jetzt müssen wir warten, bis wir wieder am Zug sind.«

Der israelische Generalstabschef setzt auf die Kombination von Panzer und Luftwaffe. Doch zwei Fronten spalten die Armee auf: in Syrien wird gekämpft und am Suezkanal. Den Zweifrontenkrieg hatte Israel 1967 vermieden, damals schlug es seine drei arabischen Gegner – Syrien, Ägypten, Jordanien – nacheinander. Diese Strategie konnten sich die Israelis im Junikrieg leisten, weil die arabischen Armeen nicht wirklich angriffen, nie bestand Gefahr einer durchschlagenden arabischen Offensive. Im Jom-Kippur-Krieg aber bedroht der Vormarsch der Syrer in den ersten Stunden die Gegend um den See Genezareth. David Elazar befolgt die traditionelle Kriegsregel: Um Zeit zu gewinnen, muß Gebiet aufgegeben werden. Die syrische Front ist zu diesem Zeitpunkt gefährdet. An der syrischen Front können die Syrer bei starkem offensivem Druck – mit Keilen durch das besetzte Gebiet – israelisches Kernterritorium erreichen. Diese Entwicklung muß David Elazar verhindern. Er gibt Gebiet am Suezkanal auf und konzentriert freie Kräfte an der syrischen Front. Dieser Verzicht des israelischen Generalstabs auf sofortige Gegenattacken an allen Fronten bringt den Ägyptern Vorteile: sie können sich eingraben und eine Waffe über die Pontonbrükken des Suezkanals nach vorne transportieren, die den Ausgang dieses Krieges entscheidet.

Hoch lebe Sowjet-SAM, in den Dreck mit Onkel Sam

Diesen Spruch singen die Kinder in Damaskus am vierten Kriegstag. Sie bejubeln die sowjetische Boden-Luft-Rakete SAM 6. Die Wirkung dieser Waffe können sie selbst sehen: Ein weißer Strich verfolgt das Phantomkampfflugzeug und trifft es – eine schwarze Wolke stürzt herab.

Luftangriff auf Damaskus. Ohne Vorwarnung sind die israelischen Maschinen über der Stadt. Sie kommen vom Norden her über den Berg. Die Piloten drücken die Maschinen tief herunter. Zu sehen sind sie nicht. Die Düsen heulen, das Echo vom Berg verstärkt den Krach; Explosionen lassen die Luft erzittern. Nach dem Zielanflug ziehen die Phantomkampfflugzeuge wieder hoch. Plötzlich ein Blitz; eine Maschine brennt, zieht eine schwarze Wolke hinter sich her, fliegt trudelnd weiter. Wenig später hängt ein Fallschirm in der Luft; der Pilot ist ausgestiegen. Mein Filmteam bekommt die Genehmigung, diesen ersten israelischen Piloten im Militärkrankenhaus von Damaskus zu interviewen; Frage: »Wie passierte der Abschuß?« Antwort: »Ich flog mit meiner Mirage hinter einer MiG her. Plötzlich schüttelt meine Maschine, die Düse setzt aus. Ich katapultiere mich aus der Mirage.« An mehr Details kann sich der israelische Pilot nicht erinnern. Er will vor unserer Kamera noch seinen Vater in Israel grüßen: »Du brauchst mir das Eisen nicht zu kaufen, das ich für den elektronischen Rechner haben wollte. Nach dem Krieg dann!« War das ein Code, ein Signal an seine Einheit in Israel? Der Beamte des syrischen Informationsministeriums sagt nichts; er hätte das Filmmaterial beschlagnahmen lassen können.

Der Pilot eines Phantomkampfflugzeuges schildert seinen Abschuß noch einfacher: »Es machte bum, und ich war draußen.« Die Maschinen dieser israelischen Piloten sind von der Boden-Luft-Rakete SAM 6 getroffen worden. Das ist die Wunderwaffe in der Hand der Araber.

Die Sowjetunion hat das Geheimnis um die SAM-6-Boden-Luft-Rakete gut gehütet. Nur einmal, bei der Maiparade 1968 in Moskau, war die Waffe zu sehen. Die Abschußrampe der Rakete ist ein gepanzertes Kettenfahrzeug. Die Rakete ist sechs Meter lang; jeweils drei Geschosse sind auf ein Fahrzeug montiert.

Die SAM 6 ist eine bewegliche Luftabwehrwaffe mit einer Reichweite von 30 Kilometern. Die Rakete ist in der Lage, tieffliegende Ziele in einer Höhe von weniger als 100 Metern zu treffen. Das Zielgerät sucht selbständig das feindliche Flugzeug, auch wenn es mit Überschallgeschwindigkeit fliegt. Zwei Radarsysteme geben die Informationen für den Richtimpuls: Das Suchgerät entdeckt das feindliche Flugzeug und steuert einen Richtstrahl, der vom Ziel reflektiert wird. Der Richtstrahl folgt der feindlichen Maschine, der Reflex liefert in Bruchteilen von Sekunden dem Elektroniksystem der Startrampe Informationen über Höhe, Richtung und Geschwindigkeit des Phantomkampfflugzeugs. Das Elektroniksystem startet die Rakete automatisch. Der elektronische Datenverarbeiter braucht keine menschliche Hilfe. Das Geschoß fliegt mit Überschallgeschwindigkeit. Den Antrieb besorgt eine Einstufenrakete aus Festbrennstoff. Auf den letzten hundert Metern vor dem Ziel steuert sich die Rakete selbst. Ein Hitze-Sensor spürt den Auspuff der Düse. Die Rakete stellt ihre Steuerung auf diesen Impuls ein.

Selbst wenn die SAM 6 ein Flugzeug nicht direkt trifft und nur in der Nähe explodiert, können die Splitter empfindliche Teile treffen und so das Flugzeug zum Absturz bringen. Der erste israelische Pilot, den wir interviewt hatten, spürte keinen Schlag gegen das Flugzeug, er hörte keine Explosion: »die Maschine schüttelt, die Düse setzt aus«, ein Metallstück der explodierenden Rakete hatte das empfindliche Triebwerk getroffen.

Um die Feuerkraft der SAM-6-Rakete zu erhöhen, ist das Richtstrahlradar verdoppelt. Während der Datenverarbeiter auf Grund der Impulse des ersten Geräts eine Rakete startet, gibt das zweite Gerät bereits Informationen über das Ziel der nächsten Rakete. Wenn die Startrampe leergeschossen ist, wird sie ohne Schwierigkeiten durch einen Kran wieder beladen.

Die israelischen Piloten versuchen durch Überschallflug bei ganz niederer Höhe den SAM-6-Raketen zu entkommen. Aber dieses gefährliche Flugmanöver ist selbst schon ein Risiko. Ein geringer Fehler in der Beurteilung des eigenen Flugwegs und die Kampfmaschine bohrt sich in den Sand. Bei geringer Höhe zu fliegen, wird für Flugzeuge dieser Geschwindigkeit nicht empfohlen.

Die Techniker der israelischen Luftwaffe wollen durch elektronische Mittel die Gefährlichkeit der SAM 6 reduzieren. Wenn die Frequenz des Richtstrahls bekannt ist, der die Phantommaschine trifft und durch Reflex an die Startrampe Informationen liefert, dann kann der Richtstrahl elektronisch gestört werden. Doch zu Beginn des vierten Nahostkrieges kennt die israelische Luftwaffe die Frequenz des Richtstrahls nicht.

Die Ägypter nützen geschickt den Vorteil der Waffe aus: Sie ist beweglich, sie rückt mit den ersten Panzern über den Suezkanal vor. Die 30 Kilometer Reichweite genügen, um den Luftraum der Brückenköpfe abzuschirmen.

Frühdunst über dem Suezkanal bei El-Kantarah. Im Tiefflug greifen zwei Phantomkampfflugzeuge mit entnervendem Krach die Pontonbrücke an. Acht Punkte fallen auf den Kanal zu: Bomben. Ein dünner weißer Strich steigt zum Himmel auf, folgt einem Flugzeug, holt es ein. Die Phantom explodiert. Die zweite Maschine kann entkommen. Die israelischen Piloten – gewarnt, daß sie vom Radar des Suchgeräts erfaßt sind – versuchen oft

Kurven zu fliegen, rasch die Höhe zu wechseln. Die SAM-6-Rakete macht alle Manöver mit, bis sie ihr Ziel erreicht hat.
Die israelischen Phantommaschinen fliegen am Suezkanal gegen ein Gitter eng verflochtener Raketensysteme. Die SAM 6 jagt die tieffliegenden Kampfflugzeuge; höherfliegende Maschinen – ab 1000 Meter – werden vom Radar der SAM-3-Batterien erfaßt; auch SAM 3 ist zielgenau. Maschinen in Flughöhen über 10 000 Metern geraten in den Feuerbereich der SAM 2.
Gegen diese Raketen vom Typ SAM-2 haben die Techniker und die Piloten Abwehrmaßnahmen entwickelt. Ein erfahrener israelischer Pilot sagt: »Ein Gerät zeigt mir an, wenn das Radar mich erwischt hat. Die Frequenz 10 GHz ist uns bekannt. Dann bleiben mir noch etwa sieben Sekunden Zeit. Auf meinem Radarschirm sehe ich die Rakete kommen, wenn ich sie dann mit meinen eigenen Augen sehe – der orangenfarbige Rückstoß ist gut zu erkennen –, dann bin ich gerettet. Ich tauche nach rechts oder links weg. Jetzt kann die hitzesuchende Nase des Geschosses den Flugweg nicht mehr verändern. Die Rakete hat kein Ziel mehr, sie fällt im Bogen zur Erde zurück.« Doch die Rakete läßt sich nur im Glücksfall überlisten, meist sieht der Pilot die SAM nicht.
Das Gitter der Raketensysteme ist dicht. Die israelische Luftwaffe verliert in den ersten Tagen des Jom-Kippur-Kriegs über die Hälfte ihrer Kampfflugzeuge. Sie ist gezwungen, sich Ersatz aus den USA zu holen. In Damaskus spürt man die Schwächung der israelische Luftwaffe: Nach wenigen Tagen ist am Himmel über der Stadt keine israelische Maschine mehr zu sehen. Die Syrer sagen: »Von acht Maschinen, die gegen Damaskus angesetzt sind, fliegen sieben nicht mehr nach Israel zurück; sie sind als Trümmer außerhalb der Stadt zu besichtigen!«
Im Park des Stadtviertels Mazra'a in Damaskus hat das syrische Oberkommando Trümmer von Phantomkampfflugzeugen aufhäufen lassen, um der Bevölkerung zu zeigen, daß es israelische Maschinen sind, die da vom Himmel fallen. Soldaten der syrischen Volksmiliz bewachen die Reste. Ein alter Mann, mit grauem Bart, in abgetragenen Kleidern, greift sich ein Stück der israelischen Maschine. Er weint und tanzt, singt Liebeslieder auf Syrien, auf die Armee, auf seinen Präsidenten.

Am Nachmittag des Festes Jom Kippur: Reservisten folgen dem Mobilmachungsbefehl. Der Sammelpunkt dieser Männer ist eine Kinokasse in Tel Aviv.

Per Anhalter versuchen Reservisten der israelischen Armee ihre Einheiten zu erreichen.

Der Versöhnungstag auf den Golanhöhen. Israelische Soldaten beten.

Oben: In den ersten Stunden des Krieges schlagen ägyptische Pioniere Pontonbrücken über den Suezkanal. Den Aufmarsch der Zweiten und Dritten Armee können die Israelis nicht stören: Die Brückenköpfe der Ägypter werden vom Luftabwehrschirm der SAM-Raketen geschützt.

Rechts: Zum erstenmal, nach drei verlorenen Kriegen, haben die Ägypter einen Erfolg errungen. Der Sprung über den Suezkanal ist geglückt. Die Ägypter genießen »das schöne Gefühl, zu siegen«.

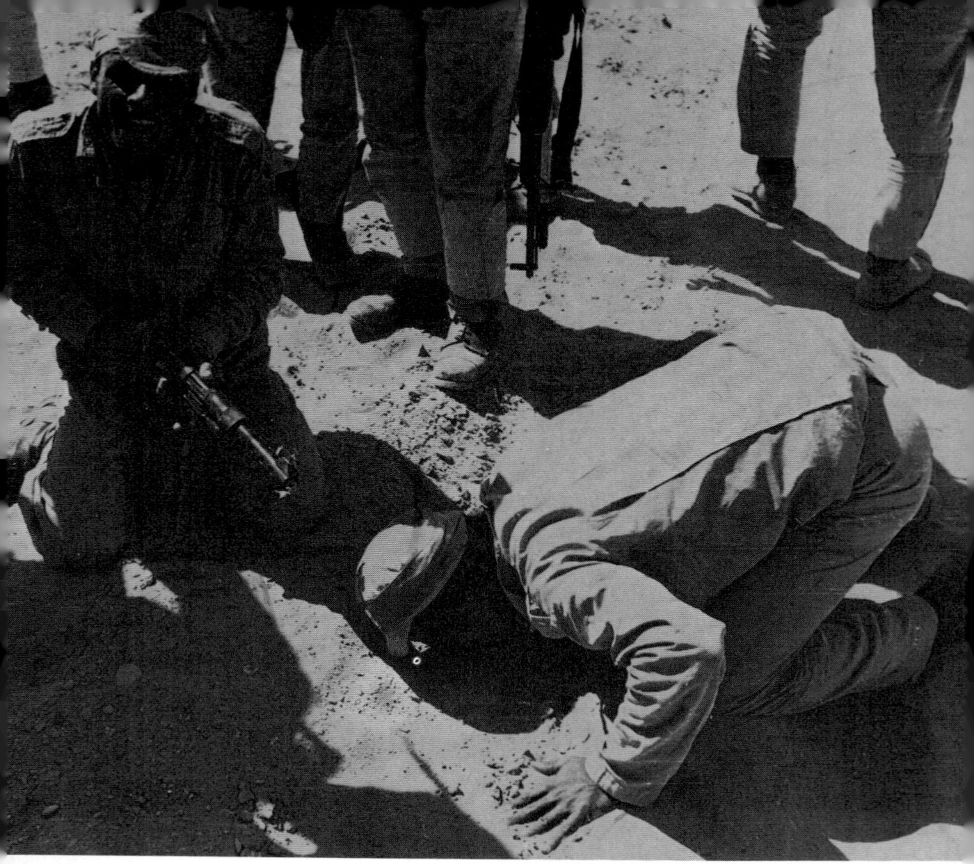

Die Soldaten der Zweiten und Dritten Ägyptischen Armee haben ihr Versprechen wahrgemacht: Wir kehren zurück nach Sinai. Seit drei Jahren hatten sie sich auf diesen Sturmangriff vorbereitet.

Vierhundert Pontonfahrzeuge waren im Frühjahr und Sommer 1973 aus sowjetischen Frachtern im Hafen Alexandria ausgeladen worden, aus Gründen der Geheimhaltung jeweils in kleinen Mengen. In den Nächten vor dem 6. Oktober rollten die Kettenfahrzeuge in die Kanalzone – unentdeckt. Im Wasser klappt das Fahrzeug den zweiten Schwimmkörper nach rechts aus. Brückeneinheit legt sich neben Brückeneinheit. Zehn Pontonfahrzeuge genügen für eine Brücke, die Panzer tragen kann.

Die Besatzung einer Stellung am Suezkanal ergibt sich den Ägyptern. Die Gefangenen sagen aus: »Den Artilleriebeschuß hielten wir durch, aber bald begann die Verwirrung, niemand gab Befehle. Wir warteten, bis die Ägypter kamen, dann hoben wir die Hände hoch.«

Sieben Offiziere und Präsident Anwar el-Sadat haben den Sturm auf die Bar-Lev-Linie vorbereitet und kommandiert. Mit strahlendem Lachen rechts von Sadat: der Generalstabschef Saadeddin Shazli.

Die Reste einer ägyptischen Infanteriebrücke. Auf schwankenden Planken sind ägyptische Stoßtrupps nach Sinai hinübergekrochen. Mit einem Wasserwerfer wurde eine Aufstiegsrampe in die Sandbarriere gespült. Innerhalb von zehn Minuten konnten ägyptische Kampfschwimmer solche Infanteriebrücken über den Suezkanal ziehen.

Generalmajor Chaim Bar Lev ist der Verantwortliche für den Bau der israelischen Verteidigungslinie am Ostufer des Suezkanals. Der geringe Nutzen der Bar-Lev-Linie hat dem Ansehen des Generalmajors geschadet. Chaim Bar Lev ist in Friedenszeiten Handelsminister des Staates Israel.

Die Bar-Lev-Linie besteht aus 25 Forts am Ufer des Suezkanals. Eine Woche vor dem Krieg sagte Moshe Dayan: »Die Bar-Lev-Linie kann nicht eingenommen werden.« Das Stellungssystem und seine Verteidiger waren dem Sturmangriff jedoch nicht gewachsen. Die israelischen Soldaten der vorderen Linie hatten um die Mittagszeit des Versöhnungstages nicht mit der ägyptischen Landung gerechnet. Nach dem Verlust des Befestigungssystems bekommt der Verteidigungsminister zu hören, das »Maginotdenken« habe seine militärische Phantasie vernebelt.

Muammar el-Gaddafi, der libysche Staatspräsident, ist schon mit der Vorbereitung zum vierten Nahostkrieg nicht einverstanden. Er wendet sich in der Moschee in Damaskus von Hafis el-Assad und Anwar el-Sadat ab. Bei Kriegsbeginn sagt er: »Das ist nicht mein Krieg!«

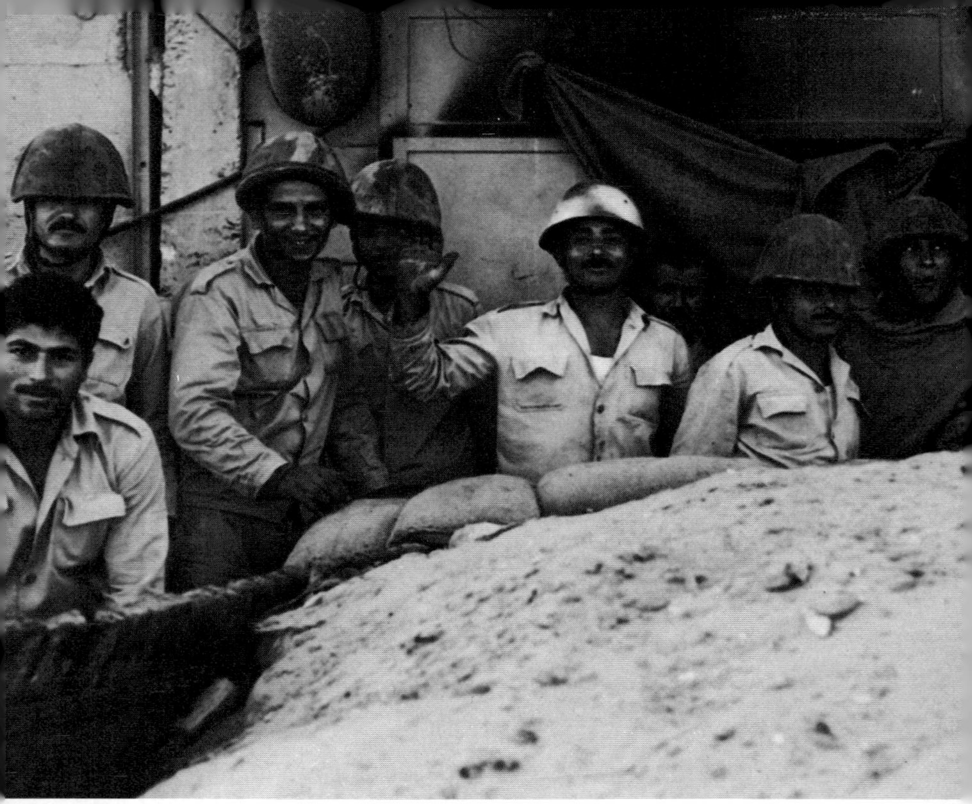

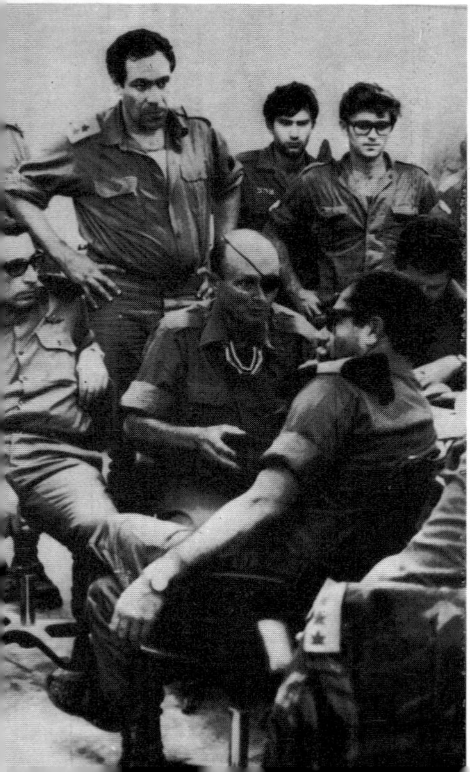

Die Eroberer des Hauptgefechtsstandes der Bar-Lev-Linie. Mit Flammenwerfern und Handgranaten haben sie die Festung gestürmt. Zwei Meter hoch ist die Aufschüttung aus Steinen und Sand über der Betonkonstruktion. Schwere Artilleriegranaten der Ägypter können die Bunker nicht beschädigen. 238 Millionen Dollar hat das israelische Verteidigungsministerium für den Bau der Bar-Lev-Linie ausgegeben.

Moshe Dayan kann nicht mehr überzeugen. Seine Ideen von Angriff und Verteidigung stoßen bei den Offizieren auf Skepsis. Die israelischen Truppenkommandeure verzeihen dem Verteidigungsminister nicht, daß er den ägyptischen Angriff am Jom Kippur nicht vorausgesehen hat. Die hohen Verluste werden Moshe Dayan zur Last gelegt.

Kampf um die Straße Kuneitra–Damaskus.
Generalstabschef David Elazar hofft auf den entscheidenden Durchbruch.

Links: Vor dem Dorf Sasa stoppt der israelische Vorstoß. Die Panzerabwehrraketen der Syrer blockieren die Straße. Verlustreich sind die Versuche der israelischen Infanterie, die Abwehrstellungen der Syrer zu umgehen.

Nach tagelangem zähem Kampf haben die Israelis die Front bis auf 56 Kilometer an Damaskus herangeschoben. Der große Durchbruch entlang der Straße gelingt nicht.

Israelische Panzer haben ein syrisches Fahrzeug überrollt. Die Besatzung des Jeeps russischer Fabrikation sollte mit drahtgelenkten Panzerabwehrraketen die Straße blockieren. Nach dem Treffer aus einer weitreichenden Chieftain-Kanone ließen die Syrer das Fahrzeug stehen. Für die israelischen Panzerfahrer war es kein Hindernis.

Die syrische Luftwaffe bombardiert die israelischen Panzerspitzen. Die Einschläge liegen weit vor dem Ziel.

Daß Phantomkampfflugzeuge mit israelischen Piloten am Steuer, abgeschossen werden können, das hat das Volk in Arabien bis zu diesem Tag nicht geglaubt. Die Phantom war gefürchtet wie der Racheengel Allahs.

Israels langer Arm

Generalmajor Aharon Yariv gibt eine Pressekonferenz in Tel Aviv. Yariv ist früherer Geheimdienstchef, er will über die Kämpfe an der Front berichten. Yariv weiß, was vorgeht, er ist derzeit Sonderberater des Generalstabschefs David Elazar.
Yariv ist ein kühler Kopf; eine kluge Antwort hat er schnell parat. An diesem Tag aber ist Yariv in schlechter Form; er ist außer Fassung, spricht abgehackt. Aharon Yariv wirkt nervös. Der internationalen Presse erklärt der General die Räumung der Bar-Lev-Linie. Er gibt zu: »Wir sitzen nicht mehr am Suezkanal. Der Gegenangriff ist nicht weitergekommen.« Den Grund verschweigt der General an diesem Abend: Die Luftwaffe, Israels langer Arm, erreicht den Kanal nicht mehr. Der ägyptische Nachschub über die Pontonbrücken kann nicht unterbrochen werden.
Den Kern der israelischen Luftwaffe bilden die Staffeln der Kampfflugzeuge vom Typ F-4E, diese Maschinen tragen den Namen »Phantom«. Die Phantom wird von der McDonnel Aircraft Company in St. Louis, Missouri, gebaut, als Vielzweck-Kampfflugzeug für die United States Air Force. McDonnel verkaufte das Flugzeug auch an die griechische und die iranische Luftwaffe. 6000 Phantoms konnte die amerikanische Firma bisher bauen und ausliefern. Bis zum Kriegsbeginn hatte Israel über einhundert dieser Maschinen erhalten.
Die Phantom hat Geschwindigkeitsrekorde und Höhenrekorde gebrochen. Sie ist in ihrer vielfältigen Verwendungsfähigkeit allen vergleichbaren Kampfflugzeugen überlegen. Die Maschine transportiert 7250 Kilogramm Bomben und Raketen an fünf Aufhängungen unter den Tragflächen. Für Angriffe auf Erdziele

können 40 Sprengbomben geladen werden (1000 lb und 750 lb), fünfzehn Minen (680 lb), elf Kanister mit Napalm, vier Bullpup-Luft-Boden-Raketen und fünfzehn Bündel kleiner Raketen. Für den Luftkampf werden die Tragflächen mit Sparrow- und Sidewinder-Raketen behängt.

Der Pilot bekommt für die Steuerung seines komplizierten Flugzeugs Hilfe durch elektronische Rechner. Ein Computer übernimmt die Navigation in Verbindung mit einem Selbststeuersystem. Die Schußkontrolle ist einem automatischen Radar übertragen, das Radar lenkt die Phantom in Zielrichtung und feuert die Raketen ab. Die Suche nach dem Gegner erleichtert ein Infrarot-Detektor. Ist die Phantom im Suchfeld eines gegnerischen Flugzeugs, dann leuchtet ein Warnlicht auf: Der Pilot kann noch versuchen, durch Ausweichmanöver dem Feuer der feindlichen Maschine zu entkommen.

Um die Phantom sicher ans Ziel zu bringen, haben die Elektronikingenieure ausgetüftelte Sensoren am Flugzeug angebracht. Die Sensoren spüren den Anflug einer Rakete, die von der Hitze der Phantomdüse angezogen wird. Haben die Sensoren diese Gefahr erkannt, feuert die Phantom eine heißbrennende Rakete ab; sie wird jetzt von der Automatik der Luftabwehrrakete als Ziel avisiert.

Der Preis für die vollausgerüstete Phantom: 25 Millionen Mark. Bei aller elektronischen Hilfen erfordert die Phantom hochspezialisierte Piloten und Navigatoren, die erst nach jahrelanger Ausbildung für den Einsatz gerüstet sind. Die israelische Luftwaffe hat für diesen Flugzeugtyp rund 400 Piloten, die allen taktischen und technischen Anforderungen genügen. Jeder Pilot der ausfällt, ist ein Verlust, der nicht so rasch wieder wettgemacht werden kann. Im vierten Nahostkrieg sind die abgestürzten Phantommaschinen nach wenigen Stunden von den Vereinigten Staaten ersetzt, die Suche nach Piloten aber erweist sich als schwierig.

Im Junikrieg 1967 machten sich Piloten und Bodenpersonal einen Sport daraus, die Zeit für Tanken und Aufladen immer mehr zu reduzieren; innerhalb von Minuten waren die Phantoms wieder in der Luft. Die Füllung der Tanks von 7500 Litern dauert fünf Minuten. Zusatztanks von 2270 Litern waren in Sekunden montiert. Zehn Mann kümmerten sich am Boden um das Flugzeug, die Piloten konnten in der Maschine auf Starterlaubnis warten. Auch diesmal klappt die Technik schon am zweiten Kriegstag perfekt. Die Mechaniker, meist Reservisten, sind zur Stelle, aber Rekordeinsätze werden nicht geflogen. Am zweiten und dritten Tag sind die Ausfälle hoch. Nach »Schätzungen« des amerikanischen Geheimdienstes – er kennt die Zahlen genau – haben die Israelis bis zum fünften Kriegstag 85 Kampfflugzeuge verloren. 50 der 85 verlorenen Maschinen sind Phantom-Kampfflugzeuge. Das Luftwaffenkommando steigert nach den hohen Verlusten die Zahl der Einsätze, um durch harte Schläge die feindliche Luftabwehr lahmzulegen; dann aber wird der Flugbetrieb eingeschränkt. Die Verluste sind nicht auszugleichen. Mit Angriffen auf das Luftleitsystem der Araber hoffen die Israelis, sich Überlegenheit zu verschaffen: Sie zerstören eine libanesische Radaranlage, weil sie der Meinung sind, daß diese Rundum-Suchanlage von Baruk den Syrern den Anflug der israelischen Maschinen vorzeitig meldet. Doch die syrischen Radargeräte auf dem Antilibanongebirge genügen den Arabern vollkommen, um den Luftraum zu kontrollieren. Die Verluste der Israelis reduzieren sich nicht. An der syrischen Front wird das Netz der SAM-Raketen immer dichter. Ist der Einsatz überhaupt noch zu verantworten? Das Oberkommando wählt für Anflug und Rückflug den libanesischen Luftraum. Am Himmel dieses kleinen Landes, das sich aus dem Nahostkonflikt heraushalten will, ziehen Tag für Tag die Phantoms in großer Höhe Kondensstreifen. Sie fliegen in Richtung Homs, nach Minuten schon sind sie wieder auf dem Heimweg nach Israel. Die libanesische Luftwaffe greift nicht ein, sie ist an Zahl und Ausbildung unterlegen. Die Syrer vermeiden allerdings auch Luftkämpfe, sie verfolgen die israelischen Maschinen nicht. Denn das hat sich doch sehr rasch herausgestellt: Die russischen MiGs mit syrischen Piloten sind den amerikanischen Phantoms mit israelischen Besatzungen unterlegen.

Am 13. September, drei Wochen vor dem vierten Nahostkrieg, hat der »lange Arm der Israelis« seine Überlegenheit bewiesen. Die Israelis fliegen Patrouille, in einem Verband von 30 Maschinen. Die Flugroute führt zum syrischen Hafen Tartous. Die

Entfernung von israelischen Flughäfen beträgt 230 Kilometer. Syrische MiG-Kampfflugzeuge versuchen um 14 Uhr 20, den israelischen Verband abzufangen. In der Anfangsphase des Kampfes verlieren die Israelis eine Maschine; die Phantoms haben sich überraschen lassen. Sie beschleunigen ihre Geschwindigkeit – der Knall beim Durchbruch durch die Schallmauer ist noch in Beirut zu hören –, und sie gewinnen Höhe. Über Hama in Zentralsyrien fliegen die Israelis Karussell und warten auf eine Chance. Die Staffel MiG 21 greift an; die Phantoms lösen ihr Sicherheitskarussell – Schnauze am Schwanz des Vordermannes – auf. Den Syrern gelingt bei diesem Angriff kein Abschuß. Aber die Israelis feuern zurück aus günstiger Position. Das Resultat: Neun MiG 21 fallen brennend zur Erde.

Dem abgeschossenen israelischen Piloten war es vor dem Hafen Tartous gelungen, mit dem Fallschirm abzuspringen. Ein Hubschrauber soll den Piloten aus dem Meer retten. Die Maschine fliegt der libanesischen Küste entlang, begleitet von israelischen Kampfflugzeugen. Vier syrische MiG-Maschinen erwarten den Hubschrauber. Alle vier werden von den Phantoms abgeschossen.

Das Ergebnis dieses Luftkampfes: Die Israelis zerstören dreizehn syrische Flugzeuge bei einem eigenen Verlust.

Bei Kriegsbeginn wissen die Syrer, daß sie mit ihrer Luftwaffe gegen die Israelis nichts ausrichten können.

Der »lange Arm der Israelis« hat in der Luft gegen russische Kampfflugzeuge vom Typ MiG 21 zu kämpfen. Die MiGs sind den israelischen Piloten erkennbar am schlanken Rumpf und an der schwarzen Bugnase, die aus dem vornangebrachten Lufteinlaß der Düse herausragt. Die Delta-Tragfläche ist stärker ausgeprägt als bei der Phantom. Trotz der Unterschiede sind die zwei konkurrierenden Maschinentypen für den Beobachter eines Luftkampfes sehr schwer auseinanderzuhalten. Luftangriffe und Luftkämpfe dauern in diesem Krieg nur Sekunden. Das Dröhnen der Düsen läßt nicht erkennen, wo und wohin die Maschinen fliegen. Erst tief über dem Ziel ist die Silhouette auszumachen. Zu spät für jede konventionelle Luftabwehr.

Die MiG 21 ist von Generaloberst Artem I. Mikoyan nach dem

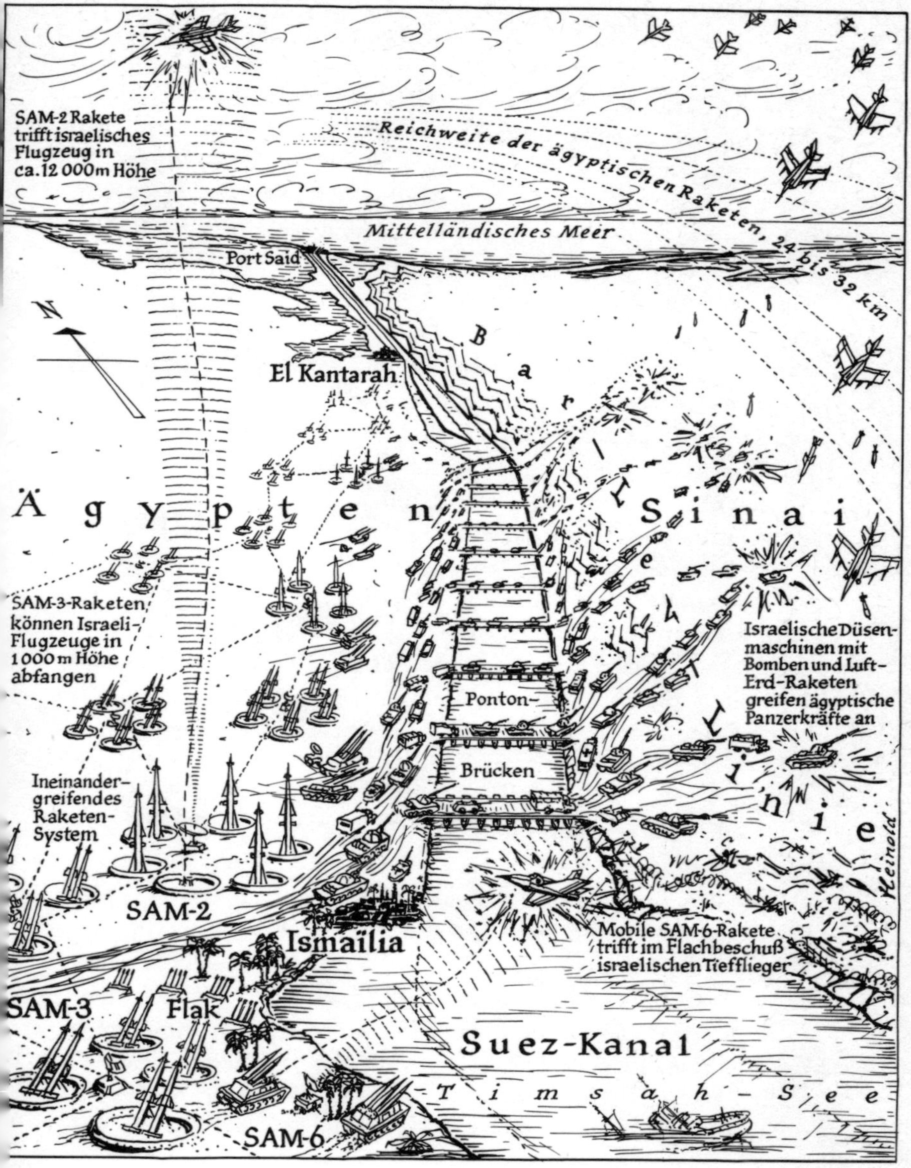

›er Übergang über den Suezkanal.

ım Nachmittag des 6. Oktober besetzen ägyptische Spezialeinheiten die Bar-Lev-Linie am ›stufer des Suezkanals. Gegenangriffe der israelischen Luftwaffe scheitern, da das Netz der ;yptischen Boden-Luft-Raketen am Kanal undurchdringlich ist. – Unbehindert bauen die gypter Pontonbrücken. Mit den ägyptischen Panzertruppen fahren mobile Raketenstellun-ın über den Kanal, der ägyptische Raketenschirm verschiebt sich nach Osten.

Koreakrieg konstruiert worden. Die sowjetische Luftwaffe hatte schlechte Erfahrungen gemacht mit ihrer MiG 15, sie war nicht kampfstark genug gegen die amerikanischen Kampfflugzeuge. Generaloberst Mikoyan und der Mathematiker Mikhail Gurevich konstruierten ein Flugzeug mit hoher Steigfähigkeit. Im Koreakrieg waren die amerikanischen Maschinen überlegen, weil sie rascher größere Höhen gewinnen konnten. Diese Fähigkeit sollte auch das neue Flugzeug haben. Doch die MiG 21 wurde zuerst nicht die Erfüllung der Wünsche der sowjetischen Luftwaffe: Der Einsatzradius um den Startflughafen war nicht groß genug, die Bewaffnung war unzureichend, die Elektronik veraltet. Mikoyan verbesserte das Flugzeug; es sollte vor allem bei jeder Art von Wetter einsatzfähig sein. Der Umbau der Elektronik machte eine Umstellung der Bewaffnung notwendig – die MiG 21 wurde erst langsam ein gutes Kampfflugzeug. Der sowjetische Konstrukteur war beauftragt, den Piloten besonders zu schützen, er panzerte das Cockpit; doch ohne die Stahlplatten könnte eine höhere Geschwindigkeit erreicht werden. Auf die Panzerung kann man verzichten, die Maschine hat ja ein Warnsystem, das auf angreifende Feindflugzeuge aufmerksam macht. Der wichtigste Nachteil: In der Bewaffnung ist die MiG der Phantom nicht gleichwertig.

Seit dem Frühjahr 1971 besitzen die Ägypter in kleiner Zahl das beste russische Kampfflugzeug: die MiG 23. Sie fliegt bis in Höhen von 22 000 Metern. Die MiG 23 hat zwei starke Düsen; kastenartige Lufteinlaßschächte und zwei Heckflossen machen die Maschine leicht erkennbar. 1972 wurde die MiG 23 vom Flughafen Kairo-West aus zu Erkundungsflügen über die Sinai-Halbinsel eingesetzt. Die Maschinen donnerten mit ihrer vollen Geschwindigkeit von Mach 3 über die Wüste. Die israelische Luftwaffe ließ eine Phantomstaffel aufsteigen, sie konnte die MiG 23 nicht abfangen – an Geschwindigkeit und Navigationsfähigkeit war die Phantom unterlegen.

Die Israelis brauchten trotzdem die MiG 23 nicht zu fürchten. Die Ägypter hatten zu wenig Flugzeuge dieses Typs. Die MiG 21 war das Standardkampfflugzeug der arabischen Luftwaffen zu Beginn des vierten Nahostkrieges.

Eine große Enttäuschung für die Syrer und die Sowjetrussen sind die Sukhoi-Kampfflugzeuge, die in kleiner Zahl an der syrischen Front eingesetzt wurden. Die Israelis schossen alle Flugzeuge dieses Typs leicht ab.

Der »lange Arm der Israelis« war im Junikrieg wirkungsvoll, weil die Araber zwar eine starke Bodentruppe, aber nur eine schwache Luftwaffe hatten – die von den Israelis in den ersten Stunden des Krieges ausgeschaltet werden konnte. Der ägyptische Generalstabschef Shazli beordert im Jom-Kippur-Krieg alle seine Flugzeuge aus der Kanalzone zurück ins Hinterland. In Aswan und in Marsa Matruh stehen die ägyptischen MiG 21. Sie nehmen in der ersten Hälfte des Krieges nicht am Kampf teil. Shazli bekämpft den »langen Arm« mit der SAM-6-Rakete. Da diese Rakete nicht zwischen Feind- und Freundflugzeugen unterscheiden kann, sind die eigenen Maschinen über dem Kanal und über den Brückenköpfen ganz unerwünscht. Shazli hält seine Luftwaffe vor allem deshalb zurück, um sie für die Schlußphase des Kriegs intakt zu haben. Kurz vor dem Sieg oder kurz vor der Niederlage – so kalkuliert er – wird Ägypten diese Waffe brauchen.

Sterben auf Golan

Auf das Fest Jom Kippur folgt in Israel das Fest Sukkot, das Laubhüttenfest. Der Sukkot ist eine Art Erntedankfest. Aus dem Geäst von sieben Pflanzen flechten die Juden an diesem Tag Hütten. Die sieben Pflanzen sind der Weinstock und die Bäume von Feige, Granat, Pfirsich, Mandel, Nuß und Dattel. Sieben Tage lang wird gefeiert. Nach der Legende soll an jedem Tag ein himmlischer Gast die Laubhütten besuchen. Der Abgesandte des Himmels speist mit dem Gastgeber. Moses, Abraham, Jakob und David kommen selbst zu diesem Fest auf die Erde.

Am Laubhüttenfest des jüdischen Jahres 5734 werden wenig Hütten gebaut in Israel. Die Menschen in Tel Aviv, Haifa, Jerusalem und Jericho hören zu Hause Radio. Golda Meïr sagt: In diesen Tages des Sukkot werden viele Söhne Israels sterben müssen. Und der hebräische Dienst von Radio Damaskus meldet: »Der Hermon ist befreit!« – der Gebirgszug, der die Grenze bildet zwischen Libanon und Syrien. Der Hermon ist 2814 Meter hoch.

Jeden Tag, zu festen Sendezeiten, erläutert General Herzog den Rundfunkhörern die Lage an der Front. Am ersten Tag des Laubhüttenfestes verspricht der General den Durchbruch durch die syrische Front. »Wir schalten jetzt auf schnelleren Gang!« General Herzog, ein nüchterner Intellektueller, spricht vom schweren Dilemma der Syrer, die Damaskus und eine lange Front zu verteidigen hätten. »Unser Durchbruch durch die syrische Front wird immer tiefer.« An Nazareth vorbei rollen an diesem Tag Panzertruppen in Richtung Tiberias: Für die Golanhöhen sind die Reserven unterwegs.

An einer der beiden Fronten soll die Entscheidung errungen werden. Die Syrer, so glaubt David Elazar, bieten das leichtere Ziel. Ein konzentrierter Angriff wird sie zerbrechen.

Zehn Kilometer nordöstlich der Stadt Kuneitra haben sich die Israelis eingegraben. Diese Stellung ist am weitesten vorgeschoben. Von hier aus zieht sich ein Plateau fünfzig Kilometer weit bis Damaskus. Kurz vor der syrischen Hauptstadt ragen rechts und links neben der Straße Hügel auf. Der Engpaß zwischen den Erhebungen ist nur fünf Kilometer breit. David Elazar weiß, daß er hier nicht durchkommt; er muß die syrische Armee vor der natürlichen Sperre zerschlagen. Aber das Gelände ist schwierig, besonders an der Nordflanke der Straße von Kuneitra nach Damaskus. Bei Buq'ata steigt das Land an: Zehn Kilometer nördlich liegt der Ort Majdal Shams schon in gebirgiger Landschaft. Hier sind die Ausläufer des Berges Hermon. David Elazar kann nördlich von Kuneitra seine Panzer nicht operieren lassen. Die Berglandschaft ist übersät von Gesteinsbrocken, die wie Panzersperren wirken. Die Syrer haben hier einen Streifen des eigenen Landes zurückerobert, sie sind nach Majdal Shams zurückgekehrt. Auch die Syrer kämpfen in diesem Gelände nicht mit Panzern; mit Artillerie belegen sie die israelischen Stellungen. In den

Feuerpausen gehen Stoßtruppkämpfer mit Bazookas vor. Die Front verläuft in einer Zickzacklinie, unübersichtlich, die Positionen verändern sich stündlich.
Südlich von Kuneitra ist das Gelände eben. Von El Al aus können die Israelis unterhalb der Golanhöhen nach Osten stoßen, der jordanischen Grenze entlang. Doch dieser Geländegewinn bringt nicht den durchschlagenden Erfolg. Syrien kann diesen Streifen leichten Herzens aufgeben. Elazar spürt, daß er seine Front überdehnt; er nimmt seine Truppen von Nafaa wieder zurück. Der syrische Druck südlich der Straße Kuneitra–Damaskus verstärkt sich inzwischen, die Israelis gehen auf Mumsiya zurück.
Ein israelischer Panzeroffizier, der seinen Namen nicht nennt, erklärt die Situation an der syrischen Front. Doch was er sagt, ist irreführend. Am See Genezareth hat er sein Hauptquartier in der Nähe des Kibbuz Ginossar. Der Oberst ist stellvertretender Kommandeur der Nordfront. Er sagt, über die Landkarte gebeugt: »Wenn ich mich nicht täusche, ist das die Straße nach Damaskus.« Und er benimmt sich so, als habe er ein wichtiges Geheimnis verraten. »Die Straße nach Damaskus, ich scherze nicht, ich sage die Wahrheit!« Frage an den Oberst: »Sie wollen also auf Damaskus losfahren?« Er sagt: »Die Antwort werden Sie bald wissen!« Die israelische Armee will in einer Gegenoffensive über die Golanhöhen hineinstoßen nach Syrien.
Brigadegeneral Aharon Yariv sagt: »Wir fangen an, der anderen Seite klarzumachen, daß es eine gefährliche Sache ist, den Waffenstillstand zu brechen. Unsere Truppe drückt jetzt auf die Front, wir schieben sie. Wir werden sie strafen, solange und sosehr wir können!«
Auf der syrischen Seite kommandiert Generalmajor Mustafa el Tlass, 45 Jahre alt. El Tlass hat nicht die farbige Ausstrahlung des Ägypters Saadeddin Shazli: El Tlass ist ein trockener, energischer Typ mit spitzfindigem Hirn. Er ist Soldat und Politiker. In jedem der beiden Berufe entwickelt er andere Charakterzüge: als Soldat ist er hartnäckiger Verteidiger; als Politiker zeigt er Gespür für Winkelzüge, für Hintertüren und kommende Veränderungen. Der Offizier el Tlass ist Spezialist im Guerillakrieg,

er hat ein Buch über die Taktik der Kommandos geschrieben. Sein Wissen um den Guerillakrieg hat er mit Erfolg im politischen Kampf benützt. Mustafa el Tlass hat alle Militärputsche Syriens überlebt.
Bis Hafez Assad, der jetzige Staatspräsident, an die Macht kam, konnte sich keine Regierung in Syrien lange halten. Zwar ist die Macht schon seit Jahren fest in der Hand der sozialistischen Baathpartei, doch diese Partei ist gespalten. Alle Fraktionen der Baathpartei bekennen sich zur arabischen Einheit und zum Sozialismus – und sie verstehen auch alle dasselbe unter diesen Begriffen. Die Streitigkeiten haben rein personelle Ursachen: Viele wollen die Macht an sich reißen in Damaskus. Wer Oberst oder Generalleutnant geworden ist, der denkt sofort daran, in den Präsidentenpalast einzuziehen. Die Schlüsselfigur für alle Putsche war bisher der Kommandeur der syrischen Panzertruppen. Der Offizier, der diesen Posten ausfüllt, putscht selten selbst; aber er unterstützt den Kollegen, der ihm den Putschversuch schmackhaft machen kann. Gelingt der Umsturz, dann ordnet der Generalleutnant, der Staatspräsident geworden ist, das Land, vor allem aber die Armee, neu. Von der Spitze bis zu den Obersten werden die Offiziere eingesperrt, unter Hausarrest gestellt, verurteilt – oft genug zum Tode. Ist Milde angebracht, werden die Kommandeure pensioniert oder als Militärattachés ins Ausland geschickt. Ihre Posten nehmen Freunde des neuen Staatspräsidenten ein: sie übernehmen den Befehl in den Provinzen, sie stehen der Militärakademie vor, sie führen die Verwaltung. Sie sind einig und halten zusammen – bis einer von ihnen auf den Gedanken kommt, mit dem Panzergeneral zu sprechen, ob nicht wieder einmal ein Wechsel in der Staatsspitze vorteilhaft sein könnte.
In dieser Kette von Putschen, die eine feste Tradition sind in Syrien, verliert immer der Generalstabschef seinen Posten. Der neue Mann ist ein guter Freund des neuen Präsidenten. Er benützt seine Arbeitskraft dazu, in dieser einflußreichen Stellung zu bleiben. Für die Vorbereitung des Krieges hat ein syrischer Generalstabschef wenig Zeit. Der politische Machtkampf war schuld am desolaten Zustand der syrischen Armee.
Doch 1970 kommt Hafez Assad in Syrien an die Macht – und er

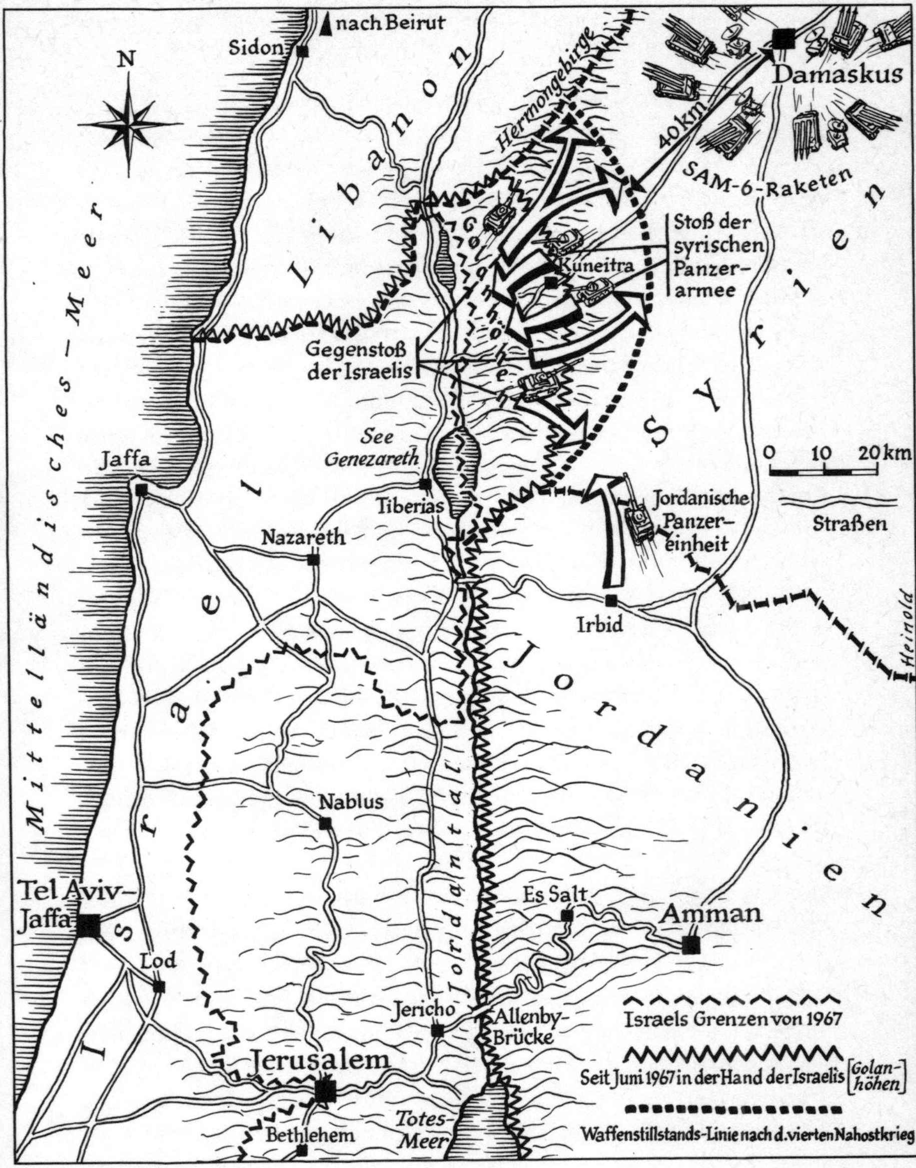

Die Front im Osten Israels.

In den ersten Stunden des vierten Nahostkrieges erobern die syrischen Panzertruppen das Gebiet nördlich und südlich der Straße Kuneitra–Damaskus. Der Vorstoß über die Golanhöhen hinunter ins Tal mißlingt. Der Gegenschlag der Israelis bringt keinen entscheidenden Erfolg. Die Syrer können eine zusammenhängende Abwehrlinie halten. König Husseïn weigert sich, im Jordantal eine dritte Front zu eröffnen. Er fürchtet, seine Panzer auf der Nachschubstraße von Es Salt zur Allenby-Brücke der israelischen Luftwaffe auszusetzen.

regiert auch noch zur Zeit des vierten Nahostkrieges; so lange hat sich in Syrien seit zwanzig Jahren kein Staatspräsident halten können. Hafez Assad und Mustafa el Tlass brauchten einige Monate, um ihre Macht abzurunden, um mögliche Rivalen auszuschalten. Die beiden wenden eine geschickte Taktik an. Sie sagen: »Wir bereiten den Krieg vor, wir sind entschlossen, das verlorene Gebiet zurückzuerobern. Wer uns stürzen will, wer gegen uns kämpft, der ist ein Vaterlandsverräter, weil er die Rückeroberung des Heimatbodens verhindert. Auf Hochverrat aber setzen wir die Todesstrafe!« Hafez Assad und Mustafa el Tlass erklären sich zu unverletzlichen Personen, zu Garanten des Kampfes. Da kein Offizier die Rückeroberung des Heimatbodens verhindern will, gibt es auch keinen ernsthaften Putschversuch seit 1970. Erstmals in der syrischen Geschichte bekommt der Verteidigungsminister Zeit, an den Krieg zu denken, Mobilisierungspläne aufzustellen. Mustafa el Tlass reist viel, immer auf der Suche nach neuen Waffen. Wenn die Sowjets mit der Waffenlieferung zögern, dann fährt Mustafa el Tlass kurzentschlossen nach China. Dort stellt er sich den Fotografen mit dem Roten Buch des Vorsitzenden Mao in der Hand. Solche Chinareisen machen die Sowjets gesprächsbereit. Marschall Gretchko, der sowjetische Verteidigungsminister, kommt nun regelmäßig nach Damaskus. Die gewünschten Panzer und Geschütze werden geliefert.

Im Krieg um die Golanhöhen ist Präsident Hafez Assad der Mann, der in Syrien Entscheidungen trifft. Hafez Assad ist 1928 geboren; der Vater ist Bauer, doch die Familie hat genügend Geld, um den Jungen zur Schule zu schicken. Schulunterricht ist heute noch nicht überall in Syrien eine Selbstverständlichkeit. Die Familie Assad gehört zur religiösen Minderheit der Alawiten. Zu dieser Gruppe rechnen sich in Syrien 450 000 Menschen. Die Alawiten sind Moslems, aber sie beziehen in ihre Rituale auch vorislamische Bräuche ein. Die Syrer sind in der Mehrzahl Sunniten; aber auch die Sunniten Syriens sind tolerant gegenüber Einflüssen von anderen Religionen; sie sind aufgeschlossen. Diese Toleranz erklärt es, daß in Damaskus der Angehörige einer religiösen Minderheit an die Macht kommen kann.

Hafez Assad macht einen zerzausten und zerknitterten Eindruck, er geht leicht gebeugt. Die Haare an Schläfen und Oberlippenbart sind angegraut. Der syrische Staatspräsident ist kein brillanter Redner; er spricht im Dialekt der Alawiten aus dem Norden, seine Stimme trägt nicht, er redet nicht frei. Trotzdem: Die Massen lieben diesen Mann. Wenn er auftritt vor Arbeitern, Bauern, jungen Intellektuellen, dann sind die Sprechchöre nicht zu stoppen: »Hafez! Hafez! Hafez! Hafez!«

Die Syrer respektieren das einfache Leben dieses Mannes, er wohnt bescheiden in Damaskus im Villenviertel auf halber Höhe. Hafez Assad ist verheiratet und hat fünf Kinder, aber sein Privatleben zeigt er nicht.

Der Staatspräsident macht einen milden, müden Eindruck – aber diese Milde täuscht. Wer in Syrien Putsche in hohen Funktionen überlebt und sie dazu noch für seine Karriere ausnützen kann, der ist von eiserner Härte.

An der syrischen Niederlage im Junikrieg von 1967 trägt Hafez Assad Mitschuld, er ist zu dieser Zeit Verteidigungsminister und Oberbefehlshaber der Luftwaffe. Aber: trotz des hohen Titels ist seine Verantwortung gering. Er hat im Junikrieg keinen Einfluß auf die Truppe, die Kommandogewalt liegt nicht bei ihm. Die Entscheidungen beschließt das Militärische Büro der Baathpartei, Assad hat Befehle auszuführen. Politiker kommandieren die Front in die Katastrophe.

Hafez Assad hat aus diesen Erfahrungen gelernt, die militärischen Laien werden ausgeschaltet. Die Generäle beginnen im Jahre 1970 den zivilen Politikern Befehle zu geben: Syrien richtet sich nach und nach auf den Krieg ein; die Befreiung der verlorenen Gebiete wird zur heiligsten nationalen Pflicht erklärt. Der syrische Präsident und sein Verteidigungsminister haben nie an eine friedliche Lösung des Nahostkonflikts gelaubt. Ihre These ist: »Was man uns mit Gewalt genommen hat, das müssen wir uns mit Gewalt wiederholen!« Für Hafez Assad ist dieser vierte Krieg eine Frage der nationalen Ehre. Am Schluß der militärischen Auseinandersetzung ändert der Präsident seine Meinung: »Der Krieg macht uns auch nicht glücklicher.«

Hafez Assad und sein Verteidigungsminister planen den Volkskrieg. Der Guerillaspezialist el Tlass entwickelt die Strategie der zwei Ebenen: die reguläre syrische Armee führt die operativen Schläge aus, sie treibt den Angriff ins feindliche Gebiet voran. Die Volksmiliz führt Kommandounternehmen durch, greift eingedrungene Verbände an, stört Nachschubwege. Im Fall der Niederlage der syrischen Armee vor Damaskus muß die Volksmiliz die Hügelkette vor der Stadt verteidigen, danach die Vorstädte, dann die Hauptstadt selbst. Diese Verteidigung gibt der Armee Zeit, sich bei Homs und weiter zurück bei Aleppo neu zu gruppieren, sich mit der Hilfe der Sowjets wieder zu bewaffnen. Ein Wechselspiel von Defensive und Offensive in der Zusammenarbeit von Armee und Volksmiliz soll die Israelis zermürben.

Mustafa el Tlass weiß vor dem Krieg, daß diese Strategie Verluste bringt. Er kalkuliert sie ein: »Syrien hat eine Bevölkerung von fast sieben Millionen Menschen, Israel von nicht einmal drei Millionen – wir können Verluste in Kauf nehmen, die Israelis nicht.« Hafez Assad, der Staatspräsident, baut diese Theorie von der syrischen Überlegenheit aus: »Unsere Wirtschaft ist nicht so empfindlich wie die Wirtschaft der Israelis. Wir können unsere Industriearbeiter freistellen, sie brauchen nicht Soldat zu sein, die Israelis aber sind auf jeden Mann angewiesen. Syrien ist noch lange nicht so industrialisiert wie Israel. Unser Vorteil in diesem Konflikt ist unsere größere Primitivität.«

Sechzig Prozent der syrischen Bevölkerung leben in Dörfern und arbeiten in der Landwirtschaft. Syrien verhungert nicht, auch nicht in einem langen Krieg. Nahrungsmittel erzeugt es selbst: Weizen, Gemüse, Fleisch. Der Wirtschaftsminister, Mohammed Imady, sagt: »Wenn es darauf ankommt – unser Volk ist an Fasten gewöhnt. Wenn die Lebensmittel knapp werden – hier weiß sich jeder zu helfen. Selbst ein totaler Ausfall der Elektrizitätsversorgung zwingt uns nicht in die Knie. 1960 war ich in New York, für drei Stunden gab es keinen Strom: Die ganze Stadt brach zusammen. Hier in Damaskus haben wir keine derartigen Probleme!«

Die Syrer kämpfen verbissen auf den Golanhöhen. Das Observatorium auf dem Berg Hermon ist in ihrer Hand; von hier aus wird die syrische Artillerie dirigiert.

Die Israelis dringen vor mit Panzern der Typen »Patton« und »Centurion«. Die Kanone des Centurionpanzers ist von den israelischen Ingenieuren umgerüstet auf eine Kanone vom Kaliber 10,5 Zentimeter. Die Munition dazu wird in Israel hergestellt. Alle Panzer haben die gleiche Kanone, auch die russischen Beutepanzer aus dem Junikrieg von 1967. Die Umrüstung bewährt sich hier an der syrischen Front, die Nachschubdienste müssen nicht mehrere Sorten von Munition transportieren. In der Logistik sind die Israelis überlegen.

Die Artilleriebeobachter vom Berg Hermon legen das Feuer vor. Irakische Panzerkolonnen rollen an; sie versuchen, den Israelis in die Flanke zu fahren. Die Israelis haben den Erfolg nahe vor sich gespürt: Eine syrische Panzereinheit ist abgezogen und wird durch frische Truppen ersetzt. In diesem Augenblick der Umgruppierung stoßen die israelischen Panzer vor. Die Iraker blockieren den Angriff. Das Gelände ist aufgerissen von Granaten, Trichter an Trichter. Ausgebrannte Panzer stehen rechts und links der Straße von Damaskus nach Kuneitra. Es sind syrische und israelische Panzer. Die Verluste beider Seiten sind hoch. An einigen der zerstörten israelischen Panzern sind Aufschriften zu lesen: »Viva Golda« und »Nach Damaskus« oder »Araberschreck«. Beim syrischen Dorf Sasa bleiben Offensive und Gegenoffensive stehen. Beide Armeen sind gleich stark: Nur taktische Genialität kann helfen. Die israelische Truppenführung, sonst findig im Aufspüren schwacher Stellen des Gegners, sieht keine Lücke im Abwehrsystem der Syrer. Die Israelis vermeiden gerne den Frontalangriff ihrer Panzertruppe, vor Sasa aber setzen sie auf diese Karte – ohne durchschlagenden Erfolg. Der Frontalangriff führt zum Erfolg, wenn ein Glied der Verteidigungskette mürbe wird; diesen entscheidenden Augenblick muß der Kommandeur erkennen: er konzentriert den Angriff auf die Stelle, die nachgibt, und versucht, durch eine Wendung nach der Bresche dem Feind in den Rücken zu fallen. Die Israelis sind die anerkannt besten Panzerfahrer der Welt; sie selbst verzweifeln, daß der Durchbruch nicht zu erzwingen ist. Ein israelischer Offizier sagt zu einem französischen Kriegsberichterstatter: »David Elazar hätte besser sein Maul gehalten! Uns einen Krieg zu versprechen,

der kürzer ist als der Sechstagekrieg!« Er gibt zu: »Die Syrer kämpfen wie die Teufel!«
Der österreichische UN-Beobachter Wolfgang Hubert Romauch sieht die Lage so: »Am ersten Tag des Krieges waren die Syrer an einer Stelle 35 Kilometer weit vorgestoßen. Bei der israelischen Gegenoffensive mußten sie Gelände aufgeben. Dann blieb die Front stehen. Die heftigsten Kämpfe wurden um Kuneitra geführt. Die Überlegenheit der israelischen Waffen wird kompensiert durch den Kampfwillen der Syrer.«
Die Syrer besitzen panzerbrechende Waffen, die sie an brüchigen Punkten in der eigenen Linie den Israelis entgegenstellen können: sowjetische Panzerabwehrraketen, die vom Infanteristen über einen dünnen Draht ins Ziel gelenkt werden können. Der Soldat verfolgt den Flugweg der Rakete – zwei hellbrennende Feuerpunkte an den Flügeln markieren ihn – und korrigiert Richtung und Höhe über einen Steuerknüppel. Der dünne Draht leitet elektrisch die Lenkimpulse weiter. Die Geschwindigkeit der Rakete beträgt 300 km/h. Der Kontrollkasten, auf dem der Steuerknüppel sitzt, ist durch den Draht mit der Rakete verbunden. Schütze und Kontrollkasten befinden sich einige Meter vom Abschußplatz entfernt. Trifft das Geschoß auf das Ziel, explodiert es nicht sofort, sondern es schweißt sich durch die Panzerung hindurch. Dann erst detoniert der Sprengstoff, und Magnesium verbrennt alles Leben im Panzer. Die Rakete ist auf einer leicht transportierbaren Metallkonstruktion montiert. Das Gewicht der Waffe selbst beträgt allerdings 25 Kilogramm. Sie ist für den Infanteristen damit unhandlich. Versuche, sie auf einem gepanzerten Jeep zum Abschuß in die Frontlinie zu fahren, haben sich nicht bewährt; der Jeep wurde meist von den israelischen Panzern getroffen, ehe er in eine Feuerposition vorfahren konnte. Die drahtgelenkte Panzerabwehrwaffe durchschlägt Stahlplatten von sieben Zentimeter Dicke noch nach einem Flugweg von 2000 Metern. Die Syrer sagen, daß sie mit dieser sowjetischen Waffe über hundert israelische Panzer außer Gefecht gesetzt haben. Aber die Panzerabwehrwaffen der israelischen Armee sind mindestens ebenso wirksam wie die der Syrer. Die Israelis besitzen eine in Frankreich entwickelte Waffe, die nach Art der Bazooka abgefeu-

ert wird. Auch diese Rakete wird über einen haardünnen Draht gelenkt. Der Sprengkopf schweißt sich durch 30 Zentimeter dicke Panzerplatten der sowjetischen T 54 und T 55. Die israelischen Infanteristen melden auch Abschüsse des stärksten Panzers der Russen, des T 62.

Die Lage an der Front ist unentschieden. Da gelingt der israelischen Luftwaffe ein Schlag im Rücken der syrischen Armee: Die Phantom-Kampfflugzeuge treffen wirtschaftlich wichtige Ziele in Syrien. Der Hafen von Lattakia wird angegriffen, die Kais sind beschädigt. Im Hafen brennen ein japanisches und ein griechisches Schiff. In der Umgebung von Homs, Hama und Damaskus setzen die Israelis Elektrizitätswerke außer Betrieb. Vor allem: Mit Volltreffern zerstören sie die Raffinerie von Homs. Ausgerechnet dieses wichtige Werk ist nicht mit SAM-Raketen geschützt. Der israelischen Luftwaffe gelingt der Einflug vom Meer her. Die schwachen Flakbatterien um Homs eröffnen das Feuer. Keines der Geschütze gehört zum radargelenkten russischen Typ vom Kaliber 2,3 Zentimeter; diese Kanone, mit Radarrichtstrahl auf der Frequenz 15,5 GHz, bewährt sich bei Damaskus. In Homs laden die Phantoms ungestört ihre Bomben ab. Die Öltanks und die Benzinvorräte der Raffinerie brennen, die Anlage selbst ist nicht mehr zu reparieren.

Das syrische Armeeoberkommando bekommt die Auswirkung des Angriffs sofort zu spüren: das Benzin wird knapp für die Panzerarmee. Syrien selbst kann kein Benzin mehr produzieren; die Einfuhr ist schwierig, da die Hafenanlagen von Lattakia und Tartous nicht voll funktionsfähig sind. Die Vorräte, zerstreut im Lande, können nicht so rasch erfaßt werden, daß die Versorgung der Front gesichert bleibt. Die syrische Regierung rationiert das Benzin für den zivilen Verbrauch. Die Benzingutscheine für solche Notfälle waren seit langem gedruckt.

Der Luftangriff auf Damaskus

Ein Anruf in der ersten Woche des vierten Nahostkriegs: »Wollen Sie einen ungeschminkten Bericht über den Luftangriff auf Damaskus haben? Ich bin UN-Beobachter, Österreicher. Ich komme in Ihr Büro.« Eine halbe Stunde später erzählt der Hauptmann Wolfgang Hubert Romauch aus Salzburg seine Erlebnisse vom Luftangriff der Israelis auf Wohngebiete in Damaskus. Der UN-Beobachter ist zur Neutralität verpflichtet, aber in seiner Empörung will er jede Rücksicht auf seine Karriere vergessen: »Und wenn mich die eigene Armee entläßt, ich muß reden! Krieg gegen die Zivilbevölkerung ist eine Ungeheuerlichkeit!«

Der Hauptmann schildert, was ihn empört: »Am vierten Kriegstag um 12 Uhr 10 griffen israelische Phantom-Kampfflugzeuge die syrische Hauptstadt an. Sie feuerten dreißig Raketen ab. Getroffen wurde das Wohngebiet um den Abu-Rumane-Boulevard. Hier wohnen Diplomaten und UN-Personal, hier ist kein militärisches Objekt und keine Radarstation. Die Israelis haben ziellos in die Stadt gefeuert.« Der UN-Hauptmann erzählt nur, was er selbst gesehen hat. Andere Bewohner des Stadtviertels sagen: »Die israelischen Phantoms kamen zurück und schossen mit Maschinenwaffen auf flüchtende Menschen, Hunderte sind tot oder verwundet.«

Die Zahl der Opfer ist unbekannt, die syrische Regierung gibt keine Verlustliste frei. Am Tage nach dem Luftangriff wurden die Trümmer der Häuser umgegraben, und noch immer fand man Tote. Die Dienststelle der Vereinten Nationen nennt die Opfer unter ihren Angehörigen: ein norwegischer UN-Beamter, seine Frau, seine Tochter und die Frau eines indischen Beamten sind tot. Dem Doyen des diplomatischen Corps wird gemeldet: Die Frauen und Kinder des indischen und des pakistanischen Botschafters sind schwer verletzt aus den Ruinen ihrer Häuser geborgen worden.

Die zerstörten Gebäude: Wohnhäuser, das Sowjetische Kulturzentrum, eine Schule für Taubstumme – in dieser Schule wurden acht Kinder getötet und zwölf verletzt. In Malki, einem anderen

Stadtviertel, ist das Al-Shark-Krankenhaus getroffen – hier kamen verwundete Soldaten ums Leben. Zehn Zivilisten sind auf den Straßen der Stadt in ihren Autos verbrannt, das ist sicher.

Die Häuser im modernen Teil von Damaskus sind leichte Betonkonstruktionen mit sparsamer Eisenarmierung. Reichere Bauherren verkleiden den nüchternen Betonbau mit Natursteinplatten; die Häuser sehen dann massiv gebaut aus, aber das ist Täuschung. Sind statisch wichtige Stützmauern angeschlagen, so brechen mehrstöckige Häuser in sich zusammen, denn die Decken klappen nach unten. Die Explosion der amerikanischen Bullpup-(AGM 12)-Rakete bläst auf einer Entfernung von dreißig bis vierzig Metern die Wände ein. Die Schule für Taubstumme ist nicht durch einen direkten Treffer zerstört worden.

Das israelische Oberkommando meldet an diesem Tag Angriffe auf militärische Ziele in Damaskus. Möglich ist, daß die Raketen das Verteidigungsministerium treffen sollten, das sich auch im weiteren Gebiet um den Abu-Rumane-Boulevard befindet. Doch rühmen sich sonst die israelischen Piloten großer Zielsicherheit.

Einer der Piloten wird kurz nach dem Luftangriff von einem Militärjeep ins Verteidigungsministerium gebracht. Er sagt im Verhör, daß die Piloten ungern Damaskus anfliegen, da die Verluste hoch sind. Über seinen Auftrag für diesen Tag schweigt er. Der Pilot vermutet, daß eine Luftabwehrrakete seine Maschine beschädigt hat; er sprang ab, als sie nicht mehr zu manövrieren war. Von sechs Maschinen, die Damaskus angegriffen haben, sind vier abgeschossen worden, meldet das syrische Oberkommando. Die Tageszeitungen in Damaskus veröffentlichen das Bild eines toten israelischen Piloten. Die Leiche ist angekohlt. Der tote Pilot hat um den Körper eine Kette geschlungen, die im Sitz der Phantommaschine verankert ist. Das syrische Informationsministerium triumphiert: Die Israelis müssen ihre Piloten anketten, damit sie sich nicht vor Angst aus der Kanzel katapultieren lassen. – Die Echtheit des Fotos wird auch in Damaskus angezweifelt.

Die Syrer stellen uns in der zweiten Kriegswoche Verwundete vor, die von einer heimtückischen Waffe getroffen worden sind, von kleinen runden Bleikugeln. Die Gewebeverletzungen der Getroffenen sind furchtbar. Die Wunden heilen langsam.

Die Bleikugeln transportiert das israelische Flugzeug in einer Bombe von 2,20 Meter Länge. Diese Bombe wird mitten auf Menschenansammlungen abgeworfen, auf Marktplätze, in Flüchtlingslager. Beim Aufprall zerplatzt der Behälter, Millionen von kleinen Bleikugeln spritzen mit großer Wucht in einen Umkreis von mehreren hundert Metern. Wer nicht gedeckt ist, wird verwundet. Die Bleikugelbombe wird gegen die Zivilbevölkerung eingesetzt; den Soldaten im gepanzerten Fahrzeug trifft sie nicht. Die meisten Verwundeten sterben an Blutverlust, da die Gewebewunden nur schwer notdürftig verbunden werden können. Kopfverletzungen wirken sofort tödlich. Die Bleikugelbombe wurde von den Israelis in Syrien und im ägyptischen Nildelta abgeworfen, so sagen die Verteidigungsministerien in Damaskus und Kairo.

Der Luftkrieg gegen Damaskus und gegen syrische Dörfer wirkt sich psychologisch aus. Der syrische Soldat an der Front hält in diesem Krieg stand, er weicht nicht wie 1967 der Gefahr aus. Nur: In dem Augenblick, in dem er seine Heimatstadt in Mitleidenschaft gezogen sieht, wird er unsicher, blickt zurück, will zu seiner Familie. Die Männer fühlen, daß sie in ihrer Beschützerrolle gefordert sind; wenn die Familie bedroht ist, ist ihr Platz in der Familie. Die Luftangriffe auf die Städte erzeugen die Angst, die Sippe zu Hause sei der schwierigen Situation nicht gewachsen. Wenige Stunden nach dem Angriff der Phantoms auf Damaskus war an der Front die Unsicherheit zu spüren, der Druck auf die israelischen Stellungen ließ nach. Die syrischen Frontoffiziere hatten Mühe, die Moral aufrechtzuerhalten. Die Soldaten drängten nach Hause, wollten Urlaub, um nach den Bombenschäden zu sehen, das Haus zu flicken. Die Unruhe steigerte sich, als Gerüchte von der Freistellung vieler junger Männer gerade in diesen Tagen zur Golanfront durchsickerten. Es war einigen Leuten in Damaskus aufgefallen, daß zum Beispiel der zwanzigjährige Walid Abdelkerim, ein Ingenieurstudent, zu Hause die Villa seines Vaters reparieren konnte – Bombenschäden zu reparieren ist eine Aufgabe, die sonst Frauen, Kinder und ältere Menschen erfüllen. Ahmed Abdelkerim, der Vater des Walid, ist syrischer Botschafter in Paris.

Staatspräsident Hafez Assad findet eine exzellente Maßnahme, um seine Männer wieder an die Front zu bringen. Er dekretiert: Wer seine Pflicht an der Golanfront ohne Beanstandung erfüllt, bekommt sein ganzes Leben lang eine monatliche Rente im Betrag von umgerechnet 80 Mark und die Möglichkeit der freien Ausbildung jeder Art für sich und seine Kinder. In einem Land, in dem für einen jungen Mann viele Chancen für den Berufsweg blockiert sind, weil die Familie schon die Elementarschule nicht bezahlen kann, bietet diese Leistungsprämie einen großen Anreiz. Jetzt hat plötzlich die Erfüllung der Pflicht im Krieg für den jungen Mann einen ganz persönlichen Sinn.
Der israelische Luftangriff auf Damaskus bringt wenige Tage danach der syrischen Kriegführung Vorteil: Die Sowjets verstärken ihre militärische Hilfe. Mehr mit SAM-Raketen beladene Flugzeuge als bisher treffen bei Damaskus ein. Die Zerstörung des sowjetischen Kulturzentrums facht die Wut der Sowjetführer beträchtlich an.
Jacob Malik, der sowjetische UN-Botschafter, verläßt in New York den Saal des Sicherheitsrats, als der israelische Vertreter Youssef Tekoah zu sprechen beginnt. Jacob Malik ruft durch den Saal dem israelischen Diplomaten zu: »Mörder, Gangster!« Jacob Malik sagt in seiner Rede vor dem Sicherheitsrat: »Dreißig sowjetische Diplomaten haben die Israelis mit ihren Bomben umgebracht!« Jacob Malik ist in diesem Fall allerdings falsch informiert. Kein einziger Russe hat beim Luftangriff auf Damaskus sein Leben verloren.

Geld – der Nerv des Krieges

Der israelische Finanzminister hat Tränen in den Augen. Er spricht auf dem Flughafen von Tel Aviv über die Bereitwilligkeit, ja Begeisterung der Juden in Europa und den USA; sie spenden und opfern für den Staat Israel. Pinhas Sapir sagt: »Juden mit ganz kleinen Einkommen geben alles, was sie haben; viele suchen sich Extraarbeiten, um Geld zu verdienen, das sie uns geben können.« Pinhas Sapir verspricht mit einem Optimismus, der durch nichts zu rechtfertigen ist: »Mit dem Geld, das wir jetzt haben, werden wir nach dem Krieg einen Wirtschaftsaufschwung hier erleben. Projekte, die wir bisher verschieben mußten, werden wir dann in Angriff nehmen.«

Zwei Milliarden Dollar konnte Pinhas Sapir in Europa und den USA einsammeln. Allein die jüdische Gemeinde der USA spendete 750 Millionen Dollar. Die Juden in Amerika gaben weitere 650 Millionen Dollar für Kredite mit langer Laufzeit: sie zeichneten Kriegsanleihen. Golda Meïr sagt zu diesem Erfolg: »Unsere Freunde lassen uns nicht im Stich.«

Jede Stunde dieses Krieges kostet dem israelischen Staat 10 Millionen Dollar. Dieses Geld wird für zivile und militärische Mobilisierungsmaßnahmen ausgegeben, für die Versorgung der Armee und der Luftwaffe, für zusätzliche Transportdienste, um Reservisten einzufliegen. Die 10 Millionen Dollar sind reine Betriebskosten. Sie decken nicht den Ankauf von Waffen und Munition. Ein Phantom-Kampfflugzeug kostet – je nach Ausrüstung – zwischen 18 und 25 Millionen Mark. Doch Israel bezahlt derzeit für neue Waffen nichts: für den Ersatz der abgeschossenen Flugzeuge bekommt Tel Aviv von den USA keine Rechnung vorgelegt.

Am siebten Tag des Kriegs sind die Staatskassen leer. Die erste Woche des vierten Nahostkriegs hat zehn Milliarden Dollar verschlungen; der ganze Wehretat Israels beläuft sich nur auf acht Milliarden Dollar. Wenn sich nicht rasche Hilfe bietet, ist der Staatsbankrott perfekt. Eine Anleihe im eigenen Land bringt keine große Summe ein, die Israelis selbst sind – bei steigenden Ausgaben für das tägliche Leben – nicht in der Lage, Kriegsanleihen

in großen Beträgen zu zeichnen. Am zehnten Kriegstag verordnet die Knesset, das Parlament, die Erhebung einer Zwangsanleihe: Sie soll im Jahr eine Milliarde israelische Pfund einbringen, das sind umgerechnet 600 Millionen DM. »Damit«, so sagt Finanzminister Pinhas Sapir, »können wir exakt einen Tag lang Krieg führen.«
Die israelische Regierung beschließt die Erhebung einer Kriegssteuer: Die Arbeitnehmer zahlen eine Sonderabgabe in Höhe von maximal 12 Prozent ihres Lohns oder Gehalts; Firmen führen 9 Prozent ihres Gewinnes an die Staatskasse ab. Aber diese Millionenbeträge genügen nur zur Finanzierung von einigen wenigen Stunden Krieg. Zwar heben Tausende von Israelis ihre Sparguthaben ab, um die Beträge dem Staat zu geben – vor den Bankschaltern stehen Schlangen. Die Spenden ergeben den Betrag von 300 Millionen Pfund. Auf dem Papier sieht dieser Betrag eindrucksvoll aus; doch nach der nüchternen Rechnung von Pinhas Sapir bezahlt Israel damit nur rund 7 Stunden Krieg. Der Finanzminister zieht die Konsequenz: »Israel kann diesen Krieg nicht finanzieren, wir brauchen Hilfe. Die Juden in der Diaspora müssen Verantwortung übernehmen!«
Pinhas Sapir besucht die Juden in der Diaspora. Die jüdischen Verbände in den amerikanischen Städten organisieren Großveranstaltungen. Pinhas Sapir spricht von der Gefahr, in der Israel schwebt, er appelliert an Verstand und Gefühl; er sagt: »Wenn ihr uns nicht helft, dann ist dies vielleicht der letzte Krieg und die letzte Sammlung – weil es dann den Staat Israel, die ersehnte Heimat aller Juden, gar nicht mehr gibt. Die Araber haben uns überfallen, am Tag des Versöhnungsfests, am heiligsten Tag des ganzen Jahres. Sie wollen uns von dem uns heiligen Boden vertreiben. Ihr, die Juden Amerikas, könnt das verhindern!« Pinhas Sapir fliegt mit zwei Mitarbeitern von Stadt zu Stadt. Die Spendenliste füllt sich. Die meisten Beträge sind für den Finanzminister sofort auf amerikanischen Banken greifbar. Verschlüsselte Kabel der israelischen Botschaft in Washington signalisieren nach Hause: »Mission erfolgreich.«
Auch die jüdischen Bürger der Bundesrepublik spenden, was sie können. Die Agentur AP meldet aus Bonn:

»Sagen Sie, was ich spenden soll«, fordert in Frankfurt ein Jude den israelischen Botschafter Ben Horin auf und reicht ihm einen Blankoscheck. Ben Horin, so berichtet in Bonn ein Sprecher der israelischen Botschaft, lächelt und warnt: »Ich schreibe, was ich möchte.« – »Okay«, antwortet der wohlhabende Frankfurter – und Ben Horin füllt den Scheck auf die Summe einer Million Mark aus. Insgesamt, sagt der Botschaftssprecher in Bonn, wurden bei dieser Gelegenheit in Frankfurt – bei einem Essen – acht Millionen Mark gespendet. Die Botschaft konnte bisher die Summe von 15 Millionen Mark in Empfang nehmen.

Mit 15 Millionen Mark sind vierzig Minuten Krieg finanziert. In der zweiten Kriegswoche beschließt der amerikanische Kongreß, Israel mit zwei Milliarden Dollar zu helfen.

Die arabischen Staaten haben keine Finanzprobleme in diesem Krieg. König Feisal von Saudi-Arabien bietet dem syrischen und ägyptischen Finanzminister sofort eine Milliarde Dollar an. Das Emirat Kuwait am Persischen Golf schickt 250 Millionen Dollar. Scheich Sabbah el-Salim el-Sabbah sagt: »Diese Spende ist erst das Vorspiel – wir helfen mit allem, was wir haben.« Die Emirate Katar und Abu Dhabi überweisen 500 Millionen Dollar; die libyschen Arbeiter und Beamten opfern 25 Prozent ihrer Löhne und Gehälter für den Krieg. Staatspräsident Moammar el-Gaddafi will seine beträchtlichen Finanzreserven den Ägyptern und den Syrern geben – diesen Entschluß vergißt er aber bald wieder. Die ölproduzierenden arabischen Staaten haben auf amerikanischen und europäischen Banken 15 Milliarden Dollar festgelegt. Die Könige, Emire und Präsidenten Arabiens wollen den ganzen Betrag den kämpfenden Bruderstaaten zur Verfügung stellen. Der syrische Informationsminister versichert: »Unsere Finanzlage ist glänzend!«

Zum erstenmal halten auch die Araber zusammen. Die Juden in der Diaspora haben Israel in jeder kritischen Lage geholfen. Waren neue und teure Waffensysteme zu kaufen, dann griffen die Juden in die Tasche. Die reichen arabischen Herrscher waren zurückhaltender, und sie hatten dafür auch gute Gründe: Nicht immer konnten sie sicher sein, daß die Spenden sinnvoll ausgegeben wurden. König Feisal verlangte einen koordinierten Kriegsplan,

ehe er bereit war, große Opfer zu bringen. Der Kriegsplan des Generalleutnants Shazli hat dem König gefallen; seither ist Ägypten nicht mehr in finanziellen Schwierigkeiten.
Am Ende der zweiten Kriegswoche reduzieren die ölproduzierenden Staaten ihre Lieferungen, der Ölkrieg beginnt – er ist auch für die Araber nicht ohne Folgen. Trotz einer drastischen Preiserhöhung fließt seit der Drosselung weniger Geld auf die Konten in London, Genf und New York. Anwar el-Sadat, der ägyptische Präsident, will einen langen arabischen Krieg führen, wenn er dazu gezwungen ist. König Feisal warnt: »In drei Monaten sind auch unsere Reserven erschöpft – ohne Geld aber können wir nicht Krieg führen!« 15 Milliarden Dollar stehen auf der arabischen Seite als Reserve bereit, wenn die Sowjets Barzahlung für ihre Waffen verlangen, schwindet dieser Betrag rasch.

Das ist eine andere Armee – sagt ein israelischer General

Die arabischen Offiziere haben viel gelernt von den Israelis. Zum Beispiel, daß Offiziere nicht Herren und Soldaten nicht Sklaven sind. Im Junikrieg 1967 hatten sich die Offiziere in kritischen Situationen zuerst nach Westen, in Richtung Kairo, auf den Weg gemacht. Im vierten Nahostkrieg ist der Zusammenhalt von Offizierskorps und Mannschaft in den arabischen Armeen nicht zu tadeln. – Ein Institut hat den ägyptischen Offizier umgeformt: die Militärakademie in Kairo.
Der ägyptische Brigadegeneral erzählt Geschichten aus Stuttgart: »Wie heißt das Sportstadion dort? ... Neckarstadion ... Man hat uns zum Training nicht auf den Rasen gelassen, so etwas habe ich noch nie erlebt ... man schont den Rasen in Deutschland!« Brigadegeneral Ali Zawar hat 1964 in Stuttgart Fußball gespielt, bei einer internationalen Armeemeisterschaft. »Das war vor dem Junikrieg – seither haben wir keine Zeit mehr für so etwas.« Der nachhaltigste Eindruck vom damaligen Deutschland für den

Brigadegeneral: »In den Läden der amerikanischen Armee konnten wir Pullover kaufen, reine Wolle, und nur zwei Dollar haben sie gekostet. Einfach phantastisch!«
Der Brigadegeneral ist stellvertretender Kommandeur der Militärakademie Kairo, hochdekoriert, behäbig, von beachtlichem Umfang. Er lacht gern. Ali Zawar stammt aus einer vermögenden Familie; Offizier ist er geworden, weil das in der Familie so üblich ist, aber es hat ihm immer Spaß gemacht, bei allen Feldzügen gegen Israel war er dabei. Aber am liebsten hat er doch immer Fußball gespielt, die Armee bot ihm die Möglichkeit dazu.
Ein Soldat serviert süße Graupensuppe. Sie schmeckt nach zerlassenem, billigem Fett. Mein Kamerateam und ich, wir löffeln ganz vorsichtig. Aber der Brigadegeneral läßt nicht locker: »Wenn Ihr nicht auseßt, bleiben meine zwei Töchter ledig; das könnt Ihr mir nicht antun!«
Bis zu dem Augenblick, in dem wir im Büro des Brigadegenerals sitzen, hatten wir an diesem Morgen nicht geglaubt, daß wir unserer Genehmigung zum Besuch der Militärakademie trauen dürfen. Der Geheimdienst hatte zwar zugestimmt, das Informationsministerium auch, ebenso der Sicherheitsdienst der Armee und das Oberkommando. Mehrere Tage brauchte das Gesuch für seinen Weg durch zahllose Büros. Jede Stelle hätte es ablehnen können – überall bestand Gefahr, daß der Antrag einfach verlorenging. Nun sind wir wirklich hinter der drei Meter hohen Mauer, die das riesige Areal der Militärakademie an der Straße zum Kairoer Flughafen umgibt. Hier ist der Platz in Ägypten, an dem der Krieg geübt und vorbereitet wurde.
4000 Kadetten werden in der Militärakademie ausgebildet; fast alle sind Absolventen der höheren Schule. Ihre Väter sind Offiziere, Rechtsanwälte, Ärzte, Grundbesitzer. Zawar sagt: »Jeder darf sich bewerben, aus allen Schichten. Ein Auswahlkomitee bestimmt über die Aufnahme.« Aber: Die ärmeren Familien können sich den Schulbesuch, Grundvoraussetzung der Bewerbung, schon gar nicht leisten. Die Aufnahmebedingungen für die Militärakademie sind streng, ganz besonders in den Fächern Körpertraining und Mathematik. Hunderte von Familien investieren viel Geld, damit die Söhne die Hürde der Aufnahmeprüfung überspringen

können: sie schicken die jungen Männer in private Vorbereitungskurse. Ein ehemaliger Offizier hat in Kairo eine Präparandenschule für die Militärakademie aufgemacht; garantierter Erfolg zu einem Preis von umgerechnet 1500 DM. Das ist viel Geld in Ägypten. Doch für die Ehre, einen Offizier in der Familie zu haben, werden große Opfer gebracht. Ein Leutnant ist ein angesehener Mann und eine gute Partie.

Eine politische Rolle aber darf der Offizier in Ägypten nicht spielen. In anderen arabischen Republiken rivalisieren Generäle und Obersten um die Macht. Im Irak gehören die Kommandeure der einzelnen Truppenteile jeweils zu anderen Flügeln der gleichen Staatspartei. Sie bekämpfen sich, und sie warten auf den günstigen Augenblick zum Putsch. In Syrien hat nur die Vorbereitung auf den Krieg zeitweilig den Streit um die Macht überdeckt. Er wird am Ende des vierten Nahostkrieges wieder ausbrechen.

Dem ägyptischen Präsidenten Anwar el-Sadat ist es gelungen, die Armee in seinem Lande zu entpolitisieren. Erlaubt ist das Bekenntnis zum einigen arabischen Vaterland, das alle Länder von Marokko bis zum Persisch-arabischen Golf umspannen soll; verboten ist Propaganda für jede Form von Ideologie. Anwar el-Sadat sagt: »Die Armee ist zum Kämpfen da, nicht zum Politisieren!« Er hat, als Konsequenz dieses Leitsatzes, seinen Kriegsminister Sadek sofort abgesetzt, als dieser Anzeichen von politischen Ambitionen zeigte.

Generalstabschef Saadeddin Shazli entspricht genau den Vorstellungen des Präsidenten vom unpolitischen Offizier. Shazli hat nur militärischen Ehrgeiz. Er predigt den Offiziersanwärtern vom hohen Ethos des soldatischen Vorgesetzten: treu und unbestechlich zu sein im Kampf für das Vaterland.

Frage an den Brigadegeneral Zawar: »Gibt es an der Militärakademie politischen Unterricht?« Die Antwort: »Unsere Politik heißt Pflicht, Ehre, Vaterland. Wir geben dem Kämpfer gläubiges Vertrauen in die Führung, in die Perfektion seiner Waffen, wir geben ihm Vertrauen zu sich selbst als Kämpfer – einen anderen politischen Unterricht gibt es nicht.«

Der Brigadegeneral läßt die Ausbildung an den Standardwaffen vorführen. Eine wichtige Erkenntnis ist zu gewinnen: Nach der

Vorstellung der sowjetischen Militärhandbücher – sie sind hier Grundlage des Unterrichts – muß der Krieg an der Front mit lautem Gebrüll verbunden werden. Mit Geschrei besteigen die Kadetten ihre Panzer T 54, mit dem gleichen Geschrei steigen sie wieder aus; sie schieben Haubitzen unter Geschrei in die Feuerstellung; sie setzen mit Geschrei Entfernungsmesser zusammen. Lautes, unartikuliertes Gebrüll ist Teil des Drills geworden. Bei Gefahr eines Luftangriffs stürzt sich auch die Flakmannschaft mit Geschrei an ihr Geschütz. Entschlossenheit und Mut soll das Gebrüll erzeugen. Die ägyptischen Schreie sind den Schreien der Rotarmisten bei den Sturmangriffen im Zweiten Weltkrieg ähnlich; vielen Kämpfern der Winterfeldzüge an der Ostfront klingen sie noch in den Ohren.

Die Standardausrüstung der ägyptischen Armee bekomme ich an diesem Tag zu sehen, mit Ausnahme der elektronischen Kampfgeräte alle Waffen, die von Ägypten im vierten Nahostkrieg eingesetzt werden. Die Fahrzeuge und Geschütze stammen aus der Sowjetunion: die Haubitze M-38 vom Kaliber 12,2 Zentimeter hat panzerbrechende Kraft bis zu einer Entfernung von 8000 Metern. Maximal sechs Schuß feuert die Haubitze in der Minute. – Die Feldkanone T-12 (Kaliber 10 Zentimeter) ist eine ausgezeichnete Waffe gegen bewegliche Ziele. Die Kanone wird als Panzerabwehrgeschütz eingesetzt. Gegen Ziele in einer Entfernung von etwa 10 bis 20 Kilometern feuert die Kanone M-76 vom Kaliber 13 Zentimeter. Das Geschütz leistet fünf bis sechs Schuß pro Minute. – Raketenwerfer vom Typ M-51 und BM-24 haben die Aufgabe, konzentrierte Ziele in Entfernungen von 6000–7000 Metern niederzukämpfen.

Die Kadetten der Militärakademie demonstrieren den Wüstenkrieg. Die wichtigste Waffe ist der Panzer T 55. Seine Silhouette ist flach, der sandfarbig getarnte Panzer versteckt sich leicht in den Dünen der Wüste. In der Bereitstellungszone sind die Panzer eingegraben, abgedeckt mit braungelben Planen. Der Panzerangriff wird seitlich durch Panzerabwehrgeschütze abgedeckt; die Infanterie zieht mit vor. Rollen, so groß wie die Räder von Dampfwalzen, werden von den ersten Panzern geschoben; die Rollen bringen Minen zur Explosion, sie brechen Gassen in die

Minenfelder. Rommels Erfahrungen werden weitergegeben in Arabien. An den Spuren im Sand ist zu sehen, daß diese Gefechtslage oft und oft geübt worden ist. Alle Kettenspuren enden an der einen Stelle mit der optimalen Schußposition auf den angenommenen Feind.

Der Krieg deckt Schwächen der Ausbildung auf: die ägyptischen Hauptleute und Majore an der Front lösen ihr Denken nur schwer aus dem eingedrillten Schema. Was die Kriegsakademie und das Handbuch lehrt, wird befolgt, auch wenn sich die Fakten der Lage im Verlauf des Gefechts verändern. Rasche Disposition und Improvisation wird nicht genug geübt. Ein grober Schnitzer im Junikrieg von 1967 beweist das: die ägyptische Luftabwehr hatte alle Manöver unter der Voraussetzung durchgeführt, daß Luftangriffe von Osten oder von Norden her erfolgen, direkt von Israel her oder über das Nildelta. Die Israelis griffen von Westen her an, sie brachten die ägyptische Luftabwehr aus ihrem Konzept; ägyptische Luftwaffe und Flakartillerie waren wehrlos. Ein Beispiel aus diesem Krieg: Der Übergang der Israelis über den Suezkanal nach Westen hätte in den ersten Stunden verhindert werden müssen. Der Grund für das Desaster: Der zuständige ägyptische Kommandeur nahm den Durchbruch erst nicht ernst. Saadeddin Shazli hatte nicht genügend Zeit, um in den Truppenführern mehr eigene Initiative zu entwickeln. Es war schon ein Fortschritt, daß sie überhaupt bereit waren zu lernen.

Saadeddin Shazli hat der jungen ägyptischen Offiziersgeneration das Kastendenken ausgetrieben, als Elite aber sollten sich die Kadetten weiterhin fühlen. Ich frage nach den Vorbildern: »An wem sollen sich diese jungen Männer orientieren?« Die Antwort des Brigadegenerals Zawar: »An Saladdin!« Aber nicht an Saladdin, dem geschickten Taktiker in der Überwindung innerarabischer Schwierigkeiten, sondern an Saladdin dem Krieger, der den Fremden, den Christen, die heilige Stadt Jerusalem wieder abgenommen hat.

Brigadegeneral Ali Zawar sagt zum Schluß unseres Besuchs: »Nach 1967 hatte unsere Armee jedes Selbstvertrauen verloren. Wir haben es uns mühsam wieder errungen. Es war schwer, der Jugend klarzumachen, daß die Israelis keine Götter sind.«

Daß diese Aufrüstung des Selbstbewußtseins der ägyptischen Armee noch nicht ganz gelungen ist, erfahre ich selbst in der Militärakademie von Kairo. Die Kadetten erhalten Unterricht in der Sprache ihrer jüdischen Gegner. Warum? – Die Antwort gibt der Adjutant des Brigadegenerals: »Wenn einer in Gefangenschaft gerät, dann muß er sich drüben ausdrücken können!« Nach einer peinlichen Pause wird er scharf korrigiert: »Aber nein, völlig falsch! Wenn wir einen Israeli erwischen, müssen wir ihn doch verhören können!«

Das Dilemma des Königs

Der König sitzt auf dem gleichen Sessel wie damals im Juni 1967, als er die totale Niederlage Jordaniens zugeben mußte. Der Sessel ist rot und braun und trägt eine goldene Krone. Husseïn, in Offiziersuniform mit offenem Kragen, erklärt mit seiner tiefen Stimme die Gründe für seinen Kriegseintritt: »Wenn es um Palästina geht, dann bin ich der erste, der sich einsetzt. Schon im August 1967, vor den Vereinten Nationen, habe ich erklärt, daß Israel entweder unser Land oder den Frieden haben kann, aber nicht beides zugleich. Ich habe genug gewarnt vor den Gefahren hier. Ganz frei sage ich, daß wir wahrscheinlich noch weit entfernt sind vom Frieden. Aber vielleicht sind wir doch auch ganz nahe am Frieden – vielleicht ist Israel diesmal in der Lage, seine Meinung zu ändern. Dann sollte Israel schnell handeln, bevor es zu spät ist!«
Diese Stelle der Rede, das Abwägen von Risiko und Vorteil einer Beteiligung am Krieg, drückt das ganze Dilemma des jordanischen Königs aus. Vom ersten Kriegstag an haben die Offiziere der königlichen Armee zum Kampf gedrängt: »1967 wurden wir schmählich geschlagen, diese Schande müssen wir wiedergutmachen, das sind wir unserer Offiziersehre schuldig! Jetzt beginnen die ruhmreichsten Stunden der arabischen Armeen, wir müssen daran teilhaben. Wir können nicht abseits stehen!«

Als die Erfolgsmeldungen aus Kairo und Damaskus eintreffen, werden die Offiziere immer ungeduldiger: »Die Araber siegen, und wir bleiben zu Hause!« Der König ist skeptisch, ob die Nachrichten stimmen: »1967 haben uns die Ägypter auch Erfolge gemeldet!« Aber es reizt ihn doch mitzumachen: »Wenn die Araber *einen* Sieg erringen, dann ist Israel vielleicht bereit nachzugeben.« Das meint Husseïn, wenn er sagt: »Vielleicht sind wir doch auch ganz nahe am Frieden.«

Der ägyptische Staatspräsident Anwar el-Sadat bittet König Husseïn, seinen Verpflichtungen nachzukommen. Vier Wochen vor dem Ausbruch des vierten Nahostkrieges hat der König versprochen, seine Armee wieder einzugliedern in die arabische Front. Zusammen mit Syrien soll Jordanien eine Front im Osten Israels bilden. Nach dieser Zusage der militärischen Zusammenarbeit ist König Husseïn wieder aufgenommen in den Kreis der arabischen Staatsmänner.

Seit dem Herbst 1970 war der jordanische Monarch geächtet, weder Sadat noch Assad sprachen mit ihm – für den ägyptischen und den syrischen Präsidenten existierte dieser König nicht mehr. Der libysche Staatschef Muammar el-Gaddafi stellte eine Million Dollar bereit, als Prämie für den jordanischen Offizier, der Husseïn umbringt. Ein Offizier wagte den Versuch, er wurde jedoch vorzeitig gestellt, der Putsch mißlang. Die Chefs der arabischen Republiken warteten darauf, daß die Monarchie in Jordanien zusammenbricht, aber Husseïn konnte sich halten, trotz der kompletten Isolation.

Den Zorn der Präsidenten hat sich der König zugezogen, als er im Herbst 1970 die Befreiungsorganisation der Palästinenser in seinem Lande zu liquidieren wagte. Seit dieser Zeit haben El-Fatah und die Volksfront zur Befreiung Palästinas nichts mehr zu sagen in Jordanien. Bis dahin aber haben sie zwei Jahre lang die Autorität des Königs untergraben. El-Fatah und die Volksfront regierten große Teile des Landes; Husseïn hatte als Stütze nur noch die Armee, auf die allerdings konnte er sich verlassen. Die Palästinenser wollten die königliche Hauptstadt Amman in das »Hanoi der Araber« verwandeln. Von Amman aus wollten die Fedajin den Volkskrieg im besetzten Gebiet und in Israel organisieren, Amman sollte die sichere Basis der Kommandos sein. Die El-Fatah wollte das Regime des Königs nicht beseitigen, sie verlangte aber absolute Bewegungsfreiheit für ihre Kämpfer. Jassir Arafat hatte den Hochmut, zu sagen: »Solange uns der König machen läßt, was wir wollen, so lange kann der König auf seinem Thron bleiben!« König Husseïn und seine Armee hatten kein Mitspracherecht bei der Operationsplanung der Kommandoorganisationen. Die Volksfront zur Befreiung Palästinas und die El-Fatah schickten ihre Kommandotrupps über den Fluß Jordan zu Sabotageakten und Feuerüberfällen auf israelische Siedlungen. Jordanien aber hatte die Konsequenzen dieser Aktionen zu tragen: Die Israelis schlugen zurück und trafen die Untertanen des Königs, die Bauern im Jordantal. König Husseïn versuchte, den Kommandos den Weg über den Jordan zu verlegen; die jordanische Armee fing einige Stoßtrupps bei Junieh ab; in diesem Gefecht fielen die ersten Fedajin.

Die jordanischen Offiziere waren zu diesem Zeitpunkt nicht bereit, allzu scharf gegen die Kommandos vorzugehen – waren doch die Palästinenser die einzigen, die gegen Israel kämpften, gegen den gemeinsamen Feind. Im Laufe der nächsten Monate aber reizte die Arroganz der Kommandochefs die Jordanier zur Weißglut, Arafat und George Habbash fühlten sich als souveräne Herren in Amman. Sie gaben eigene Pässe aus, eigene Registrierungsnummern für die Fatah-Fahrzeuge, ihre Männer übernahmen den Polizeidienst in der Hauptstadt des Königreichs. Die Geduld des Königs und der Armee war zu Ende, als die Volksfront zur Befreiung Palästinas drei Flugzeuge internationaler Luftlinien nach Jordanien entführte. »Das ist eine Schande für Arabien!« Der wütende König befahl die Vertreibung der Kommandoorganisation aus Amman und wenig später aus ganz Jordanien.

Husseïn ist wieder Herr im eigenen Hause. Aber er hat sich den Fluch der anderen arabischen Staaten aufgeladen. Husseïn ist in den Augen der Syrer und Ägypter bis zum Herbst 1973 der »Schlächter von Amman«, der verantwortlich ist für den Tod von 20 000 Palästinensern. Erst das Versprechen, wiedereinzutreten in die arabische Ostfront, rehabilitiert den König. Doch er ist jetzt verpflichtet, bei jeder kriegerischen Auseinandersetzung mit

Die Armee der Handwerker. Die Israelis nützen das berufliche Können ihrer Soldaten aus. Darin besteht ein Teil ihrer Schlagkraft. Auf der arabischen Seite kämpfen Berufssoldaten ohne Fachausbildung.

Die Zusammenarbeit zwischen der Panzerarmee und dem »langen Arm« der Israelis, der Luftwaffe, funktioniert nicht im vierten Nahostkrieg. Die Phantomkampfflugzeuge sind den SAM-6-Raketen ausgeliefert, sie können nicht – wie im Manöver geübt – die Panzertruppe durch Angriffe auf Erdziele direkt hinter der feindlichen Front unterstützen.

Die Vernichtung kompletter syrischer Kolonnen gelingt den Piloten der Kampfflugzeuge selten. Im Junikrieg von 1967 waren solche Erfolge die Regel.

Die syrische Armee stellt in Damaskus Trümmer der abgeschossenen Phantom-kampfflugzeuge aus. Daß die israelische Luftwaffe verwundbar ist, empfinden die Araber in den ersten Kriegstagen als Wunder. Die Sowjets, die Lieferanten der SAM-Raketen, steigen im Ansehen.

Gefangene israelische Soldaten. Sie sind für die Ägypter und Syrer der Beweis, daß die Israelis auch geschlagen werden können. Das Selbstbewußtsein der Araber steigt.

König Husseïn von Jordanien ist in den vierten Nahostkrieg nach langem Zögern eingetreten. Er fürchtet, daß auch dieser Krieg für die Araber verlorengeht. Das Offizierskorps drängt den König: Die Armee will teilhaben an der glorreichsten Stunde der Araber. Husseïn verhält sich klug, denn er eröffnet nicht die dritte Front, die sich Syrien und Ägypten zur Entlastung wünschen.

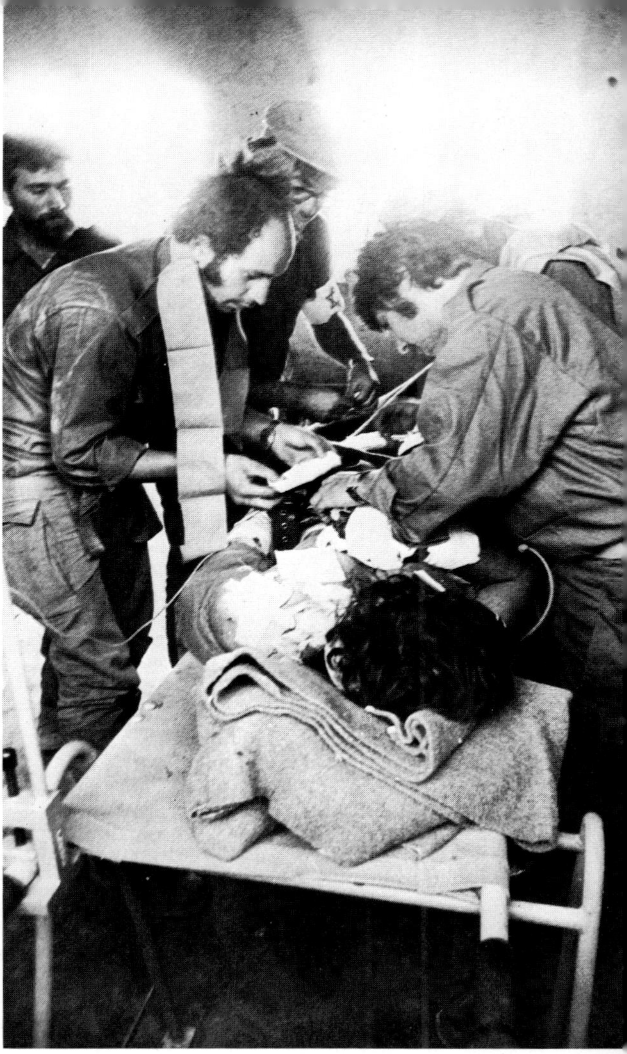

Improvisierter Verbandsplatz auf den Golanhöhen. 5000 israelische Soldaten werden an den beiden Fronten verletzt. Die Zahl der verletzten Araber ist doppelt so hoch.

102 israelische Soldaten geraten in syrische Gefangenschaft. Solche Aufnahmen werden in Israel von den Angehörigen der Vermißten mit Angst und Hoffnung geprüft. Sie sind die einzige Information aus den Gefangenenlagern.

Israel einzugreifen. Dagegen aber wehrt er sich immer noch. Das Versprechen, seine Truppen einer gesamtarabischen Strategie unterzuordnen, sieht Husseïn mehr als geschickten diplomatischen Trick: so wird er den Fluch der Syrer und Ägypter los, er zählt wieder in Arabien. An die Möglichkeit eines Krieges glaubt Husseïn nicht. Er sieht keine Gefahr, daß Anwar el-Sadat oder Hafez Assad die Erfüllung des Versprechens reklamieren könnten. Seinen Armeebefehlshabern sagte König Husseïn: »Wir beteiligen uns an keinem Krieg gegen Israel mehr. Von diesem Entschluß lasse ich mich nur abbringen, wenn eine durchdachte arabische Strategie, ein wirklicher gesamtarabischer Feldzugsplan eine Garantie für den Erfolg bietet. Abenteuer kommen für mich nicht mehr in Frage.«

König Husseïn hat seine Erfahrungen mit arabischen Kriegen gegen Israel teuer bezahlt. Von den ersten Erfolgsmeldungen des Gamal Abd el-Nasser geblendet, hat sich Jordanien im Juni 1967 in den Krieg treiben lassen, gegen sein Gefühl hat sich der König zum Angriff auf Israel entschlossen. Die Ägypter hatten gemeldet: Tel Aviv brennt; die Syrer sprachen von großen Geländegewinnen – Husseïn sah Chancen, den Israelis einen Schlag zu versetzen. Doch in Wahrheit brannte im Juni 1967 Tel Aviv nicht, die ägyptischen Truppen zogen sich aus Sinai zurück, die Syrer verloren Gelände – Husseïn hatte sich täuschen lassen. Damals gab es sowohl einen gesamtarabischen Feldzugsplan als auch ein gemeinsames Oberkommando. Der Stabschef dieses Oberkommandos war General Fawzi, ein Ägypter. General Fawzi hatte in Jordanien einen Vertreter, den General Abdel Moneim Riad, auch er war Ägypter. Diese beiden Generäle sind verantwortlich für die hohen Verluste der Jordanier im Junikrieg, ihre Führungsfehler zogen die Katastrophe nach sich. Von den Operationsmöglichkeiten einer Panzertruppe im Hügelgelände Westjordaniens hatte Abd el-Moneim Riad keine Ahnung. General Riad in Amman und General Fawzi in Kairo mußten außerdem ihre Feldzugspläne auf der normalen Telefonleitung besprechen. Husseïn sagt: »Wir hatten für das vereinigte Arabische Oberkommando eine moderne Kommunikationsanlage geplant. Doch bei Kriegsbeginn war sie nicht installiert, die Geräte lagen noch in Kairo.«

Das Resultat des Junikrieges für Jordanien: das Westufer des Jordans ist verloren, mit den Städten Nablus, Jericho, Hebron und Bethlehem; Jerusalem befindet sich seitdem ganz in der Hand der Israelis. Der Verlust des arabischen Teils dieser Stadt ist besonders schmerzhaft für die Jordanier, für jeden Moslem Arabiens. Die Gläubigen nennen Jerusalem »Al Quds«, das Heiligtum. Der Felsendom und die Al-Aqsa-Moschee sind neben der Kaaba in Mekka die heiligsten Orte der Moslems. Hierher, nach Jerusalem, ist einst der Prophet auf seinem Pferd Al Burak geflogen, von hier aus hob der Engel Gabriel den Propheten in den Himmel, um ihm die Gärten der Ewigkeit zu zeigen. Jerusalem ist »Thalit Al Haramain«, die dritte heilige Stadt; sie liegt für den Moslem näher am Himmel als jede andere.

Doch Jerusalem ist nicht nur für den Moslem heilig. Für Juden und Christen ist hier das Zentrum ihrer Religion: Golgatha und Klagemauer, Via Dolorosa und der Tempel Davids. Die Juden waren seit der Teilung Jerusalems im Jahre 1948 von ihren Heiligtümern abgeschnitten. Den Zugang haben sich die Juden im Junikrieg 1967 erkämpft. König Husseïn, der Realist, weiß, daß der Bezirk Klagemauer nie mehr von den Israelis unter jordanische Verwaltung gestellt werden wird. Aber es ist seine Pflicht, als Nachfahre des Propheten das Heiligtum des Islams wieder den Arabern zurückzuholen. Husseïn, der seinen Stammbaum bis auf Mohammed zurückrechnen kann, will nicht in die arabische Geschichte eingehen als der Herrscher, der den Felsendom an die Juden verloren und ihn nicht zurückerobert hat – Jerusalem muß wenigstens teilweise wieder arabisch werden, wenn nicht durch den Heiligen Krieg, dann wenigstens durch geschickte Diplomatie.

König Husseïn wird vom vierten Nahostkrieg überrascht. Einen Monat zuvor, beim Treffen in Kairo, hatten Anwar el-Sadat und Hafez Assad kein Wort gesagt vom kommenden Krieg. Husseïn versprach die Eingliederung in die Ostfront, weil er überzeugt war, daß kein bewaffneter Konflikt drohe.

Am ersten Tag des Krieges drängen Ägypten und Syrien: Jordanien möge bitte rasch den Kampf beginnen; der Erfolg des Krieges hänge davon ab. Israel müsse – zur Zersplitterung seiner Kräfte – auch von einer dritten Front bedroht werden. Der König reagiert vierundzwanzig Stunden lang nicht auf die Bitten seiner Bundesgenossen, dann teilt er dem ägyptischen Präsidenten mit: »Von diesem Krieg habe ich nichts gewußt, ich bin nicht vorbereitet.« Er verspricht, sobald als möglich seine Truppen marschieren zu lassen.

Jordanien hat eine Armee von 72 850 Mann. Das ist eine beachtliche Zahl für ein Land von nicht ganz drei Millionen Einwohnern. Der Kern der jordanischen Armee ist die Panzerwaffe: 400 Panzer sind bei Kriegsbeginn einsatzbereit. Die Vereinigten Staaten haben der Armee des Königs Panzer vom Typ M-47 und M-48 geliefert, doch die jordanischen Panzerfahrer sind unzufrieden mit dieser Waffe: die Zieleinrichtungen sind schwer zu bedienen, die Hydraulik ist anfällig, Reparaturen können nur von Fachleuten aus den USA durchgeführt werden. Die Jordanier ziehen die britischen Centurion- und Chieftain-Panzer vor, in erster Linie wegen ihrer weitreichenden Kanone.

Die Schwäche der jordanischen Armee: Sie besitzt keine ausreichende Luftwaffe. Im Junikrieg hat Jordanien sämtliche Flugzeuge verloren – nicht in der Luft, sondern am Boden. In den Jahren zwischen den Kriegen lieferten die USA 15 Maschinen vom Typ Starfighter, ihnen ist der Schutz des jordanischen Luftraums anvertraut. Mit 15 Maschinen ist in einem modernen Krieg kein Erfolg zu erzielen. Die Grundregel des Krieges im Nahen Osten heißt: enge Zusammenarbeit zwischen Panzertruppe und Luftwaffe. Über einer operierenden Panzertruppe darf der Feind nicht die Luftüberlegenheit besitzen, sonst zerstört der Feind die ungeschützten Panzer. Mit ihrer Luftwaffe konnten die Israelis im Junikrieg die arabischen Panzerarmeen zerschlagen. Husseïn wollte in diesem Krieg eine Wiederholung der Katastrophe vermeiden. Mit 15 Flugzeugen konnte er keine dritte Front eröffnen.

400 Kilometer lang ist die Waffenstillstandslinie zwischen israelisch beherrschtem Gebiet und Jordanien, von Akaba am Roten Meer bis zur syrischen Grenze bei Irbid. Strategisch wichtig ist das Jordantal, eine Strecke von 100 Kilometer Länge, vom Toten Meer bis zum besetzten Gebiet vor den Golanhöhen. Zwei wichtige Brücken überqueren den etwa 15 Meter breiten Fluß,

die Allenby-Brücke an der Straße von Amman nach Jerusalem und die Damiya-Brücke, die Amman mit Nablus verbindet. Die Allenby-Brücke im Süden liegt 371 Meter unter dem Meeresspiegel, das Jordantal ist eine tiefe Senke. Die Hauptstadt Amman aber liegt 1000 Meter hoch. Steil windet sich die Straße von Amman über Salt hinunter ins Tal.

Die jordanische Armee ist nicht an der Waffenstillstandslinie konzentriert. Die Lager der Truppe befinden sich nordostwärts der Hauptstadt, bei Mafraq. Die Eröffnung einer dritten Front hätte bedeutet, daß die Panzer in Richtung Jordantal abrollen müssen. In den engen Kurven der steilen Straße zwischen Salt und Karameh wären die Panzer der israelischen Luftwaffe ausgeliefert gewesen. Ein Angriff mit Stoß auf Jericho und Jerusalem über die Allenby-Brücke kam für den jordanischen Generalstab nicht in Betracht. Die Strecke von Mafraq über Irbid nach Me'ad ist für Panzerkolonnen eher geeignet, allerdings können westlich von Irbid auch auf dieser Route die Kettenfahrzeuge nur auf der schmalen Straße fahren. Die Bereitstellung der Truppe bei Nacht ist nicht möglich, da die Fahrer mit Präzision an Schluchten und Abbrüchen vorbei manövrieren müssen. Fällt ein Panzer aus, blockiert er die ganze Straße. Ohne absolute Luftüberlegenheit kann in diesem Gebiet keine Offensive vorbereitet werden.

Die jordanische Armee ist nicht in der Lage, ihren Luftraum durch Raketen zu schützen. England hat zwar nach Jordanien Boden-Luft-Raketen geliefert, doch ist dieser Typ – die Rakete Tigercat – nur nach Meinung des Herstellerwerks, Short Brothers and Harland Ltd. Belfast, geeignet, rasch fliegende Objekte zu treffen. Die Tigercat hat keine der elektronischen Finessen der SAM 6. Die britische Rakete wird durch einen Soldaten von einem fahrbaren Leitstand aus ins Ziel gelenkt. Der Mann am Leitstand verfolgt den Flugweg des Feindflugzeugs und steuert die Boden-Luft-Rakete über ein Druckknopfsystem. Die Rakete stellt durch die Funkimpulse ihre Ruder. Magnesiumbrenner am Leitwerk machen dem Controller den Weg der Rakete sichtbar.

Mit dieser Waffe wagen es die Jordanier nicht, die Israelis zum Zweikampf um den jordanischen Luftraum herauszufordern. König Husseïn bittet König Feisal, die saudiarabische Luftwaffe möge zu Hilfe kommen. Saudi-Arabien besitzt schlagkräftige britische Kampfflugzeuge vom Typ Ligthning. Von diesen Maschinen sind erst zwanzig einsatzfähig, die Piloten aber befinden sich noch alle in der Ausbildung. Saudi-Arabien kann nicht helfen. Das jordanische Offzierskorps drängt den König, trotz aller Hindernisse den Kampf zu beginnen: »Kämpfen ist besser als dieses Nichtstun!« Doch Husseïn bekommt Warnungen: Dean Brown ist amerikanischer Botschafter in der jordanischen Hauptstadt. Er ist ein wichtiger Mann für den König, denn die USA halten das Königreich durch kräftige Finanzhilfe am Leben, seit die arabischen Bruderstaaten die Subsidien eingestellt haben. Nach der Liquidation der Kommandoorganisationen auf jordanischem Gebiet stoppten Kuwait, Saudi-Arabien und Libyen die jährliche Zahlung von 112 Millionen US-Dollar. 1971, als die Finanzlage der Regierung in Amman kritisch wurde, erklärten sich die Vereinigten Staaten bereit, die Staatsschulden zu tilgen. Dean Brown leitet seither jedes Jahr die Wunschliste der Jordanier nach Washington weiter. Daß Husseïn allerdings keine Luftwaffe geliefert bekommt, ist nicht die Schuld des Botschafters. Die Bitte um Flugzeuge wird regelmäßig in Washington abgeschlagen. Die Bezahlung der Panzerwaffe – auch aller Einkäufe in England – übernehmen die Vereinigten Staaten komplett. Die Panzerwaffe hat den Zweck, das Regime des Königs gegen Umsturzversuche der Palästinenser zu schützen – und gegen Ausdehnungsgelüste der Syrer. Die USA sind daran interessiert, daß König Husseïn an der Macht bleibt. Mit diesem Realisten sind Gespräche über eine Lösung des Nahostproblems eher möglich als mit einem militanten Palästinenser. Da über die Hälfte der Bevölkerung Jordaniens aus Palästinensern besteht, war in den letzten Jahren eine Revolution der Palästinenser gegen den König nicht ausgeschlossen. Mit Panzern aber sind die Flüchtlingslager niederzuhalten. Im September 1970 hat die Panzerarmee den König gerettet.

Am 6. Oktober 1973 besucht Botschafter Brown den königlichen Palast. Den König selbst trifft er nicht, aber seinen Berater. Dean Brown hat eine Nachricht aus Washington zu übermitteln: Die US-Regierung verwende ihren ganzen Einfluß, um Israel in

jedem Falle von Kampfhandlungen gegen das Königreich Jordanien abzuhalten. »Es ist im Interesse der guten Beziehungen zwischen Washington und Amman, wenn auch der König sich in diesem Konflikt zurückhaltend verhält.« Die Meinung des Botschafters: »Lange dauert der Krieg nicht, und er wird wieder mit einer Niederlage der Araber enden.« Jordanien möge doch bitte bedenken, daß ein zweiter Wiederaufbau der Armee auf Kosten der Vereinigten Staaten nicht möglich sei. Er, Dean Brown, würde es sehr bedauern, wenn das Königreich am Ende dieses neuen Kriegs eine Nordprovinz bei Irbid verloren hätte.
Nach einer Woche Krieg im Nahen Osten kann Husseïn nicht mehr abseits stehen. Die Nachrichten vom Suezkanal haben sich als wahr herausgestellt: Die Ägypter sitzen am Ostufer des Kanals, sie haben die Bar-Lev-Linie erobert – dieser Krieg endet nicht mit der Blitzniederlage der Araber; der arabische Soldat hat seine Ehre wiederhergestellt. König Husseïn muß eingreifen. Er benachrichtigt Botschafter Dean Brown. Husseïn bittet um Verständnis: Wenn er sich jetzt nicht am Krieg beteiligt, dann verliert er das Vertrauen seiner Soldaten, sie werden ihn für einen Waschlappen halten. Das Vertrauen seiner Soldaten aber braucht Husseïn; die Soldaten, die Offiziere sind seine Hauptstütze. Auf niemand kann sich der König sonst verlassen. Er muß seine Soldaten am arabischen Sieg teilnehmen lassen, sonst ist er die längste Zeit König gewesen.
Israel erfährt auf dem diplomatischen Kanal über Washington vom Dilemma des Königs. David Elazar hat kein Interesse an der dritten Front, er ist mit den zwei bestehenden Fronten beschäftigt, er wird Jordanien in Ruhe lassen. Er reagiert nicht wütend auf diesen neuen Feind. Über Washington erfährt der König, daß Tel Aviv ihm seinen Schritt nicht übelnimmt.
Husseïn steigt militärisch vorsichtig in diesen Krieg ein, aber mit starkem Propagandaaufwand: »Wir begannen sofort bei Kriegsanfang mit der Mobilisierung. Unsere Truppen kamen aus den Ausbildungslagern zusammen und bezogen Stellungen an der längsten aller arabischen Fronten. Mit der Verbeugung vor unseren toten Helden, vor unseren Vätern und Vorvätern treten die jordanischen Truppen in den Kampf ein. Wir sind in die

syrische Front eingerückt. Unsere Truppen melden Tote und Verwundete, aber die Lebenden erfüllen ihre Pflicht, sie halten unsere Ehre hoch!«

Für die Ohren der Politiker in Syrien und Ägypten ist diese Erklärung gedacht. Sie ersetzt Aktion durch Worte. Ein einziges Panzerregiment passiert die jordanische Grenze bei Ramtha in Richtung Syrien und bewegt sich auf Sheikh Meskin und Nawa zu. Die jordanischen Truppen unterstellen sich sofort dem syrischen Oberkommando. Das Panzerregiment ist bereit zu kämpfen.

Die Propaganda im eigenen Land leitet Königin Alia. Sie ist die dritte Frau, die Husseïn geheiratet hat; die ersten Ehen beendete er durch Scheidung. Königin Alia ist eine moderne Frau im europäischen Sinne; sie war berufstätig in der Public-Relations-Abteilung der jordanischen Fluglinie, sie ist sportlich – und sie hat in New York studiert. Königin Alia setzt Charme und Intellekt ein, um auch die Bürger für diesen Kampf zu gewinnen, der doch zur alleinigen Ehre der Armee geführt wird. Die vierundzwanzigjährige Königin ruft im Fernsehen zu Blutspenden auf, sie sammelt Geld »für die Hinterbliebenen gefallener Soldaten«, sie begründet das »Komitee zur Stärkung der Kampfkraft«. Königin Alia erscheint während des Krieges mehr im Fernsehen als ihr Mann, der König.

Sofort nach dem Kriegseintritt wird die Hauptstadt des Königreiches nachts verdunkelt. Die Autos fahren mit abgeblendetem Licht. Das Land bereitet sich auf Luftangriffe vor, die, wie König Husseïn genau weiß, nie stattfinden werden. Das Jordanische Fernsehen sendet in diesen Tagen als Pausenfilm Bilder vom Felsendom und der Al-Aqsa-Moschee in Jerusalem.

Das jordanische Panzerregiment beteiligt sich an den Kämpfen in Syrien. Bei Rafid stößt die Einheit mit den Israelis zusammen. Der Panzerverband kommt nicht vorwärts, läßt aber auch den Israelis keine Möglichkeit zum Durchbruch. Zum Zeitpunkt des Waffenstillstands im vierten Nahostkrieg stehen 40 Tote und Verwundete auf den Verlustlisten der Truppen des Königs Husseïn. Kein arabisches Militärkommuniqué erwähnt die Tapferkeit der Jordanier, auch die Israelis sprechen nicht davon. Viel

Anteil an der »glorreichsten Stunde der arabischen Nation« haben die Beduinentruppen nicht.
König Husseïn schließt sich sofort dem Waffenstillstand der Ägypter am 22. Oktober an. Daß ihn Sadat nicht zuvor gefragt hat, stört den Monarchen nicht. Sein Premierminister sagt: »Unsere Kriegsziele sind erreicht, wir wollten immer durchsetzen, daß Israel die Beschlüsse der Vereinten Nationen respektiert.«
Die jordanische Wirtschaft ist am Ende des vierten Nahostkonflikts schwer angeschlagen. Das Königreich leidet an Energiemangel. Aus dem jordanischen Boden fließt kein Tropfen Öl, Jordanien importiert Öl aus Saudi-Arabien. Das Öl wird in einer Pipeline transportiert, die von Saudi-Arabien nach der Mittelmeerküste des Libanon geführt ist. Jordanien zweigt sich den Bedarf für seine Raffinerie in Zerka ab. Die Transarabische Pipeline durchquert das Kriegsgebiet der Golanhöhen, die Rohre schneiden seit 1967 israelisch besetztes Gebiet. Mit dem Beginn des Krieges drosseln die Pumpstationen in Saudi-Arabien den Druck in der Pipeline; an manchen Tagen ist die Leitung ganz trockengelegt. Der Grund: Wenn die Pipeline auf den Golanhöhen getroffen wird, dann fließen Millionen Liter Öl aus, das will Saudi-Arabien verhindern. Der Leidtragende der Trockenlegung der Pipeline ist Jordanien, in der Raffinerie von Zerka kommt auch nur wenig Öl an. Das jordanische Wirtschaftsministerium versucht Öl über den einzigen Hafen des Landes einzuführen, aber der Hafen Akabah liegt nur wenige hundert Meter vom israelischen Hafen Eilath entfernt – kein Tanker wagt sich in diese gefährliche Ecke des Roten Meeres. Husseïns düstere Prognose erfüllt sich: »Mein Land ist sehr leicht zu verletzen, wir sind nicht für den Krieg geeignet.«
Der König, er ist zugleich Marschall der jordanischen Armee, hofft, in der Nachkriegszeit eine entscheidende Rolle zu spielen. Die Kontakte mit Israel sind gesponnen, die amerikanische Botschaft in Amman sorgt dafür, daß sie nicht abreißen. Auch ganz direkte Gespräche sind möglich: der Palast des Königs in Akabah am Roten Meer hat Zugang von israelischem Gebiet her. In Akabah hält sich der König besonders gern auf – um Wasserski zu fahren.

Die Israelis setzen über

Golda Meïr redet vor der Knesset, am elften Tag des Krieges. Sie sagt: »Ich habe nicht den Mut, den Hinterbliebenen unserer Toten Trost zu spenden!« Golda Meïr ist niedergedrückt, und sie erhält wenig Beifall für ihre Rede; ihr Ton ist zu ernst für Applaus: »Dies ist ein Krieg um die nackte Existenz Israels – und des jüdischen Volkes.« Aber ein Funke der Hoffnung entzündet sich doch. Golda Meïr spricht davon, daß gerade in diesem Augenblick israelische Verbände auf dem Westufer des Suezkanals operieren.

Bei Kanalkilometer 90 stoßen die Befehlsbereiche der Zweiten Ägyptischen Armee und der Dritten Ägyptischen Armee aneinander. Die Dritte Armee hält das Ostufer des Suezkanals südlich der Bitterseen. Das israelische Oberkommando vermutet bei Kanalkilometer 90 den schwachen Punkt der ägyptischen Linie. Israelische Luftwaffe und Artillerie beginnen den Gürtel der ägyptischen Panzer ostwärts des Kanals zu zerschlagen. Wieder wirbelt Sand und Staub auf, diesmal erzeugen die Israelis den Tarnschleier. Die Luft ist undurchsichtig. Vom Gegner unentdeckt rollen israelische Pattonpanzer vor. Sie sind nahezu am Kanal angekommen, da werden sie erst von den Ägyptern wahrgenommen. Die Ägypter erkennen den Angriff in den ersten Stunden nicht als Gegenoffensive, sie glauben an eine begrenzte Störaktion. Als die Gefahr erkannt wird, ist es bereits dunkel, die eigenen und die feindlichen Panzer sind nicht zu unterscheiden. Trotzdem entwickelt sich eine Panzerschlacht beim Fackelschein von Magnesiumleuchtkörpern, die an Fallschirmen langsam zum Boden schweben. Am Kanalkilometer 98 stößt der israelische Verband bei Tagesanbruch bis zum Wasserweg vor. Die Ägypter konzentrieren Artilleriefeuer auf die israelischen Panzer, sie führen aber keine Verstärkung am Westufer heran. Ein Übersetzen der Israelis hält das Oberkommando der Dritten Ägyptischen Armee für ausgeschlossen.

Der Verband läßt sich nicht abschneiden; die Nachschublinie durch den von den Ägyptern besetzten Wüstenstreifen wird den ganzen Tag über freigehalten. Mit Anbruch der Dunkelheit transportieren die Israelis zwei Fähren auf Rädern an den Kanal. Mit Caterpillar-Baggern wird die Sandbarriere zur schiefen Ebene umgebaut. Die Fähren können ins Wasser gleiten. Bis zum Morgen kreuzen die Fähren zwanzigmal den Suezkanal. Beim Aufgang der Sonne stehen zwanzig Tanks am Westufer; 700 Mann israelischer Infanterie graben sich ein. Das ägyptische Artilleriefeuer ist nicht stark in den ersten Tagesstunden: »Wir wollten das eigene Dorf Deversoir nicht gefährden«, sagt das Oberkommando später. In Wahrheit hielten einige Truppenführer die israelischen Verbände westlich des Kanals lange für eigene Einheiten, sie wunderten sich über die seltsame Schießerei.

Das erste israelische Vorkommando hat die Aufgabe, ägyptische SAM-Raketenstellungen zu vernichten, um der israelischen Luftwaffe den Zugang zur Kanalzone auf diesem Abschnitt zu ermöglichen. Die Elektronikspezialisten in Tel Aviv wollen dringend eine komplette Batterie der SAM 6 in die Hand bekommen, samt Radargerät und mobiler Abschußrampe; sie müssen das elektronische Geheimnis der Rakete erforschen. Am dritten Tag nach dem Übersetzen schon transportieren die Fähren SAM-6-Batterien ans Ostufer. Die Batterien sind von den Infanteristen westlich der Bahnlinie vor dem Flughafen Fayed erobert worden. Die Ägypter konzentrieren jetzt erst starkes Artilleriefeuer auf den israelischen Brückenkopf von Derversoir; sie können aber nicht verhindern, daß israelische Pioniere Pontonbrücken bauen. Über diese Brücken fließt der Nachschub: 200 Panzer und 15 000 Mann. Sie halten am dritten Tag der Operation einen Uferstreifen von 25 Kilometer Breite besetzt. In diesem Abschnitt sind die ägyptischen Luftabwehrraketen zerstört oder erobert. Die israelische Luftwaffe fliegt unbehindert in den Bereich des Brückenkopfes ein.

In Tel Aviv sagt General Uris Narkis: »Die Sache läuft prima, wir haben die Straße von Ismaïlia nach Suez unterbrochen. In der Schneise kann sich unsere Luftwaffe frei bewegen.« Der General setzt hinzu: »Es ist dort jetzt alles wie im letzten Krieg!« General Narkis sieht die Überlegenheit der eigenen Luftwaffe gegenüber den ägyptischen MiGs: »In zehn Minuten fielen fünf MiGs vom

Himmel.« Die ägyptische Luftwaffe wird jetzt eingesetzt, um den Ausfall der SAM-Raketen wettzumachen – ohne Erfolg. Dem General Navkis gefällt es am Westufer des Suezkanals: »Dort ist alles grün – ein Garten; dort ist es nicht so wie auf unserer Seite des Kanals.«

Generalmajor Arieh Sharon führt diese kühne israelische Operation. Unter Bäumen trifft er sich mit Moshe Dayan zur Lagebesprechung. Arieh Sharon hat eine leichte Verwundung am Kopf, er lächelt müde: »Das alles war ein Risiko!« Arieh Sharon hat den ersten Sieg dieses Krieges für die Israelis gewonnen. Generalstabschef David Elazar sagt am vierzehnten Kriegstag: »Das ist überhaupt erst der Anfang. Wir verlegen jetzt unsere Truppen auf das Westufer. Aus dieser Operation machen wir eine ganz große Sache!« Er spricht vom »Wendepunkt«, von der »Voraussetzung für den Sieg«.

Das ägyptische Oberkommando sieht erst an diesem Tag das Ausmaß der Gefahr. Die Artilleristen am Ostufer des Kanals drehen ihre Geschützrohre nach Westen; sie schießen auf Stellungen in ihrem Rücken. Von Kairo her werden Reserven an die Front gebracht. Für die Ägypter werden die Panzer knapp auf der Westseite des Wasserwegs. Saadeddin Shazli zieht einige Verbände vom Ostufer ab. Doch der Vormarsch der Israelis ist nur schwer aufzuhalten. Sie stoßen nicht auf Kairo vor; sie rücken nach Norden auf den Timsah-See zu, im Süden folgen sie dem Ufer des Großen Bittersees. Der Flugplatz von Fayed fällt in ihre Hand samt den Treibstoffvorräten; die Versorgungslage der Israelis am Brückenkopf entspannt sich.

Generalmajor Arieh Sharon will diesen ersten Sieg in den entscheidenden Erfolg des vierten Nahostkrieges verwandeln. Wenn er das ganze Westufer in die Hand bekommt, dann sind 70 000 ägyptische Soldaten in Sinaï abgeschnitten, ein Zurück über den Kanal ist unmöglich. Sollte dieser Zangengriff gelingen, ist Arieh Sharon der populäre Heerführer dieses Krieges.

45 Jahre alt ist Ariel Sharon. Er hat den Ehrgeiz, Generalstabschef zu werden, sein ganzes militärisches Leben lang hat er sich darauf vorbereitet. Daß David Elazar Generalstabschef wurde, war eine große Enttäuschung für ihn. Zwei Monate vor dem

neuen Krieg hatte Ariel Sharon die Armee verlassen. Moshe Dayan konnte wohl begründen, warum er den Generalmajor nicht zum Generalstabschef haben wollte: Sharon ist kein planender Stratege, er ist ein impulsiver und sehr mutiger Chef der Fronttruppe. Im Junikrieg von 1967 hat er mit einer Panzerdivision den Mitlapaß erorbert, er stieß zuerst zum Suezkanal vor. Sharon fährt gern seiner Einheit beim Vormarsch im offenen Jeep voran. Unter den Offizierskollegen hat er allerdings wenig Freunde: Sharon sagt mit Vorliebe ungeschminkt seine Meinung – was aber nicht bedeutet, daß seine eigene Meinung immer fundiert ist. Mit Sharon zusammenzuarbeiten, das hätten viele Kommandeure abgelehnt.

Als Dayan einen Befehlshaber suchte für den Vorstoß über den Kanal, da waren sich alle einig: das macht Ariel Sharon.

Der Generalmajor hat Stehvermögen: Die Kopfwunde hält ihn nicht davon ab, weiter seine Front zu führen. Seine Soldaten sind begeistert, daß er sich nur rasch verbinden läßt, ohne seinen Platz im Hauptquartier bei Deversoir zu verlassen. Dayan, zurückgekehrt von seinem Frontbesuch am Westufer des Suezkanals, sagt: »Es hat keinen Sinn, daß wir uns etwas vormachen, wir bezahlen einen hohen Preis für diesen Erfolg.«

Zweimal führen die Ägypter Panzereinheiten gegen den israelischen Brückenkopf. Zweimal müssen sie mit schweren Verlusten wieder zurück. Saadeddin Shazli, ägyptischer Generalstabschef, macht sich Vorwürfe: Auch er hat das Landeunternehmen der Israelis unterschätzt; er war vor allem in der ersten Phase der Operation der Meinung, daß der Ausbau der eigenen Stellung ostwärts des Kanals wichtiger ist. Diese Fehlkalkulation ist die Chance der Israelis. Tel Aviv kann sich keinen Zusammenbruch der Offensive leisten. Golda Meïr und Moshe Dayan brauchen den Sieg.

Vor der Klagemauer in der Altstadt von Jerusalem singen und tanzen junge Männer Arm in Arm. Es ist der Festtag Simhat Torah. Die Tänzer vor der Klagemauer gehören zu den wenigen jungen Männern, die in der Stadt zu sehen sind. Fast alle ihres Alters sind bei der Armee. Die Tänzer singen die traditionellen Lieder dieses eigentlich heiteren Fests – doch heiter ist am Tag

Simhat Torah des Jahres 1973 niemand, auch nicht die Tänzer. In Jerusalem ist es spürbar: Israel lebt im Schockzustand. Dieses Land ist betroffen, daß der Glaube an die eigene Unbesiegbarkeit nicht mehr gilt.

Alte Männer, Frauen, Kinder bevölkern die Städte. Viele Läden sind geschlossen; die Ladenbesitzer und Verkäufer sind jetzt Piloten, Panzerfahrer, Infanteristen – auf den Golanhöhen und am Suezkanal. Die öffentlichen Verkehrsmittel in Jerusalem und Tel Aviv fahren nach eingeschränktem Fahrplan, die Busse der Verkehrsgesellschaft Egged transportieren Soldaten zur Front und zurück. Die Stühle der Straßencafés bleiben leer, die Kinos in Jerusalem sind – bis auf zwei Häuser – geschlossen. In den geöffneten Läden ist das Angebot reich, an Rationierung denkt niemand – nur Eier fehlen einige Tage lang.

Noch immer ist für die Nächte Verdunkelung angeordnet; die großen Fenster der modernen Häuser sind mit Decken verhängt. Autos tasten sich mit blau-abgedämpftem Licht durch die Straßen. Nur wenige Fußgänger sind unterwegs.

Die Krankenhäuser von Jerusalem, Tel Aviv und Be'er Sheva schicken die jungen Mütter bereits 24 Stunden, nachdem ihre Kinder geboren sind, wieder heim: Die Krankenhausbetten werden gebraucht für die Verwundeten.

Nach dem Schock kommt die Wut. Soldaten, Studenten und Arbeiter fragen: »Wie konnte es geschehen, daß wir erst so spät und nur unter äußerster Kraftanstrengung einen Erfolg erreichen? Wer hat bei uns geschlafen?«

In Jerusalem wird am Tag Simhat Torah diese Geschichte erzählt: Lily Sharon, die Frau des Kommandeurs auf dem Westufer des Suezkanals, sieht in der Zeitung ein Foto ihres Mannes; General Sharon trägt eine Binde um den Kopf, er ist leicht verletzt. Frau Sharon bekommt Telefonverbindung mit ihrem Mann an der Westfront. Sie sagt: »Es wäre auch manchmal besser, du würdest deinen Stahlhelm aufsetzen!« Ariel Sharon antwortet: »Meinen Stahlhelm brauche ich für einen anderen Zweck. Damit schlage ich einigen zu Hause in Tel Aviv die Schädel ein! Du weißt schon, wen ich meine!«

Israel verliert Freunde in den UN

Die Frontstadt Damaskus hat Staatsbesuch. Hafez Assad, der Staatschef Syriens, muß seine Zeit in kritischer Lage dem Präsidenten von Uganda widmen. Idi Amin ist gekommen, um den Arabern zu versichern, daß Afrika den »antizionistischen Kampf« unterstütze. Idi Amin, in prächtiger Uniform, die Brust voller Orden, verspricht: »Die Truppen von Uganda werden auf seiten der Araber kämpfen!« Uganda hat eine Armee von 9000 Mann, sie ist mit einer Handvoll Panzerspähwagen ausgerüstet – britische Ferret Scout Cars; die Luftwaffe ist unbedeutend. Die militärische Hilfe, die Idi Amin verspricht, kann Hafez Assad vergessen. Aber auf die politische Unterstützung legt er Wert.
Idi Amin war zu Beginn seiner politischen Karriere ein Freund Israels, doch als Moslem ließ er sich überzeugen, daß die Existenz Israels nicht von Allah gewollt sein kann. Mit aller Härte und ohne Dank trieb er die israelischen Berater aus dem Land.
Idi Amin sagt beim Abzug der israelischen Helfer: »Die Regierung in Tel Aviv hatte vor, den Nil zu vergiften und uns alle hier in Uganda, im Sudan und in Ägypten umzubringen. Ich habe diesen Plan mit Allahs Hilfe vereitelt. Wir Moslems müssen zusammenstehen gegen diesen bösartigen Feind.« Der Staatschef von Uganda bricht die diplomatischen Beziehungen zu Israel ab und er gewinnt damit einen reichen Freund, den libyschen Präsidenten Muammar el-Gaddafi. Wenn Idi Amin in Schwiekeiten kommt, dann hilft ihm die libysche Staatskasse aus. Idi Amin braucht nicht ernstgenommen zu werden, aber im Prinzip denken viele Regierungen der Dritten Welt wie der Mann aus Uganda. Zur Konferenz der blockfreien Staaten Anfang September 1973 in Algier war Israel nicht zugelassen. Die Delegierten stimmten für eine Resolution, die von Israel den Rückzug aus den besetzten Gebieten forderte, die bedingungslose Rückkehr zu den Grenzen von 1967. Die Araber bestimmten den Ton auf dieser Konferenz. Sadat und Arafat wurden bejubelt. König Feisal verehrt, Muammar el-Gaddafi bestaunt. Die Konferenz – es war die größte Gipfelkonferenz, die je stattgefunden hatte –

war sich einig: »Israel und die USA sind Feinde der freien Völker; sie versuchen den Kolonialismus und den Imperialismus am Leben zu erhalten. Israel, Amerika und die Konzerne versuchen, die Welt zu regieren. Dabei ist es nicht klar, wer der politisch Stärkere ist, Israel oder die USA – wer hat den anderen in der Hand?«

Die Regierung in Tel Aviv nahm diese Welle der Feindseligkeit in der Dritten Welt – wenigstens nach außen – ungerührt zur Kenntnis. Der Herbst 1973 sah keine besondere diplomatische Aktivität der Israelis, um alte Freunde zu halten und neue zu gewinnen. Daß Fidel Castro von Israel nichts mehr wissen wollte, reizte Tel Aviv nicht zur Reaktion.

Zehn afrikanische Staaten brachen ihre Beziehungen zu Israel ab, nachdem Idi Amin den israelischen Botschafter ausgewiesen hatte. Seit Beginn des vierten Nahostkrieges nehmen Ruanda, Dahomey, Obervolta, Kamerun und Äquatorialguinea die Existenz Israels nicht mehr zur Kenntnis. Zaire holte seinen Botschafter zwei Tage vor Ausbruch des Krieges zurück.

Israels Isolierung ist spürbar im Hauptquartier der Vereinten Nationen in New York. Obgleich es erwiesen ist, daß die Araber den neuen Konflikt begonnen haben, nimmt – außer der amerikanischen – keine Delegation das angegriffene Israel in Schutz. In hitzigen Debatten wird der Regierung in Tel Aviv vorgeworfen, sie habe mit ihrer Besatzungspolitik übertrieben, sie trete Menschenrecht und alle Resolutionen des Weltsicherheitsrats mit Füßen. Die Atmosphäre im Saal ist fast hysterisch antiisraelisch. Joseph Tekoah, der ständige Vertreter Israels bei den Vereinten Nationen, kann nur mit Mühe seine Rede zu Ende bringen. Verärgert geht er auf seinen Platz zurück. Der amerikanische Delegierte schüttelt den Kopf: Hätten die Israelis den vierten Nahostkrieg mit einem Luftangriff auf die Zivilbevölkerung von Kairo begonnen, der Zorn der Delegierten hätte sich nicht intensiver auf Israel konzentrieren können.

Im November 1967, wenige Wochen nach dem Junikrieg, hatte der Sicherheitsrat beschlossen, daß sich Israel zurückziehen müsse aus den besetzten Gebieten. Israel hatte sich um diesen Sicherheitsratsbeschluß nie gekümmert. Die Araber sagen: »Die Israelis haben der Weltmeinung ins Gesicht geschlagen!« Viele der blockfreien Staaten und der gesamte Ostblock geben den Arabern recht.

Die israelische Regierung verlangte direkte Verhandlungen mit Ägypten, Syrien und Jordanien. Die arabischen Staaten lehnten direkte Verhandlungen ab. Sie forderten Israel auf, wenigstens in einer Geste die Bereitschaft zu zeigen, die besetzten Gebiete zu räumen; auf diese Geste hin hätten Verhandlungen beginnen können. Israel gab keine Antwort. Die Weltorganisation schickte den Schweden Gunnar Jarring in alle Staaten, die am Nahostkonflikt beteiligt sind; er sollte einen gemeinsamen Nenner für eine politische Lösung finden – die Israelis ließen Gunnar Jarrings Fragebogen unbeantwortet. In der UN-Vollversammlung schmolz die Zahl der Freunde Israels. Es begann sich die Meinung durchzusetzen, daß Tel Aviv gar keinen Frieden will.

Bei Kriegsausbruch betonen – zum Ärger der Israelis – sehr wichtige Staaten ihre Neutralität. Der australische Premierminister Gough Whitlam weigert sich, den arabischen Angriff auf Israel zu verurteilen. Spanien, Italien und England pochen auf Neutralität: Sie untersagen den Amerikanern, Waffen über ihren Luftraum nach Israel zu transportieren. Die Bundesrepublik ringt sich zur gleichen Politik durch. Der britische Premierminister Heath verbietet die Ausfuhr von Waffen und Munition in den Nahen Osten. Diese Entscheidung wird vom israelischen Armeekommando mit Bestürzung aufgenommen, denn damit ist der Nachschub an Ersatzteilen und Munition für den britischen Centurionpanzer unterbrochen; der Centurion ist das wichtigste operative Fahrzeug der Israelis. Die Bestürzung des Armeekommandos aber hat noch einen weiteren Grund: Saudi-Arabien wird von Premierminister Heath als nichtkriegführendes Land bezeichnet, es erhält weiterhin Waffen und Munition aus England. Die Beteiligung Saudi-Arabiens mit 1000 Mann am Feldzug gegen die Golanhöhen wird von Heath als unwesentlich abgetan. Auch Abu Dhabi, Kuwait und Oman werden weiter beliefert.

Der geschickten diplomatischen Taktik des ägyptischen Präsidenten Sadat ist es gelungen, einen großen Teil der Welt zu überzeugen, daß die Araber nur die Wiedergewinnung der verlorenen

Syrische Soldaten zwingen israelische Gefangene, den Kopf zwischen die gefesselten Arme zu stecken. In dieser Haltung warten die Gefangenen stundenlang auf den Abtransport. Nach dem Waffenstillstand weigern sich die Syrer, die gefangenen Israelis gegen eigene Soldaten auszutauschen.

Die Israelis werfen den Syrern vor, israelische Soldaten in der Gefangenschaft ermordet zu haben. Deshalb werden arabische Gefangene auf den Golanhöhen härter angefaßt als auf Sinai.

Im Kibbuz Gevat zerstört eine syrische Boden-Boden-Rakete Wohnhäuser und die Schule. Die Reichweite der Rakete: 40 Kilometer. Nur am ersten Kriegstag setzten die Syrer ihre Raketenwaffe auf zivile Ziele im israelischen Hinterland ein.

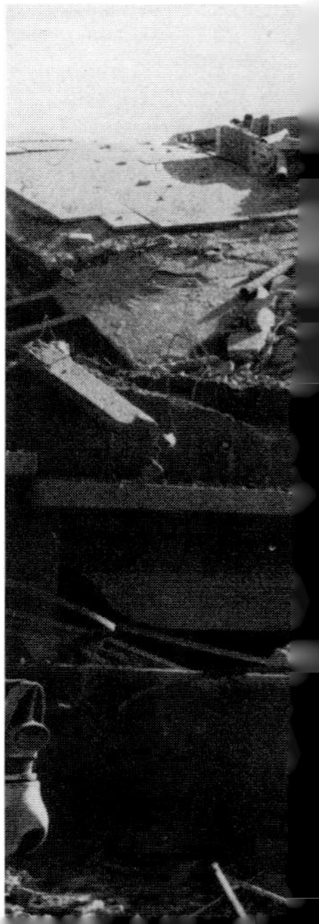

Der israelische Luftangriff auf Damaskus trifft das Wohngebiet um den Abu-Rumane-Boulevard und das Krankenhaus Al Shark. Dreißig Raketen zerfetzen Häuser und bringen Betonkonstruktionen zum Einsturz. Über die Zahl der Toten gibt es nur Gerüchte in Damaskus. Augenzeugen des Luftangriffs sprechen von einigen hundert Opfern.

Über erbeutete SAM-Raketen sind die Elektronik-Spezialisten der USA glücklich: Sie müssen die Geheimnisse des Radars, der Lenkstrahler und der Hitzesensoren entschlüsseln. Die US-Armee und die Truppen der NATO sollen von den israelischen Erfolgen profitieren. Wenn die elektronischen Geheimnisse bekannt sind, kann über die Abwehr der Rakete nachgedacht werden.

Gebiete wollen, daß sie die Existenz Israels nicht bedrohen. Die Ägypter rufen seit 1967 nach einer gerechten und friedlichen Lösung. Dieser Ruf nach Frieden zahlt sich jetzt aus. Kurz nach dem Waffenstillstand bricht Nigeria seine Beziehungen zu Israel ab. Nigeria begründet diesen Schritt so: »Israel ist auf ägyptisches Territorium vorgedrungen, das ist jetzt erwiesen. Es ist deshalb nötig, daß die Regierung von Nigeria ihre Beziehungen zu Israel revidiert.« Nigeria kann es nicht akzeptieren, daß sich Israel am Westufer des Suezkanals festsetzt. Nigeria ist der 17. afrikanische Staat, der mit Israel nichts mehr zu tun haben will. Ghana und Senegal folgen dem Beispiel Nigerias.
Leopold Sedar Senghor, der Staatschef der Republik Senegal, sagt in der zweiten Kriegswoche zum israelischen Botschafter in Paris: »Im Falle, daß Ihr Land sich auf dem Westufer des Suezkanals, also in Afrika, festsetzt, sind wir Afrikaner Ihre Gegner!«
Dieser Satz wird Wahrheit: Kaiser Haile Selassie – bisher ein enger Freund Israels – bricht alle Beziehungen ab. Äthiopien war in der Vorstellung der Araber bisher ein Brückenkopf der Israelis in Afrika; Ägypten und vor allem der Sudan hatten lange Zeit Sorge, daß die Israelis von Äthiopien her im Kriegsfall mit ihrer Luftwaffe den Assuan-Staudamm angreifen könnten.
Idi Amin hat wirklich die Absicht, die Soldaten und ein Heer von Freiwilligen von Uganda nach Ägypten und Syrien zu schikken. Am 10. Oktober spricht er in Entebbe vor einer Masse von Hunderttausenden: »Drei Millionen Männer haben sich gemeldet. Wir werden Schulter an Schulter mit den Arabern kämpfen.« Der syrische und der ägyptische Botschafter wenden viele Worte auf, um Idi Amin davon abzubringen, die Uganda-Armee mit gecharterten Flugzeugen nach Kairo transportieren zu lassen. Die Botschafter vertrösten den Präsidenten auf später. Amin telegraphiert an Sadat: »Ich bedauere es, daß wir nicht, wie die Alliierten im Zweiten Weltkrieg, vereint den Feind besiegen können!«
Idi Amins Denkweise hat nur für uns seltsame und einfältige Windungen. Sein Einfluß auf die afrikanischen Politiker ist bedeutend. Der Staatschef von Nigeria reagierte sofort, als er dieses

Telegramm von Idi Amin erhielt: »Ich rate Dir gut, den israelischen Botschafter ausweisen zu lassen!«
Von seinem Frontbesuch in Damaskus kommt der Staatspräsident von Uganda allerdings mit einer falschen Lagebeurteilung nach Hause zurück. Seinen erstaunten Präsidentenkollegen teilt er mit: »Die Araber stehen vor Tel Aviv, ich habe das selbst gesehen!«

Der erste Waffenstillstand

Der Sicherheitsrat der Vereinten Nationen fordert am Montag, dem 22. Oktober, die Kriegführenden im Nahen Osten auf,
1. Das Feuer einzustellen und jede kriegerische Aktion zu unterlassen,
2. sofort nach Inkrafttreten des Waffenstillstands den Sicherheitsratsbeschluß Nummer 242 zu befolgen,
3. Verhandlungen aufzunehmen mit dem Ziel, für das Nahostproblem eine dauerhafte und gerechte Friedenslösung zu finden.

Die Israelis verpflichten sich wenige Minuten nach der Abstimmung im Sicherheitsrat, den Beschluß zu akzeptieren. Allerdings unter Bedingungen, die der UN-Botschafter Tekoah später präzisiert: Auch jene Staaten sollten den Anordnungen der UN folgen, die den Syrern und Ägyptern mit Truppen geholfen haben – gemeint ist der Irak –, und die palästinensischen Kommandos sollten jede feindliche Aktion gegen Israel unterlassen.
Am Nachmittag des 22. Oktober strahlt Radio Kairo diese Meldung aus: »Präsident Sadat hat sorgfältig den Beschluß des Sicherheitsrats studiert, der einen Waffenstillstand innerhalb von zwölf Stunden und die Befolgung des Sicherheitsratsbeschlusses Nummer 242 vom 22. November 1967 vorsieht. Der heutige Sicherheitsratsbeschluß enthält die Aufforderung zu sofortigen Friedensverhandlungen. Die ägyptische Regierung wird die Anordnungen des Sicherheitsrates befolgen.«

Für den ägyptischen Präsidenten ist dieser Beschluß des Sicherheitsrates der Vereinten Nationen ein Sieg, denn nichts anderes hatte Anwar el-Sadat in seiner Rede vom 16. Oktober gefordert: Rückzug des israelischen Truppen aus dem besetzten Gebiet mit gleichzeitigen Verhandlungen über sichere Grenzen für Israel.

Syrien akzeptiert den Sicherheitsratsbeschluß erst am frühen Morgen des 24. Oktober. Bis dahin haben die Gremien der Staatspartei, der Baath, beraten. Die syrische Regierung verlangt in ihrer Annahme des Waffenstillstandes, daß die Rechte der Palästinenser gewahrt bleiben müssen – die syrische Regierung ist zu diesem Zeitpunkt die einzige, die an die Rechte der Palästinenser denkt.

Die Regierung in Bagdad reagiert wütend auf den Beschluß zur Feuereinstellung: »Die irakische Regierung erklärt, daß sie an den Beratungen nicht teilgenommen hat. Wir haben von der Feuereinstellung durch die arabischen Truppen erst erfahren, als sie beschlossene Sache war. Der Irak ist treu zur arabischen Sache gestanden. Wir werden uns die Freiheit nehmen, zur rechten Zeit den arabischen Massen die Wahrheit zu enthüllen, und es ist uns völlig gleichgültig, was andere dann dazu sagen!«

Das irakische Oberkommando beschließt sofort, seine Truppen aus Syrien abzuziehen. Arabien, das im Krieg einig war, beginnt sich wieder aufzusplittern.

Um 13 Uhr an diesem entscheidenden Montag trifft der amerikanische Außenminister Kissinger auf dem israelischen Flughafen Lod ein. Außenminister Abba Eban begrüßt Kissinger. Eine geplante kurze Ansprache des Außenministers entfällt. Die vielen Zuschauer, die trotz aller Sicherheitsmaßnahmen auf den Flughafentribünen stehen, sind enttäuscht. Aber sie jubeln Kissinger zu. Der Außenminister ist einer der Ihren, er ist Jude. Kissinger fährt sofort zu Gesprächen mit Frau Golda Meïr. Die Ministerpräsidentin stellt gleich zu Beginn fest: »Unsere Situation in diesem Krieg bessert sich mit jeder Stunde. Wir haben in der vergangenen Nacht schöne Erfolge am Berg Hermon erzielt – die israelischen Soldaten können jetzt weit in syrisches und libanesisches Gebiet hineinblicken. Am Berg Hermon sind unsere derzeitigen Stellungen besser als vor dem 6. Oktober.« Golda Meïr

verspricht, daß eine Feuereinstellung für den Abend dieses Tages befohlen wird – wenn sich die Ägypter und Syrer daran halten. Dann packt Kissinger den harten Kern des Gesprächs an: »Ist Israel bereit, die besetzten Gebiete wieder aufzugeben?«
Der Sicherheitsrat hat am Morgen dieses Montags beschlossen, daß der Beschluß Nummer 242 vom 22. November 1967 zu befolgen ist. Damals hatte dasselbe Gremium den Rückzug der israelischen Truppen und die Aufgabe der im Junikrieg besetzten Gebiete verlangt. Doch die Auslegung des Beschlusses brachte Schwierigkeiten und Streit. Der Text ist in Englisch und Französisch ausgefertigt. Die französische Version sagt ganz eindeutig, daß sich Israel aus den besetzten Gebieten zurückzuziehen habe; der bestimmte Artikel »le« ist dem Begriff »territoire occupé« vorangesetzt. In der englischen Version fehlt der bestimmte Artikel. Israel hielt sich an den englischen Text, der besagt, daß die israelischen Truppen »besetzte Gebiete« räumen sollen – besetzte Gebiete, das heißt, Israel räumt nicht unbedingt alles, was es besetzt hält. Der Standpunkt der israelischen Regierung: Wir sind bereit, darüber zu verhandeln, welche Gebiete wir aufgeben. Seit dem Junikrieg von 1967 fordert Israel direkte Verhandlungen mit den Arabern, um künftige Grenzen festzulegen. Für Levi Eshkol, den früheren Ministerpräsidenten, wie für Golda Meïr, die heute Israel regiert, kann es ein Zurückweichen auf die Grenzen vor dem Junikrieg nicht geben. Bis zum Sommer 1967 war Israel zwischen Jordanien und dem Meer bei Tel Aviv nur 25 Kilometer breit. Der Flughafen Lod lag ganze 10 Kilometer von der jordanischen Grenze entfernt. Wenn die Araber im Junikrieg mit Erfolg einen Stoßkeil von Nablus zum Meer vorgetrieben hätten, wäre Israel in zwei Teile gespalten worden. Dieser Gefahr wird sich Israel nie mehr aussetzen. Die Korrektur des Grenzverlaufs zwischen Latrun und Nazareth ist gemeint, wenn Israel von seinem Anspruch auf sichere Grenzen redet.
Mit der Annahme des Sicherheitsratsbeschlusses vom 22. Oktober 1973 gesteht Israel zu, daß es Gebiete räumen wird. Doch die Diskussion um den bestimmten Artikel beginnt aufs neue. Die israelische Diplomatie spielt geschickt mit den zwei Textversio-

nen. Die Präambel des Sicherheitsratsbeschlusses bleibt bei dieser Diskussion mit Absicht unbeachtet. In der Präambel ist klar gesagt, daß der Erwerb von Gebiet durch Krieg nicht zulässig ist. Der Hinweis auf die Präambel könnte den Streit um den Artikel rasch beenden.

Henry Kissinger wird von Golda Meïr informiert, daß Verhandlungen möglich sind – der Totalrückzug aber nicht. Für Kissinger sind alle Probleme der kommenden Friedensgespräche jetzt schon deutlich. Er ist an diesem Vormittag von Moskau abgeflogen, und dort konnte er feststellen, daß die Sowjetunion dem ägyptischen Präsidenten weitgehende Zusagen der massiven politischen Unterstützung gegeben hat. Sadat kann danach sagen: »Ich habe eine Garantie von Breschnew! Eine schriftliche Garantie sogar.«

Vor dem Abflug um 10.19 Uhr auf dem russischen Flughafen Wnukowo gibt Henry Kissinger eine Erklärung ab: »Wir rechnen fest damit, daß die Entschließung des Sicherheitsrats politische Wirklichkeit wird! Wir wollen dazu beitragen, daß dieser Konflikt eine Lösung findet.« 39 Stunden lang hatte sich Kissinger in Moskau aufgehalten.

Kissinger war auf Einladung der Sowjets nach Moskau gekommen; sie gaben den Anstoß zum gemeinsamen Friedensschritt. Zwei Stunden nach seiner Ankunft saß Kissinger bereits mit Breschnew am Verhandlungstisch. Zwei Stunden dauerten die Gespräche, sie zogen sich dann noch über ein langes Abendessen hin. Die Sowjets sagten dem Amerikaner klar: »Es kann nicht hingenommen werden, daß Israel jahrelang in der Lage ist, alle Beschlüsse der Weltorganisation zu übergehen. Für die Israelis existiert der Sicherheitsrat überhaupt nicht.« Israel müsse zum Respekt gezwungen werden.

Henry Kissinger argumentierte: Die Arroganz der Araber habe mit zur Verhärtung der Standpunkte beigetragen – Israel sei doch seit Jahren verhandlungsbereit gewesen. Diesmal, so konterte Breschnew, seien auch die Araber gesprächsbereit. Das hatte Ministerpräsident Kossygin erreicht, der vom 16. bis 19. Oktober in Kairo war. Kossygin sprach in diesen vier Tagen fünfmal mit Präsident Sadat.

Die militärische Situation der Ägypter ist seit zwei Tagen kritisch geworden: auf dem Ostufer des Suezkanals kommt die ägyptische Armee nicht voran, aber die Israelis konnten auf dem afrikanischen Ufer einen Brückenkopf ausbauen. Die Sowjets sehen klar, daß die israelische Infiltration nicht aufzuhalten war. Moskau fürchtet eine neue arabische Niederlage, denn sie bedeutet zum zweitenmal eine Blamage der sowjetischen Waffen. Die Sowjetunion mußte ihren arabischen Freunden helfen. Präsident Sadat versucht zwar, den sowjetischen Ministerpräsidenten von der ungebrochenen Kampfkraft der Ägypter zu überzeugen. Doch Kossygin hält einen raschen Waffenstillstand für klug, ehe die Katastrophe über die Dritte Ägyptische Armee hereinbricht. Kossygins Einschätzung der militärischen Lage erweist sich als korrekt. Der sowjetische Ministerpräsident hatte die Auswertung der Fotos russischer Beobachtungsatelliten gesehen: Die Fotos zeigten eindeutig den raschen Vormarsch der Israelis auf dem Westufer des Kanals mit Zielrichtung nach Norden und Süden. Zwei sowjetische Beobachtungssatelliten – gestartet in der Woche vor dem Beginn des Konflikts – ermöglichten den Politikern und Militärs in Moskau eine klare und sichere Beurteilung der militärischen Situation.

Der sowjetische Ministerpräsident brachte einen fertigen Plan für den Waffenstillstand und die Nachkriegszeit mit. Drei Punkte legte er dem ägyptischen Präsidenten vor: 1) Beide Seiten stellen das Feuer ein, und Israel verpflichtet sich, in einer angemessenen Frist von zwei Monaten die besetzten Gebiete zu räumen; über Grenzkorrekturen zugunsten Israels kann gesprochen werden. 2) Internationale Streitkräfte überwachen die Waffenstillstandslinie. 3) Die in den Friedensverhandlungen festgelegten Grenzen werden von den USA und der Sowjetunion gemeinsam garantiert.

Anwar el-Sadat hat gegen diesen Plan nichts einzuwenden. Kossygin spricht davon, daß die USA über seinen Besuch in Kairo informiert seien, der Dreipunkteplan befinde sich in der Hand des US-Präsidenten Nixon. Sadat gibt sein Einverständnis, den russischen Plan als Grundlage einer künftigen Lösung des Nahostkonflikts zu benützen.

Im Plan der Sowjets sind die Palästinenser nicht erwähnt. Da ist keine Rede von einer Wiederherstellung der Rechte des palästinensischen Volkes. Die Sowjetunion und Ägypten sind sich in diesem Dokument einig, daß die besetzten Gebiete an die Araber zurückgegeben werden müssen. In die jetzt noch besetzten Gebiete kehren dann die Flüchtlinge zurück, die ihre Heimat während oder nach dem Junikrieg von 1967 verlassen haben. Das Problem der Flüchtlinge aus der Gründungszeit Israels wird nicht angeschnitten. Auch diese Menschen leben noch in den Lagern in Jordanien, Syrien und im Libanon. Anwar el-Sadat hat kein Interesse daran, erste Anzeichen einer friedlichen Lösung des Konflikts durch komplizierte Forderungen abzutöten.

Dem sowjetischen Ministerpräsidenten Kossygin ist das Verhandlungsgeschick nicht anzusehen. Er zeigt sich unbeholfen, schwerfällig. Doch er gefällt den Arabern, in seiner Gegenwart haben die arabischen Politiker nicht das Gefühl, geistig und in den Umgangsformen unterlegen zu sein. Kossygin ist ein Partner nach ihrem Geschmack. Es stört sie nur, daß Kossygin nicht lacht. Aber bei diesem Treffen in Kairo gibt es sowieso wenig Gelegenheit zum Lachen. Die große Stärke des Ministerpräsidenten: Er kann geduldig zuhören – und Anwar el-Sadat redet gern.

Kossygin hat in Kairo die Grundlage geschaffen, auf der Breschnew und Kissinger weiterbauen konnten.

Henry Kissinger erlebt kaum eine ruhige Stunde, seit er in seiner Suite in den Waldorf Towers in New York City den Telefonanruf seines Assistenten Joseph Sisco erhalten hatte; Sisco berichtete, daß die arabischen Armeen in diesen Minuten mit einem Angriff gegen die israelischen Stellungen beginnen werden. Der Zeitpunkt des Anrufs: am 6. Oktober um 6 Uhr morgens, am Suezkanal und auf Golan war es um diese Stunde 13 Uhr. Kissinger begann sofort zu telefonieren: mit Sowjetbotschafter Anatoly Dobrynin in Washington und mit einer Reihe von arabischen Außenministern, die sich zur UN-Sitzung in New York befanden. Kissinger wollte im letzten Augenblick den Krieg verhindern. Er war gerade seit knapp zwei Wochen Außenminister der Vereinigten Staaten.

Kissingers Politik kennt ein Ziel: die Entspannung in der Welt, das friedliche Zusammenleben von Ost und West. Der vierte Nahostkrieg brachte die Entspannungspolitik in Gefahr: auf der arabischen Seite war die Sowjetunion engagiert, für Israel hatten die USA Verpflichtungen übernommen. Der offene Konflikt im Nahen Osten rückte die Möglichkeit näher, daß die USA und die Sowjetunion in den Krieg hineingezogen würden. Der Außenminister der USA sah jetzt den entscheidenden Augenblick gekommen: die Entspannungspolitik mußte sich bewähren – oder sie erwies sich als falsch und sinnlos. Henry Kissinger packte die Herausforderung seiner gesamten bisherigen Politik auf seine eigene Weise an, er allein suchte und fand die Lösung. Kissinger praktizierte zwei Wochen lang die Hohe Schule der Geheimdiplomatie.

Seine Arbeitstage dauern oft zwanzig Stunden, angefüllt mit Gesprächen. Die Besucher im siebten Stock des State Department Building sind der israelische Botschafter Simcha Dinitz, der ägyptische Außenminister Zayyat, Sowjetbotschafter Dobrynin, der Außenminister von Saudi-Arabien, die Vertreter der Emirate vom Persisch-arabischen Golf. Zusammen mit den Außenministern von Saudi-Arabien, Marokko, Algerien und Kuwait wird Henry Kissinger von Präsident Nixon empfangen. Omar Saqaf, der Außenminister von Saudi-Arabien, führt dieses Gespräch – so sagt er – im Namen von 18 arabischen Staaten. Nixon verspricht, daß er einen Weg zum Frieden im Nahen Osten suchen werde. Omar Saqaf meint zum Schluß: »Ein Mann wie Henry Kissinger, dem es gelungen ist, den Vietnamkrieg zu beenden, der ist der richtige Mann für unsere Situation im Nahen Osten.« Auch die Araber sind bereit, Henry Kissinger als Vermittler zu akzeptieren. Daß er Jude ist, stört sie nicht.

Für die Gespräche in Moskau ist Kissinger gründlich vorbereitet. Die sowjetischen Gesprächspartner schrecken nicht vor massiven Drohungen zurück: »Die USA unterstützen Israel in einem Maße, daß für die arabischen Staaten wieder eine Niederlage droht. Wir können weitere Demütigungen der Araber nicht zulassen – auch wir werden uns stärker persönlich einsetzen müssen!« Breschnew will einen raschen Waffenstillstand erreichen, um die bedrängte Dritte Ägyptische Armee zu retten. Auch Kissinger ist

an einem schnellen Abschluß interessiert, um die Entspannungspolitik nicht scheitern sehen zu müssen. Die USA und die Sowjetunion sind sich einig.
»Wenn sich Moskau und Washington einig sind, bleibt uns nicht viel Spielraum«, sagt Golda Meïr in Jerusalem am Morgen dieses Tages. Der Sicherheitsrat hatte soeben die Forderung nach Waffenstillstand proklamiert. Israel muß dem Verlangen der Weltorganisation nachgeben, Golda Meïr kann nicht gegen die Interessen der USA handeln. Aber Golda Meïr braucht noch einige Stunden Zeit; David Elazar, der Generalstabschef, verlangt eine Frist, um die Dritte Ägyptische Armee noch vernichtend schlagen zu können. Golda Meïr ruft den amerikanischen Präsidenten an und bittet um den Besuch von Henry Kissinger: »Da gibt es noch einiges zu besprechen!«
Der US-Außenminister kommt nach Tel Aviv. Doch zuvor schon hat Israel den Waffenstillstand akzeptieren müssen; der amerikanische Botschafter Kenneth Keating war von seinem Präsidenten beauftragt, für eine rasche Annahme zu sorgen.

Die Israelis betreten afrikanischen Boden

Das israelische Oberkommando gibt – für die Öffentlichkeit – der Invasion des ägyptischen Kernlandes westlich des Suezkanals in den ersten Stunden nur ein bescheidenes Ziel: »Wir stören die ägyptische Luftverteidigung am Kanal.« In Wahrheit ist ein gewichtiges und ehrgeiziges Resultat anvisiert: die Zerschlagung der Dritten Ägyptischen Armee, die von Kanalkilometer 95 bis Kanalkilometer 160 das Ostufer besetzt hält. Diese Dritte Ägyptische Armee verfügt über 20 000 Mann und über 200 Panzer.
Am 17. Oktober schwenken 25 000 Israelis und 500 Panzer vom Brückenkopf nördlich von Fayed nach links, in Richtung Suez. Die Offensive nach Norden, in Richtung Ismaïlia, bremst David Elazar selbst. Die Kräfte reichen nicht aus, um das ganze West-

ufer des Kanals in die Hand zu bekommen. Im Süden lockt ein Prestigeziel, die Stadt Suez. In mörderischen Kämpfen erobert die israelische Panzertruppe das Westufer des Großen Bittersees. Fünf Tage stürmen die Israelis gegen die ägyptische Verteidigung, die – zu spät alarmiert – den operativen Plan des Generalstabschefs David Elazar nicht mehr stören kann. Am 22. Oktober ist das Dorf Gineifa erreicht. Für die Ägypter ist die Verbindung der Kanalstädte Suez und Ismaïlia nur noch auf dem Umweg über Kairo aufrechtzuerhalten. Schlimmer ist, daß die Dritte Ägyptische Armee dem Vormarsch der Israelis am Ostufer des Kanals nicht gewachsen ist. David Elazar ist dabei, diesen Krieg für Israel durch eine Schlacht nach dem russischen Rezept »Stalingrad« zu beenden.

Der Plan für die Offensive zwischen den Bitterseen und Ismaïlia lag beim Generalstab bereit. Dieser Plan ist konzipiert als eine der Varianten offensiver Operationen zur Zerschlagung der ägyptischen Kampfkraft im politisch geeigneten Augenblick. Präventivschläge sollen nach diesen Konzepten durchgeführt werden. Der Plan »Ismaïlia« mußte durch eine Vorstufe ergänzt werden, die im israelischen Generalstab nie bedacht worden war: die Rückeroberung des Ostufers des Suezkanals. Alle Planspiele sind davon ausgegangen, daß die israelische Beherrschung des Raums ostwärts von Suez nie in Frage gestellt sei. Der Durchstoß zum Kanal ist verlustreich, aber er gelingt.

Über drei Pontonbrücken bei Deversoir rollt der israelische Nachschub. Die Szene ist dieselbe, wie zehn Tage zuvor beim Vormarsch von Saadeddin Shazli nach Osten: Panzer und Kettenfahrzeuge mit Kanonen manövrieren sich vorsichtig die Sandrampe herunter auf die Brücke. Militärpolizisten, gekennzeichnet durch rote Armbinden, fädeln die Kolonnen ein. Jedes Fahrzeug wirbelt Staubfahnen auf. Den Panzern folgen Tankwagen für Wasser und Betriebsstoff. Busse der Verkehrsgesellschaft Egged transportieren Infanteristen. Die jugendliche Begeisterung der Soldaten ist ungebremst: »Wir sind in Afrika!«

Der Vorstoß nach Süden erreicht die Verengung der Bitterseen bei Kanalkilometer 135. Auf beiden Ufern rücken die israelischen Soldaten vor. Am Morgen des 22. Oktober erhält General Ariel

Der Gegenstoß der Israelis.
Die israelischen Truppen finden die Nahtstelle zwischen der Zweiten und der Dritten Ägyptischen Armee auf dem Ostufer des Kanals. Sie brechen nach heftigen Kämpfen durch. Israelische Amphibienpanzer durchfahren den Großen Bittersee, die Panzer verstecken sich unter Palmen, bis das Expeditionskorps stark genug zum Ausbruch ist. Durch den Keil zwischen den Armeen bringen die Israelis Pontonfahrzeuge an den Kanal. – Die israelische Präsenz auf dem afrikanischen Ufer wird von den Ägyptern eine Woche lang unbeachtet gelassen.

Sharon zu seiner Verblüffung den Befehl, am Abend desselben Tages das Feuer einzustellen und den Vormarsch zu stoppen. Die israelische Regierung hat den Waffenstillstand akzeptiert. Dem Befehl des Hauptquartiers ist die Weisung beigefügt, in den verbleibenden Tagesstunden, soweit wie überhaupt möglich, nach Süden zu vorzustoßen. Ariel Sharon läßt die Masse seiner 500 Panzer angreifen. Die Luftüberlegenheit in dieser Kampfzone ist jetzt wieder unbestritten auf seiten der Israelis: Die SAM-6-Batterien zwischen Ismaïlia und Gineifa sind zerstört. Die Anflugroute über die Großen Bitterseen ist sicher für die Phantom-Kampfflugzeuge. Trotz des Zusammenwirkens von Luftwaffe und Panzertruppe sind die Geländegewinne der Angreifer nicht groß. Die drahtgelenkten Panzerabwehrwaffen der Ägypter zerstören an diesem Tag 50 Kettenfahrzeuge. Ariel Sharon versucht, dem Stoß Schwung zu geben, er läßt konzentriert angreifen entlang der Bahnlinie Gineifa–Suez; doch seine Front weicht auf, dehnt sich aus nach rechts. In den wenigen Stunden bis zum Abend ist das Ziel, die Dritte Ägyptische Armee abzuschneiden, nicht zu erreichen. Am 22. Oktober ruhen abends die Waffen.
Die israelischen Soldaten atmen nicht auf. Offiziere, Unteroffiziere und Mannschaften sind sich in ihrer Meinung einig: »Es haben nur wenige Stunden gefehlt, und wir hätten komplett gesiegt. Warum denn jetzt gerade aufhören? Diese Nacht noch brauchen wir, dann ist Suez in unserer Hand!«
Generalleutnant David Elazar gibt Anweisung: »Die Truppe bleibt in voller Alarmbereitschaft und marschbereit. Es ist jeden Augenblick möglich, daß wir angegriffen werden.« Elazar sagt nicht, daß er wieder angreifen will. »Wir waren zwar erfolgreich, aber das ist noch kein Sieg, der sich sehen lassen kann.«
In Tel Aviv und Jerusalem erfährt die Bevölkerung in den letzten Tagen wenig über den Erfolg des israelischen Vorstoßes nach Afrika. Generalmajor Herzog erklärt zweimal täglich über Rundfunk und Fernsehen die militärische Lage. Von der Kanalfront sagt er nur: »Es ist im Zentralabschnitt eine wichtige Schlacht im Gange, eine große Schlacht.« Generalmajor Herzog spricht von »eleganten Manövern der Panzertruppen«. Die Zeitung »Haaretz« schreibt: »Für Spekulationen ist es zu früh. Der

Krieg tobt weiter; er wird fortgesetzt, solange er uns von der Sowjetunion, von Syrien und Ägypten aufgezwungen wird.« Am 22. Oktober verkünden die 7-Uhr-Nachrichten des israelischen Rundfunks die Feuereinstellung. Das Kabinett hat in der Nacht getagt, um »das Ansuchen des Präsidenten Nixon auf Waffenruhe« zu besprechen. Von den Vereinten Nationen erwähnen die Frühnachrichten kein Wort.
Die Bevölkerung ist froh über diese Nachricht. Wer einen Frontsoldaten in der engen Verwandtschaft hat, der hofft, daß die letzten 12 Stunden des Krieges rasch vorübergehen. Ganz langsam erst begreifen die Menschen: Dieser Krieg forderte Opfer wie kein anderer zuvor. Immer mehr Familien trauern. Die Tageszeitungen drucken Fotos der israelischen Kriegsgefangenen in syrischen und ägyptischen Lagern – Fotos, die von den Informationsministerien in Damaskus und Kairo an die Presse verteilt werden. Mütter suchen auf den Bildern ihre Söhne, Frauen ihre Männer. Wer in Gefangenschaft ist, der lebt wenigstens noch. Die israelische Vermißtenzentrale arbeitet, aber die Meldungen über Tote und Vermißte gehen nur langsam ein. Bis zur Stunde des Waffenstillstands bleibt den Einheiten keine Zeit, um Verlustlisten zu schreiben.
Raubvögel und streunende Hunde finden Nahrung in der Wüste zwischen den Bahnstationen Fayed und Gineifa. Die Toten liegen unbestattet im heißen Sand, Ägypter und Israelis. Es riecht nach Verwesung. Die Fliegen sind die größte Plage hier. Ausgebrannte Panzer, Fahrzeuge mit aufgeplatzten Ketten, Munition, Stahlhelme, Kleidungsstücke, Bücher, Konservendosen, Briefe – damit ist der Wüstenstreifen übersät, auf dem die Ägypter am 22. Oktober den Vormarsch der Truppen des Ariel Sharon aufhalten wollten. In den zerschossenen Militärlagern von Fayed sammeln die Israelis Gefangene ein. Im Kino versorgen israelische Ärzte die Verwundeten. Wer transportfähig ist, wird in Egged-Bussen oder in offenen Lastwagen über den Kanal nach Sinaï gefahren. Die Konvois mit Gefangenen sind wenig bewacht. Israelis und Ägypter unterhalten sich, geben sich die Hand, da ist kein Haß spürbar zwischen den Gegnern. Die Dörfer in der Kampfzone sind fast unbeschädigt, die arabischen Bauern reiten wenige Kilometer hin-

ter der Front auf dem Esel zu ihren Äckern. Sie lassen sich nicht davon beeindrucken, daß sie jetzt im israelisch besetzten Gebiet leben. Sie bedanken sich bei den israelischen Soldaten, die ihnen helfen, das Vieh wieder einzusammeln. Nach Mitternacht ist die Front ruhig. In der Nacht des Waffenstillstands ziehen die Israelis Kriegsmaterial über die Pontonbrücken ans Westufer; so viel, als das Fahrtempo der Panzer und der schweren motorisierten Haubitzen über Rampen und Brücken überhaupt zuläßt. Die israelischen Brücken sind für schwere Belastungen gebaut, die Fahrzeuge brauchen keine Abstände einzuhalten. Munitionsmangel hat die »Afrika-Armee« der Israelis nicht, die Transporte kommen genau nach Plan beim rasch improvisierten Munitionslager Fayed an. Vor Mitternacht melden die Frontkommandeure sporadisches Artilleriefeuer der Ägypter. Die Dritte Ägyptische Armee versucht, die Israelis in Richtung Gineifa nach Norden zurückzudrücken.

Am frühen Morgen brechen die israelischen Panzer wieder los. »Jetzt räumen wir auf«, sagt Ariel Sharon. Bis zum Abend des 23. Oktober erreichen die Truppen den Hafen Adabiya am Golf von Suez. Alle Verbindungen der Dritten Ägyptischen Armee sind abgeschnitten. 20 000 Mann der Ägypter verteidigen sich, eingekesselt, auf dem Ostufer des Suezkanals und in der Stadt Suez. Sie können nicht mehr versorgt werden. David Elazar setzt die Luftwaffe ein – sie wird jetzt nicht mehr durch SAM-Batterien behindert. Zwischen Gineifa und Suez besitzen die Araber keine schußbereite Rakete mehr in Frontnähe. Die Dritte Armee ist ohne Luftverteidigung. Pausenlos greifen die Phantomkampfflugzeuge die ägyptischen Panzer an. Der Generalstab in Kairo beordert die gesamte Luftwaffe an die Front. Aber die MiGs sind den amerikanischen Maschinen unterlegen. Am 23. Oktober stürzen über 40 ägyptische Flugzeuge ab.

Generalleutnant Elazar kontrolliert vom Hubschrauber aus den Vormarsch seiner Truppe: An diesem Tag muß der große, eindeutige Sieg errungen werden, der Erfolg, der in Israel den Glauben an die Armee wiederherstellt.

Die israelischen Informationsdienste verkünden den Sieg; General Herzog kann jetzt frei reden, die »eleganten Manöver« der

Panzer haben ein glanzvolles Resultat gebracht. Kairo betreibt nun restriktive Informationspolitik. Die Ägypter verkleinern den Erfolg der Israelis: »Unsere Gegner halten nur eine kleine Tasche auf dem Westufer des Kanals besetzt. Der ägyptische Sieg kann durch diesen örtlichen Einbruch nicht in Frage gestellt werden.« Doch an diesem Dienstag spüren die Menschen in Kairo, daß der Krieg nahe an die Hauptstadt herangerückt ist. Das Artilleriegefecht vor Suez ist als dumpfe Erschütterung der Luft wahrzunehmen. Der Gouverneur von Kairo ordnet Maßnahmen zur Verteidigung der Stadt an.

»Die Nacht der Wünsche« – Leilat al Kadr – beendet nach islamischem Brauch den Fastenmonat. In dieser Nacht müssen sich in Ägypten die Männer der Jahrgänge 1941 bis 1952 melden. Auch die ägyptische Staatspartei will in dieser kritischen Phase den Volkskrieg organisieren, die Massen bewaffnen. Die Parteiführung kopiert den Plan des syrischen Verteidigungsministers Mustafa el Tlass. Doch für die Mobilisierung des Volkes ist es zu spät. Die bestehenden »Komitees für die Schlacht« können Versammlungen abhalten, in patriotischen Reden die Helden der Armee feiern – Waffen haben sie keine. Sadat wollte nie das Wagnis eingehen, an die Bevölkerung – an die Studenten zum Beispiel – Waffen auszugeben. Er fürchtete, daß diese Waffen bei Unruhen Verwendung finden könnten. Maschinenpistolen in der Hand der Studenten können in Kairo Protestdemonstrationen in blutige Aufstände verwandeln. Auch am 23. Oktober 1973 verweigert der Präsident die Freigabe von Handfeuerwaffen. Der Krieg bleibt weiterhin Sache des Militärs. Es besteht auch kein Mangel an Soldaten in der ägyptischen Armee; knapp die Hälfte der 500 000 Mann, die jetzt einberufen sind, befindet sich in der Kampfzone am Suezkanal. Vollkommen intakte Einheiten sind im Nildelta stationiert.

Am Abend des 23. Oktober einigen sich die israelischen und ägyptischen Befehlshaber im Bereich der Dritten Ägpytischen Armee, das Feuer wieder einzustellen. Zum erstenmal seit vielen Jahren reden israelische und ägyptische Offiziere miteinander, um Details für die Einhaltung der Waffenruhe auszuarbeiten. Das schwierigste Problem ist die Versorgung der eingeschlossenen Dritten Armee mit Wasser und Lebensmitteln. »Die Soldaten sind nicht in unmittelbarer Gefahr, zu verhungern oder an Durst zu sterben«, sagt der israelische Militärsprecher. Verteidigungsminister Dayan bietet »humanitäre Hilfe« für die Eingeschlossenen an. Wasser- und Lebensmitteltransporte passieren die israelischen Linien. In Tel Aviv startet ein Hubschrauber mit Blutplasma für ägyptische Soldaten im Kessel. General Chaim Bar Lev will der Dritten Armee den freien Abzug ohne Waffen gestatten, doch der ägyptische Kommandeur der Suezfront lehnt das Angebot ab.

Golda Meïr sagt an diesem Tag vor dem Parlament: »Unsere Truppen auf dem afrikanischen Ufer des Suezkanals sind stark genug für jede verlangte Offensive. Wir bestimmen jetzt, was auf dem Schlachtfeld geschieht!«

Die israelische Post installiert sofort nach dem neuen Waffenstillstand Richtfunkstrecken zum eroberten afrikanischen Gebiet. Die Stellungen der Front zwischen Fayed und Suez werden an das Selbstwählnetz des israelischen Telefonsystems angeschlossen. Die Soldaten können mit den Familien zu Hause telefonieren. Die Dritte Ägyptische Armee aber hat kaum mehr Verbindung mit dem Hauptquartier in Kairo. Nach Meinung des israelischen Generals Chaim Herzog sind die Funkanlagen der Ägypter auf dem Ostufer des Kanals ausgefallen. Die Israelis stellen fest, daß die Dritte Armee nicht mehr zentral geführt wird. »Die Ägypter ergeben sich zu Hunderten, weil ihnen niemand mehr Befehle erteilt.«

Nach Beginn des zweiten Waffenstillstands gibt der Weltsicherheitsrat Zustimmung zu dieser Resolution: »Unter Hinweis auf seine Resolutionen 338 vom 22. Oktober und 339 vom 23. Oktober nimmt der Sicherheitsrat die gemeldeten wiederholten Verletzungen der Waffenruhe zur Kenntnis. Er entnimmt mit Bedauern dem Bericht des Generalsekretärs, daß die Militärbeobachter der Vereinten Nationen bisher noch nicht in der Lage waren, sich auf beiden Seiten der Waffenstillstandslinie zu postieren. Der Sicherheitsrat fordert, daß eine sofortige und vollständige Waffenruhe befolgt wird, daß die Parteien auf die Positionen zurückkehren, die sie um 16 Uhr 50 GMT (18 Uhr 50 Ortszeit) am 22. Oktober 1973 besetzt hielten. Der Sicherheitsrat beschließt die sofortige Aufstellung einer Sondertruppe der Vereinten Nationen unter seiner Befehlsgewalt, die sich aus Personal der Mitgliedstaaten der Vereinten Nationen mit Ausnahme der fünf ständigen Mitglieder des Sicherheitsrats zusammensetzt. Der Generalsekretär wird gebeten, innerhalb von 24 Stunden über die dazu ergriffenen Maßnahmen zu berichten. Der Generalsekretär ist aufgefordert, dem Sicherheitsrat vordringlich und regelmäßig über den Stand der Erfüllung der Resolution 338 und 339 zu berichten. Alle Mitgliedstaaten sind gebeten, den Vereinten Nationen ihre ganze Mitarbeit bei der Erfüllung dieser Resolution und der Resolutionen 338 und 339 zu gewähren.« Der Sicherheitsrat verlangt die Rückkehr aller Truppen zur Frontlinie vom 22. Oktober (16 Uhr 50 GMT). »Die Frontlinie vom 22. Oktober ist nicht mehr zu rekonstruieren«, sagt Golda Meïr. Die Ägypter sind der Meinung, daß die Fotos der sowjetischen und amerikanischen Beobachtungssatelliten ein genaues Bild von der Frontlage am Abend des 22. Oktober vermitteln. Doch die Großmächte geben die Fotos nicht heraus. Israel muß – wenn der Beschluß des Sicherheitsrats befolgt wird – das Westufer des Suezkanals von der Stadt Suez bis zum Kanalkilometer 140 räumen. Damit wäre der Kontakt zwischen der Dritten Ägyptischen Armee und der Hauptmasse der Truppen wiederhergestellt; die Straße Kairo–Suez ist dann für die Ägypter wieder offen. Doch Israel befolgt diesen Beschluß des Sicherheitsrats nicht.

Am 26. Oktober versuchen die ägyptischen Truppen aus dem Kessel auszubrechen. Zwei Kilometer nördlich von Suez greifen ägyptische Panzer an, um die israelische Klammer aufzuschlagen. Pioniere bauen eine schmale Infanteriebrücke, die den ägyptischen Soldaten den Übergang über den Kanal ermöglichen soll. Die Brücke wird von den Israelis sofort zerstört. Der Ausbruchversuch wird nicht mit Elan geführt; er ist die Einzelaktion einer Einheit, die, ohne Verbindung mit dem Hauptquartier, der israelischen Gefangenschaft entkommen will. Der Chef der Dritten Ägyptischen Armee, General Abd el-Moneim Uazen hat allen Truppen, die er per Funk erreichen kann, strikte Einhaltung der Waffenruhe befohlen. Er rechnet damit, daß er sich mit dem israelischen General Abraham Aden treffen muß. Von der politi-

schen Entwicklung hängt es ab, ob das Thema der Gespräche »Gefangenschaft« heißen wird oder »freier Abzug mit allen Waffen« zum Ostufer des Kanals.
In Kairo sieht Präsident Sadat die Situation der Dritten Armee optimistisch: »Ich muß meine Truppenkommandeure gewaltsam zurückhalten. Die Israelis geben selbst zu, daß sie auf wackligen Füßen stehen. Wir können sie leicht auslöschen, denn sie sind zwischen zwei Fronten eingekeilt; auf dem Ostufer stehen unsere Soldaten, in der Stadt Suez ebenfalls, und im Westen der Israelis befindet sich unsere Hauptstreitmacht. Wenn die Israelis wieder Krieg wollen, dann erdrücken wir sie!«

Die Feuerpause

»Aus dem Radio habe ich erfahren, daß Ägypten den Vorschlag zum Waffenstillstand angenommen hat«, das sagt der syrische Präsident Hafez Assad. Er spricht dreißig Minuten lang im syrischen Fernsehen. In den Caféhäusern und Wasserpfeifenschenken in Damaskus hören die Soldaten der Armee und der Volksmiliz zu. Sie warten auf die Erklärung, warum das Feuer eingestellt wurde. Hafez Assad schiebt die Verantwortung auf den ägyptischen Präsidenten: »Sadat versicherte mir, er habe die Garantie der Sowjetunion, daß sich die Israelis aus allen besetzten Gebieten zurückziehen werden. Diese Garantie müsse erprobt werden.« Der syrische Präsident verschweigt in seiner Rede nicht seine Skepsis: »Die Verhandlungen werden zu nichts führen!« Mit diesem Satz verwirrt er seine Zuhörer; die Frage kommt wieder hoch: »Warum haben wir dann überhaupt aufgehört zu kämpfen?«
In dieser Fernsehrede gesteht Hafez Assad seinem Volk, daß kein Teil der Heimat erobert werden konnte und daß Golan in der Hand der Israelis geblieben sei. Assad hat diesen Trost für sein Volk: »Wir haben zwar unser Land nicht befreit, aber wir

haben uns selbst von allen Fesseln befreit. Wir befreiten unseren Willen zu kämpfen und unsere Seele, verschwunden ist der Komplex der Angst. Unseren Kopf können wir wieder hocherhoben tragen. Wir senken den Kopf nur noch vor Gott und den Toten!«
In Damaskus sieht niemand einen Grund zum Jubel. Deprimiert verlassen die Soldaten die Kaffeehäuser – ohne Diskussion. Daß Syrien erneut Boden verloren hat, das wissen auch die Soldaten hinter der Front bereits. Die Israelis stehen 40 Kilometer vor der Hauptstadt, das ist die niederschmetternde Erkenntnis. Wozu waren die Männer bewaffnet worden, wozu waren 100 000 Syrer in die Volksmiliz eingerückt? Die Leute in Damaskus sehen, daß die eigene Armee intakt ist; täglich rumpeln schwere Lastkraftwagen, beladen mit Infanteristen, durch die Alleen der Stadt in Richtung Golan. Die Stadt war zur Verteidigung vorbereitet. Der Verteidigungsminister, Mustafa el-Tlass, hatte eine logische Konzeption für den Volkskrieg entwickelt. Jeder ist überzeugt, daß man die Israelis hätte zermürben können – in einem langen Krieg über Wochen und Monate. 100 000 automatische Gewehre AK-47 waren ausgegeben worden.
Mit dem Ende des Fastenmonats Ramadan beginnt die Ernüchterung in Syrien. Gerüchte zirkulieren: Eine ganze syrische Panzerdivision mit 6000 Mann soll vor den Golanhöhen aufgerieben worden sein, niemand habe sich retten können. Die Verluste werden von der Bevölkerung diskutiert, man schätzt Zahlen ab. Die Armee hält die Verlustlisten noch zurück, die Familien sind nicht benachrichtigt. Die Unruhe wächst. In den Gesprächen auf den Gassen des Suks werden böse Pfeile auf den Staatspräsidenten abgeschossen: »Er ist Alawite – eigentlich ein Ketzer!« Die Vorurteile gegen die religiöse Minderheit der Alawiten beginnen das Denken der Menschen in Damaskus zu beeinflussen. Die Wut auf die Ägypter wächst, die das Feuer zuerst eingestellt haben, ohne die Syrer zu fragen. Junge Milizsoldaten sagen es ganz offen: »Als wir Syrer noch nicht in der Föderation an Ägypten gebunden waren, da konnten wir selbst bestimmen; da waren wir der eigene Herr!« Das syrische Oberkommando hat volles Verständnis für die irakischen Truppen, die sich in ihre Heimat zurückziehen.

Hafez Assad spürt die Gefahr. Er mobilisiert seine Getreuen. Al Baath al Arabi al Ichtiraki – Sozialistische Arabische Wiedergeburt, das ist der Name der Staatspartei in Syrien. Die Partei will, daß das heutige Arabien wieder anknüpft am Glanz früherer islamischer Reiche der Zeit des Propheten Mohammed und seiner Nachfolger. Voraussetzung dafür ist die Einigung aller Araber von Marokko am Atlantik bis zu den Emiraten des Persisch-arabischen Golfs. Wenn diese Einigung vollzogen ist, dann hat Arabien – in der Vorstellung der Baathpartei – die materielle und geistige Kraft, einen Beitrag zum Fortschritt der Menschheit zu leisten. Die Baathpartei klagt, daß die Araber heute noch nicht die Mentalität kolonial-versklavter Völker abgestreift haben: »800 Jahre Unterdrückung prägen den Volkscharakter. Erst haben uns die Türken regiert, dann die Engländer und Franzosen, schließlich die Monopolherren der Ölgesellschaften. Die Überlegenheit der Israelis ist noch der letzte Trumpf der Imperialisten.« Die Wiedergeburt Arabiens, davon sind die Denker der Baathpartei überzeugt, beginnt mit dem Beweis, daß die Israelis nicht den Arabern überlegen sind. Das ist der Ausgangspunkt der Propaganda der Baathpartei in der Woche nach der Feuereinstellung. Damit konnte das Volk aus der Resignation herausgerissen werden. Hunderte von Rednern ziehen los in die Städte und Dörfer. Sie proklamieren den Beginn der guten, ja der herrlichen Zeit für die Araber: »Wir haben zu uns selbst gefunden!« Das hatte auch schon Hafez Assad in seiner Fernsehrede gesagt – die Demagogen aber gehen weiter in ihrer Argumentation: »Nach der Selbstbefreiung haben wir jetzt eine kurze Zeit der Besinnung, des Planens, der Konzentration der Kräfte; dann aber schlagen wir wieder zu!« An alte arabische Legenden und Märchen knüpfen die Redner an: »Wir sind der Geist in der Flasche. Der Korken, der uns eingesperrt hat, ist weg. Wir kommen aus der Flasche und wachsen und wachsen. Unsere Kräfte werden unermeßlich. Der Feind wird das Fürchten lernen!«
Für Hafez Assad und den Verteidigungsminister ist es wichtig, die Stimmung der Menschen in Damaskus, Homs, Aleppo mit Zuversicht einzufärben. Unzufriedenheit bringt die Gefahr eines Putsches: Der Kommandeur der Panzerwaffe könnte auf die Idee

kommen, daß ein anderer Staatschef die Lage besser zu meistern imstande ist. Hafez Assad und Mustafa el-Tlass haben sich mit Erfolg in der Zeit der Vorbereitung zum Krieg für unantastbar erklärt. Es ist nicht sicher, daß der Zauberspruch »Wer gegen mich ist, der ist gegen den Befreiungskrieg« auch nach dem erfolglosen Kampf noch hilft.

Wenn der Fastenmonat Ramadan zu Ende ist, warten die Moslems auf den ersten noch winzigen Streifen des neuen Mondes. Dann beginnt für die Gläubigen das Fest Al Fitr, mit ausgelassenen Tagen nach langer Enthaltsamkeit. Die Feier beschränkt sich in diesem Jahr auf das Gebet in der Moschee. Hafez Assad hat Mut: Er testet am Fest Al Fitr, ob die Leute von Damaskus ihn noch als Staatschef haben wollen. Er geht zu Fuß durch den alten Markt von Damaskus. Die Wagenkolonne bleibt draußen, vor den engen überdachten Gassen, in der Derwischiyestraße stehen. Es ist 6 Uhr 30 morgens. An der Seite des Präsidenten gehen Generäle und Funktionäre der Partei, weiter zurück einige Minister der Regierung. Die Marktgassen im Suk Hamidiye sind gedrängt voll. Tausende von Männern schieben sich in Richtung der Omayyaden-Moschee. Die Leibwache drängt dem Präsidenten und seiner Begleitung den Weg frei. Hafez Assad lächelt schmallippig und gezwungen. Die ersten Schreie »Hafez! Hafez! Hafez!« sind zu hören. Assad winkt mit leicht erhobener Hand. Mit Ovationen weiß er nichts anzufangen. Aber diese Menschen hier lieben ihn.

In den kritischen Stunden der Schlacht vor Damaskus bekam ich oft diesen Satz zu hören: »In diesem Krieg haben wir Araber das Glück, von normalen Menschen geführt zu werden, von Hafez Assad und Anwar el-Sadat, nicht von Supermännern wie Gamal Abd el-Nasser!«

Hafez Assad, in einfacher Khakiuniform, kniet in der Moschee und spricht die Gebete. Der Minister für Religiöse Angelegenheiten predigt: »Wir siegen oder wir sterben, das schwören wir. Unserem Präsidenten Hafez Assad halten wir die Treue. Syrien schreibt heute die schönste Seite seiner langen Geschichte. Unsere Kämpfer haben einen bewundernswerten Heroismus bewiesen. Allah wird uns den Sieg geben!« Den Schwur und das Treuegelöbnis auf den Präsidenten wiederholt der Minister dreimal. Die Gläubigen in der Omayyadenmoschee brechen in Jubel aus: »Hafez! Hafez! Hafez!« Die Sprechchöre steigern sich, werden rhythmisch. Hafez Assad geht winkend zurück zu seiner Wagenkolonne. Die Leute von Damaskus haben ihm die verlorene Schlacht verziehen. Sie erwarten aber, daß der Krieg weitergeführt wird. Seinen größten Erfolg hat der syrische Präsident noch immer mit der Parole: »Was uns mit Gewalt genommen wurde, werden wir uns durch Gewalt zurückholen! Das Unrecht von 1967 muß wieder gutgemacht werden!«

Den eigenen Übermut von 1967 haben die Syrer vergessen – und die Ägypter auch.

Das Erbe des Junikriegs drückt die Ägypter, die Syrer, die Jordanier. Drei arabische Staaten haben Teile ihres Territoriums verloren – zu Unrecht, wie die Regierungen sagen. Den Krieg von 1967 haben die Israelis begonnen, durch den Angriff auf die ägyptische Sinaï-Armee. Sie sind dafür vom Weltsicherheitsrat getadelt worden. Doch der Junikrieg hatte seine Vorgeschichte, in der die Araber nicht die Rolle des Unschuldigen spielen. Diese Vorgeschichte erklärt auch die Skepsis der Israelis gegenüber allen Garantieversprechungen für sichere Grenzen. Im Jahre 1967 waren die Araber noch nicht bereit, die Existenz Israels zu akzeptieren. Ihr Standpunkt zu dieser Zeit: Die Palästinenser und die Juden, die jetzt in Israel leben, sind an Zahl gleich stark. Beide wollen auf dem Fleck Erde zwischen Galiläa und Negev einen sicheren Staat haben. Für die Araber gilt kein Anspruch der Juden auf dieses Land. Der jüdische Staat der Könige David und Salomo hat – so sagen die Araber – nur 72 Jahre Bestand gehabt, und das war vor 3000 Jahren. Seither existiert hier kein jüdisches Staatsgebilde mehr.

Die Juden aber sehen, trotz der 3000 Jahre Exil, das Land zwischen Galiläa und Negev, zwischen Mittelmeer und dem Jordan, als ihre Heimat an. Die starke seelische Bindung an das Gelobte Land ist für sie der Beweis, daß Gott die Rückkehr der Juden in dieses Land wünscht.

Zur Zeit des Junikrieges 1967 fühlten sich die Araber durch die Existenz eines jüdischen Staates mitten in Arabien provoziert;

sie empfanden Israel als Fremdkörper, der wieder abgestoßen werden mußte. Nach ihrer Meinung haben die »imperialistischen westlichen Mächte« dieses Israel als eigenen Brückenkopf im Nahen Osten eingepflanzt, als »Nahost-Polizei der USA«. Sie sahen 1967 den jüdischen Staat nicht als regionales Problem an, sie kennen die enge Verknüpfung zwischen den USA und Israel – aber sie kalkulieren Macht und Einfluß dieser Großmacht nicht in ihr strategisches Konzept ein. Die Araber wollten den Konflikt im Nahen Osten lösen, als ob es sich nur um einen lokalen Streit in dieser Wüstengegend handelte, um einen Streit unter Brüdern. Im Mai 1967 fühlten sich die Araber stark, diese »Provokation Israel« aus dem Weg zu räumen.

Die Artillerie auf den Golanhöhen beschießt Siedlungen um den See Genezareth; Kommandos dringen in israelisches Gebiet ein. Ministerpräsident Eshkol warnt die Syrer am 12. Mai 1967: Er droht mit einem massiven Gegenschlag. Gamal Abd el-Nasser – ihm klingen noch Vorwürfe im Ohr, er habe in früheren kriegerischen Situationen die Syrer im Stich gelassen – zieht starke Truppenverbände an der israelischen Grenze zusammen. Vor allem: Er verlangt den Abzug der UN-Truppen, die auf der ägyptischen Seite der Grenzen stationiert sind; der Generalsekretär der Vereinten Nationen gibt ohne Zögern der Forderung des Präsidenten Nasser nach. Nach dem Abmarsch der UN-Truppen kann sich Israel bedroht fühlen.

Am 23. Mai schließt Ägypten die Straße von Tiran für israelische Schiffe. Damit ist der Hafen Eilat am Golf von Akabah blockiert. Über diesen Hafen erhält Israel Öllieferungen aus dem Iran – ohne dieses Öl ist Israel nicht lebensfähig. Die USA und England protestieren gegen die Schließung des Golfes von Akabah, mit der Begründung, es handle sich um ein internationales Gewässer – ohne Erfolg. Die Syrer und besonders die Ägypter genießen in den Tagen vor dem Junikrieg in Arabien hohes Ansehen: Endlich unternehmen diese beiden wichtigen Militärmächte etwas gegen den Fremdkörper Israel.

Israel sieht sich bedroht und reagiert: In wenigen Stunden sind die arabischen Luftwaffen zerschlagen, die Panzertruppen aufgerieben. Durch Sinaï flieht eine geschlagene Armee nach Westen in Richtung Suezkanal; auf den Golanhöhen rücken die Israelis vor, ohne Widerstand zu finden; sie stoppen freiwillig den Vormarsch, die syrische Hauptstadt Damaskus wollen sie nicht erobern. Jordanien verliert das Westufer des Jordans, seinen fruchtbarsten Landstrich. 500 000 Flüchtlinge vermehren das Elend in den bestehenden Flüchtlingslagern.

Der Hochmut Nassers hatte sich gerächt: »Wenn die Israelis Krieg haben wollen, marhaba, herzlich willkommen!« – Das war Nassers Schlagwort kurz vor dem Krieg von 1967 gewesen, nach der Niederlage erinnert er sich daran nicht mehr.

Die Araber begreifen nur langsam, daß Israel nicht mehr auszulöschen ist. König Husseïn, der Realist, denkt 1968 als erster vernünftig: »Eines habe ich jetzt gelernt, Israel hat sich etabliert, um hier zu bleiben. Wir müssen uns mit Israel arrangieren.« Acht Monate nach dem Junikrieg erklärt mir König Husseïn seine Politik: »Was wir Araber erreichen können, ist die Realisierung des Sicherheitsbeschlusses Nummer 242 vom November 1967. In diesem Beschluß wird klar gesagt, daß die israelische Armee die besetzten Gebiete verlassen muß. Ich bin bereit, der Regierung in Tel Aviv Konzessionen zu machen. Jordanien bietet auf seinem Gebiet eine entmilitarisierte Zone an, in diesen Streifen wird kein jordanischer Soldat einrücken. Israel soll sich sicher fühlen, vielleicht wird es dann eines Tages weniger verkrampft sein.«

Die Verkrampfung der eigenen Seite der Araber beginnt Husseïn behutsam zu lösen, unter großem Risiko für seine eigene Person. Husseïn bekommt bald einen wichtigen Verbündeten, den König Feisal von Saudi-Arabien. Dieser Monarch hat mehrmals seit 1967 den Heiligen Krieg gegen Israel ausgerufen, um dann feststellen zu müssen, daß seinem Befehl niemand folgt. Als Herr über die heiligen Städte Mekka und Medina hat er das Recht und die Pflicht, die Gläubigen in den Kampf gegen die Feinde des Islam zu führen. Die Israelis haben die Al-Aqsa-Moschee und den Felsendom in ihrer Hand, sie wollen – davon ist König Feisal überzeugt – auf dem Boden der heiligen Stätten des Islam den Tempel Davids wieder aufbauen. Doch selbst die Beschwörung dieser Gefahr nach einer Brandstiftung in der Al-Aqsa-Moschee läßt die Moslems taub gegenüber den Rufen des Königs

von Saudi-Arabien. Auch Feisal begreift: Israel ist eine Realität, wir müssen uns damit abfinden.
Die beiden Könige, Husseïn und Feisal, haben ausgezeichnete Kontakte zu den Vereinigten Staaten von Amerika. Den USA liegt die Zukunft Israels sehr am Herzen, sie begrüßen den vernünftigen Standpunkt der Monarchen. Die Kooperation zwischen den Königen und der Regierung in Washington bahnt sich an: Das Pentagon sorgt dafür, daß der jordanische König den Kampf gegen die Kommandoorganisationen übersteht; das Pentagon gibt der amerikanischen Militärbasis auf saudi-arabischem Gebiet Order, dem König bei Meutereien von Teilen der saudiarabischen Armee zu helfen. Die Könige werden dafür gebeten, die Präsidenten der Republiken Arabiens zu einer Änderung ihrer Politik zu bewegen.
Saudi-Arabien hat Geld, der Präsident Anwar el-Sadat braucht Geld. König Feisal finanziert die Aufrüstung der ägyptischen Armee, er gibt harte Währung für Panzer- und Raketenkäufe in der Sowjetunion. Der saudi-arabische König ermöglicht dem ägyptischen Präsidenten die Vorbereitung des Krieges.
Noch lange nach dem Junikrieg ist der Herrscher in ägyptischen Augen ein »feudalistischer Lakai der Amerikaner« und damit ein Feind des sozialistischen Ägypten. Ab 1972 aber wird aus dem Feind ein Freund der Ägypter; Feisal und Anwar el-Sadat umarmen und küssen sich. Und in Ägypten wandelt sich die Meinung zur Lösung des Nahostkonflikts: Auch die Politiker in Kairo lassen sich überzeugen, daß Israel nicht von der Landkarte zu tilgen ist.
Anwar el-Sadat bietet ab 1972 den Israelis Garantien für ihre Grenzen an. Die amerikanische Regierung wird informiert, daß Ägypten mit einem entmilitarisierten Wüstenstreifen im Osten von Sinai einverstanden ist und mit der internationalen Kontrolle von Scharm el-Scheich. Sadat verspricht, nie mehr die israelische Schiffahrt im Golf von Akabah blockieren zu wollen. Es kostet Überwindung, aber er gesteht den Israelis auch die Benützung des Suezkanals zu, wenn die Wasserstraße nach dem israelischen Rückzug wieder geöffnet werden kann. Israel, geschockt durch die Erfahrungen des Junikriegs, glaubt den Versprechungen nicht.

Anwar el-Sadat kommt in eine schwierige Lage, in Kairo wird ihm zu große Nachgiebigkeit vorgeworfen.

Die Syrer triumphieren. Ihr Standpunkt war immer: »Nur Gewalt bringt uns die verlorenen Gebiete zurück. Die Israelis verstehen allein die Sprache der Gewalt!« Syrien war in diesem politischen Spiel übriggeblieben, als das einzige wichtige arabische Land, das nicht zu Verhandlungen bereit ist. Bis zum Ausbruch des vierten Nahostkriegs lehnte Hafez Assad die Resolution Nummer 242 des Sicherheitsrates ab. Der syrische Präsident ließ diese starre Haltung durch Parteibeschlüsse zur unwandelbaren Maxime erheben. Hafez Assad war einverstanden, als Anwar el-Sadat vorschlug, Syrien und Ägypten sollen gemeinsam Krieg gegen Israel führen, um die verlorenen Gebiete zurückzuholen.

Der ägyptische Generalstabschef Saadeddin Shazli überredete die Syrer, auch ihre Front einem gemeinsamen Oberkommando zu unterstellen, der ägyptische Befehlshaber Ismaïl sollte auch für den Golanfeldzug verantwortlich sein. Die Syrer sagten zu, in Wirklichkeit aber wollten sie keinen Ägypter als Kommandeur haben. Das gemeinsame Oberkommando funktionierte nie. So kam es, daß zwar beide, Syrien und Ägypten, den Krieg planten, aber jedes Land für sich, ohne Abstimmung der militärischen und politischen Strategie. Jeder Partner organisierte eine andere Art von Krieg. Syrien richtete sich auf den langen Krieg ein. Mustafa el-Tlass plante nicht in der Illusion, daß die israelische Armee rasch zu schlagen sei. Der Befreiungskrieg seiner Vorstellung ist ein Zermürbungskrieg: Die Masse der Araber reibt die qualifizierten Israelis in monatelangen Kämpfen auf. »Die Schlacht um Damaskus wird die Welt erstaunen«, hatte Hafez Assad prophezeit, »das wird eine lange Schlacht.«

Anwar el-Sadat aber suchte den Überraschungserfolg. Nie hatte er den Plan, weit nach Sinai vorzustoßen. Ägypten sollte den Wüstenstreifen zwischen Suezkanal und Gebirge besetzen, 120 Kilometer lang und 30 Kilometer breit – nach der Eroberung des Ostufers, so war die ägyptische Absicht, bleibt das Expeditionskorps stehen und wartet auf den Waffenstillstand. Sadat rechnete damit, daß die Vereinten Nationen und die Großmächte aus

Sorge vor einer Ausweitung des Krieges rasch die Feuereinstellung fordern würden. Nach vier Tagen, so dachte Sadat, wird dieser Kampf zu Ende sein. Der Prestigeerfolg der Ägypter sollte diese Phase des Nahostkonfliktes abschließen. Doch in Sadats Kalkulation gab es Fehler.

Dr. Mohammed al Zayyat ist ein dicker, gemütlicher Herr, der leicht zum Schwitzen neigt. Er ist der beste Außenminister, der je in Ägypten im Amt war. Als Redner streift er die Gemütlichkeit ab: Mit Schärfe und Ironie vertritt er den arabischen Standpunkt, die Pose des beherrschten Zornigen spielt er gut. Dr. Mohammed al Zayyat wollte diesen Krieg vermeiden, er ist der Advokat der friedlichen Lösung. Als ägyptischer UN-Botschafter in New York hatte er Kontakt geknüpft zu amerikanischen Politikern, zu Sowjetrussen. Al Zayyat hofierte während dieser zwei Jahre in den USA amerikanische Industrielle; er versuchte die Amerikaner durch das Angebot eines offenen Marktes zu interessieren. »Wir sind über 100 Millionen Araber, mit uns könnt ihr Geschäfte machen – was sind dagegen 3 Millionen Israelis?«

Der Außenminister Mohammed al Zayyat leitet die Isolierung Israels in der Dritten Welt ein, er propagiert das Schlagwort von der Solidarität der Armen gegen die imperialistischen Herren – Israel wird in diesem Gedankengebäude zum Lager der Imperialisten gerechnet. Al Zayyat, der joviale Gastgeber, versteht es, mit afrikanischen Diplomaten zu reden: »Wir Ägypter sind auch Afrikaner, Ägypten ist ein Teil Afrikas.« Al Zayyat hat Erfolg mit dieser Parole.

Kurt Waldheim, der Generalsekretär der Vereinten Nationen, ist ein enger Freund des Dr. Mohammed al Zayyat; seine Reisen nach Fernost unterbrach der Generalsekretär manchmal nachts für eine oder zwei Stunden in Kairo. In der Empfangshalle für wichtige Gäste im Flughafen tauschten der Österreicher und der Ägypter Informationen aus. Diese Treffen blieben geheim. Dr. Mohammed al Zayyat war in der militärisch-politischen Strategie des ägyptischen Präsidenten in eine Schlüsselposition gesetzt: Der Außenminister – er war bei Kriegsbeginn in New York – sollte sofort die Mechanik der internationalen Organisation in Gang bringen. Das Verfahren: Israel wird vor dem

Weltsicherheitsrat als Aggressor angeklagt. Der Vorwand: Die israelische Armee habe bei Deversoir ägyptische Truppen auf dem Westufer mit Artillerie beschossen, Israel sei auch in diesem Krieg wieder der Angreifer; Ägypten, zur Selbstverteidigung gezwungen, habe die israelische Artillerie durch Angriff über den Kanal zum Schweigen gebracht. Der Außenminister sollte nach dieser Anklage sofort den Waffenstillstand anbieten, mit der Begründung: »Das ist nicht der Krieg der Ägypter, sondern der Krieg Israels. Wir sind sofort bereit, das Feuer einzustellen!« Voraussetzung der diplomatischen Winkelzüge war der Erfolg des ägyptischen Landeunternehmens.
Bei Kriegsbeginn klagte al Zayyat Israel der Aggression an. Doch als die eigenen ägyptischen Armeen vom Ostufer des Kanals nicht mehr vertrieben werden konnten, da kam dem Präsidenten Sadat das verzwickte Spiel einer Anklage gegen die Israelis selbst lächerlich vor. Sadat wollte jetzt ohne Winkelzüge stolz sein auf den Erfolg. Ägypten und Syrien gaben zu, daß sie diesen Krieg, den Befreiungskampf, angefangen haben. Damit war der diplomatischen Attacke des ägyptischen Außenministers in New York die Basis weggezogen. Die Araber, die diesen Krieg gewollt und begonnen hatten, konnten nicht sofort Waffenstillstand verlangen. Geblendet vom ersten Erfolg wollten Kairo und Damaskus auch zunächst gar keine Feuereinstellung mehr. Die Israelis hatten eine erste Niederlage erlitten, das war eine Chance, das Glück weiter zu versuchen. Dr. Mohammed al Zayyat, in der Schlüsselposition New York, überläßt die Initiative dem amerikanischen Außenminister. Henry Kissinger drängt auf Feuereinstellung, doch die Sowjets sind zunächst wenig kooperativ – noch siegen die Araber. Der Durchbruch der Israelis nördlich der Bitterseen gibt dem Krieg die Wende; die Kalkulation der Ägypter stimmt nicht mehr, die eigene starke Position ist verloren. Jetzt kommt für Anwar el-Sadat der Waffenstillstand zu spät. Al Zayyat erfährt in New York, daß sein Präsident einen neuen Mann nach den USA auf den Weg geschickt hat: Ismail Fahmi soll die ägyptische Diplomatie übernehmen. Mohammed al Zayyat ist nicht mehr Außenminister. Er reist empört nach Kairo, um sich beim Präsidenten zu beschweren.

Für beide kriegführenden Staaten, für die Ägypter und die Israelis, kommt der Waffenstillstand im falschen Augenblick: Die Ägypter klagen, daß sie den idealen Zeitpunkt verpaßt haben – für die Israelis aber kommt die Feuereinstellung zu früh.

Die Geschenke der Großmächte

Anwar el-Sadat umarmt den Sowjetbotschafter Wladimir Winowgradow: »Mit euren Waffen in der Hand sind wir nach Sinai zurückgekehrt – mit euren Waffen in der Hand!« Der Dank des Präsidenten ist überschwenglich. Winowgradow antwortet: »Auf diesem Posten habe ich böse und schöne Tage erlebt, aber heute ist mein schönster Tag!«

Nach Kriegsausbruch, nach dem ersten Erfolg der sowjetischen Waffen, helfen die Sowjets zuerst: sie schicken Nachschub, sie gleichen Materialverluste aus.

Vier Tage nach Kriegsausbruch, am 10. Oktober, landen die ersten Turbo-Prop-Transportmaschinen vom Typ Antonov 22 bei Aleppo in Syrien. 80 Tonnen Kriegsmaterial werden aus jedem Flugzeug ausgeladen: Artilleriemunition, Panzerersatzteile, Raketen für die Luftabwehr, MiG-Kampfflugzeuge. Auch nach Kairo fliegen die Antonov-Transporter, beladen mit mobilen SAM-6-Raketen und Panzern des Typs T 62.

Präsident Sadat bekommt außerdem von den Sowjets eine Waffe, die Zerstörungen weit nach Israel hineintragen kann. Sein Wunsch an Moskau war: »Gebt uns einen Langstreckenbomber, damit wir Tel Aviv erreichen können.« Marschall Gretchko war in einer für diesen Zweck geeigneten Maschine im Frühjahr 1972 nach Kairo gekommen. Zum Ärger der Ägypter flog er mit dem Langstreckenbomber wieder ab, ohne die Lieferung solcher Maschinen zu versprechen. Er schickt dafür jetzt 20 Exemplare der Rakete SCUD. Diese Rakete erreicht Ziele in einer Entfernung von 300 Kilometern. Die Luftlinie vom Westufer des Suezkanals

bis Tel Aviv mißt 200 Kilometer. Das Startgewicht der Rakete beträgt fünf Tonnen; die Fluggeschwindigkeit ist 5000 Kilometer pro Stunde. Die Rakete wird mit Flüssigbrennstoff betrieben. Anwar el-Sadat hält die SCUD im vierten Nahostkonflikt zurück. Er droht: »Wenn Israel nicht nachgibt, werden wir damit das nächstemal ins Herz Israels schießen!«
20 russische Großtransporter fliegen täglich unangemeldet in den Luftraum des Nahen Ostens ein – zum Schrecken der Piloten der Luftlinien, die auf ihren Radarschirmen Flugobjekte orten, von denen niemand etwas weiß, die bei keiner Flugkontrolle angemeldet sind. Auch die Amerikaner fliegen ohne Ankündigung. C-5A Galaxy-Transportflugzeuge landen in Israel. Die Galaxy kann mit mehr als 100 Tonnen Material beladen werden, sie transportiert schwere Panzer. Israel bekommt jeden Tag 800 Tonnen Nachschub. Am Tag nach dem Waffenstillstand sagt der Oberkommandierende der israelischen Luftstreitkräfte, General Benjamin Pelled, in Tel Aviv: »Unsere Luftwaffe ist wieder komplett, wir haben alle Kampfflugzeuge ersetzt bekommen, die wir verloren hatten.«
Amerikanische Piloten fliegen die Maschinen nach Israel. Sie kommen aus den Vereinigten Staaten und aus Europa. Auch auf den amerikanischen Militärflughäfen in der Bundesrepublik starten die Phantom-Kampfflugzeuge für die israelische Luftwaffe. Die Maschinen werden in der Luft aufgetankt, über dem Atlantik, über dem Mittelmeer. Tankflugzeuge des Typs KC 135 erwarten die Phantoms alle 2500 Kilometer. Die fliegenden Supertanker sind in einer Luftwaffenbasis in New Hampshire stationiert. In Israel angekommen, werden die amerikanischen Embleme mit dem Davidstern überpinselt. Die amerikanischen Piloten fliegen mit El AL wieder nach Europa und den USA zurück. 50 amerikanische Offiziere bleiben als »Experten in Logistik« in Tel Aviv; sie überprüfen die neu angekommenen Flugzeuge vor dem Einsatz, sie geben Ratschläge für die Entladung der C-5A Galaxy. In die Kämpfe sollen sie nicht eingreifen.
Die Trümmer einiger israelischer Flugzeuge, vor Damaskus durch SAM-6-Raketen abgeschossen, beweisen: die Kampfflugzeuge sind vorher von der amerikanischen Luftwaffe benützt worden;

nur die wichtigen Embleme sind neu gemalt; durch Fabrikationsschilder ist der ursprüngliche Besteller zu identifizieren, in einigen Fällen ist es die United States Navy. Aus der Existenz dieser Schilder leiten die Syrer ab, daß die Maschinen der VI. amerikanischen Flotte am Luftkampf über Syrien teilgenommen haben. Doch dieser Schluß ist falsch.

48 Phantoms wurden in den ersten zwei Kriegswochen an Israel ausgeliefert. Bis auf zwei wurden alle aus den Beständen der US-Armee herausgezogen. Am 1. Oktober verließ ein israelisches Schiff den amerikanischen Hafen Norfolk in Virginia; auf dem Deck waren drei Maschinen »Skyhawk« festgezurrt. Zu Wasser und in der Luft ist drei Wochen lang Kriegsmaterial unterwegs in den Nahen Osten.

Israelische Piloten sagen in ägyptischer Kriegsgefangenschaft, auch vor den Kameras des Fernsehens, über die amerikanische Lieferung aus: »Auf dem Luftwaffenstützpunkt Hatsor in Israel stehen eben ausgelieferte, aber gebrauchte Phantoms; täglich treffen acht bis zwölf Kampfflugzeuge aus Europa und den USA ein.«

Die amerikanische Luftbrücke von New Hampshire, Travis Air Base und Delaware wird behindert durch die Weigerung der Spanier, Flughäfen auf ihrem Gebiet für Zwischenlandungen freizugeben; auch Italien will mit dem Transport von Kriegsmaterial nichts zu tun haben. Doch der Flughafen Lajes auf den portugiesischen Azoren steht zur Verfügung. Lajes liegt in der Nähe der Stadt Angra Do Heroismo auf der Insel Terceira. Die Amerikaner benützen diesen Flughafen seit dem Zweiten Weltkrieg; die Rechtsbasis für die Überlassung ist ein Mietvertrag, den das Pentagon mit der Regierung in Lissabon abgeschlossen hat. Der portugiesische Außenminister Rui Patricio hat während des Kriegs vor den Vereinten Nationen bekanntgegeben, daß Portugal den Mietvertrag nicht verlängern wird. Im vierten Nahostkrieg stand die Luftwaffenbasis auch den Boeings 747 der israelischen Luftfahrtgesellschaft El Al zur Verfügung, die Bomben und Munition von Pease Air Force Base in New Hampshire nach Israel beförderten.

Die Sowjetunion zog ihren Nachschub für Syrien und Ägypten

aus eigenen Beständen und aus den Arsenalen der Armeen des Warschauer Paktes ab. In drei Wochen wurden 1200 Panzer und 300 MiG-21-Kampfflugzeuge ausgeliefert. Zwischen Damaskus und der Front konnten 600 SAM-6-Raketen installiert werden. Diese Lieferung kam direkt aus der Sowjetunion. Die russischen Spezialisten für diese Raketen wohnten im Hotel Semiramis in Damaskus; in den ersten Kriegstagen sind ihre nächtlichen Siegesfeiern weit zu hören. Zu Beginn des vierten Nahostkriegs waren die Antonov-Transportmaschinen über Jugoslawien nach Syrien geflogen. Dann wurde von den Sowjets eine Flugroute über die Türkei gewählt. Die neue Route beschleunigte die Transporte ganz wesentlich.

In Kiew ist der Sammelplatz für die Waffen, die den Arabern geliefert werden. Die Transportmaschinen fliegen von Kiew über Rostow, Wolgograd, Tiflis nach Jerewan in der sowjetischen Südprovinz Armenien. Südlich von Jerewan fliegen die Sowjets in den türkischen Luftraum ein. Sie folgen der iranischen Grenze und biegen auf der Höhe von Reza'iyal nach Westen ab. Die meisten Maschinen landen in der syrischen Stadt Aleppo. Die Einflüge der sowjetischen Transportflugzeuge werden von den Radarstationen der Nato in Anatolien verfolgt. Die Türkei ist nicht in der Lage, gegen diese Flüge zu protestieren. Sie hat im türkisch-sowjetischen Luftverkehrsabkommen von 1969 der Sowjetunion Überfliegungsrechte abgetreten. In bestimmten Korridoren können sich russische Maschinen ohne Angabe von Flugweg und Flugzweck bewegen; der Flug muß 24 Stunden vorher bei der türkischen Behörde annonciert sein. Für die Luftbrücke haben sich die Sowjets durch rechtzeitige Anmeldung das Benützungsrecht für Tag- und Nachtflüge gesichert. Im Abkommen von 1969 – das als Ergänzung zum Abkommen über die Benützung der Wasserstraße des Bosporus gedacht ist – wird festgelegt, daß die sowjetischen Flugzeuge unbewaffnet sein müssen. Die Antonov-Transporter starten in Kiew ohne festmontierte Bordkanonen. Was sie im Inneren transportieren, ist durch das Abkommen nicht berührt.

Israels Interesse galt vom ersten Kriegstag an den »intelligenten, denkenden Waffen« der Amerikaner: den Bomben vom Typ

Vom Beobachtungsposten auf dem Berg Hermon lenken die Syrer ihr Artilleriefeuer auf die israelischen Panzerkolonnen, die in Richtung Damaskus durchbrechen wollen. Israelische Fallschirmjäger erobern das ausgebaute Stellungssystem. Nach Ausfall des Feuerleitstandes schießt die syrische Artillerie unpräzise.

Das Gelände an den Hängen des Berges Hermon ist für Operationen mit Panzern nicht geeignet. David Elazar setzt Fallschirmjäger und Infanterie ein. In den Geröllfeldern des Berges Hermon hatten die palästinensischen Kommandos seit 1967 ihre Verstecke. Die Israelis vertreiben im vierten Nahostkrieg die Kommandos aus den sicheren Basen. Die Position der Israelis in Syrien ist besser als vor dem Krieg.

Mit Imitationen aus Blech und mit schrottreifen Fahrzeugen täuschen die Ägypter SAM-Stellungen vor. Die israelischen Kampfflugzeuge sollen von der echten Batterie im Hintergrund abgelenkt werden.

Israelische Soldaten verbinden einen syrischen Piloten. Im Luftkampf mit einer Phantom ist seine MiG 21 abgeschossen worden. Piloten auf beiden Seiten erlitten beim Ausstieg mit dem Schleudersitz schwere Knochenbrüche an Armen und Beinen. Keiner der Abgestürzten konnte sagen, warum und wann er verletzt wurde.

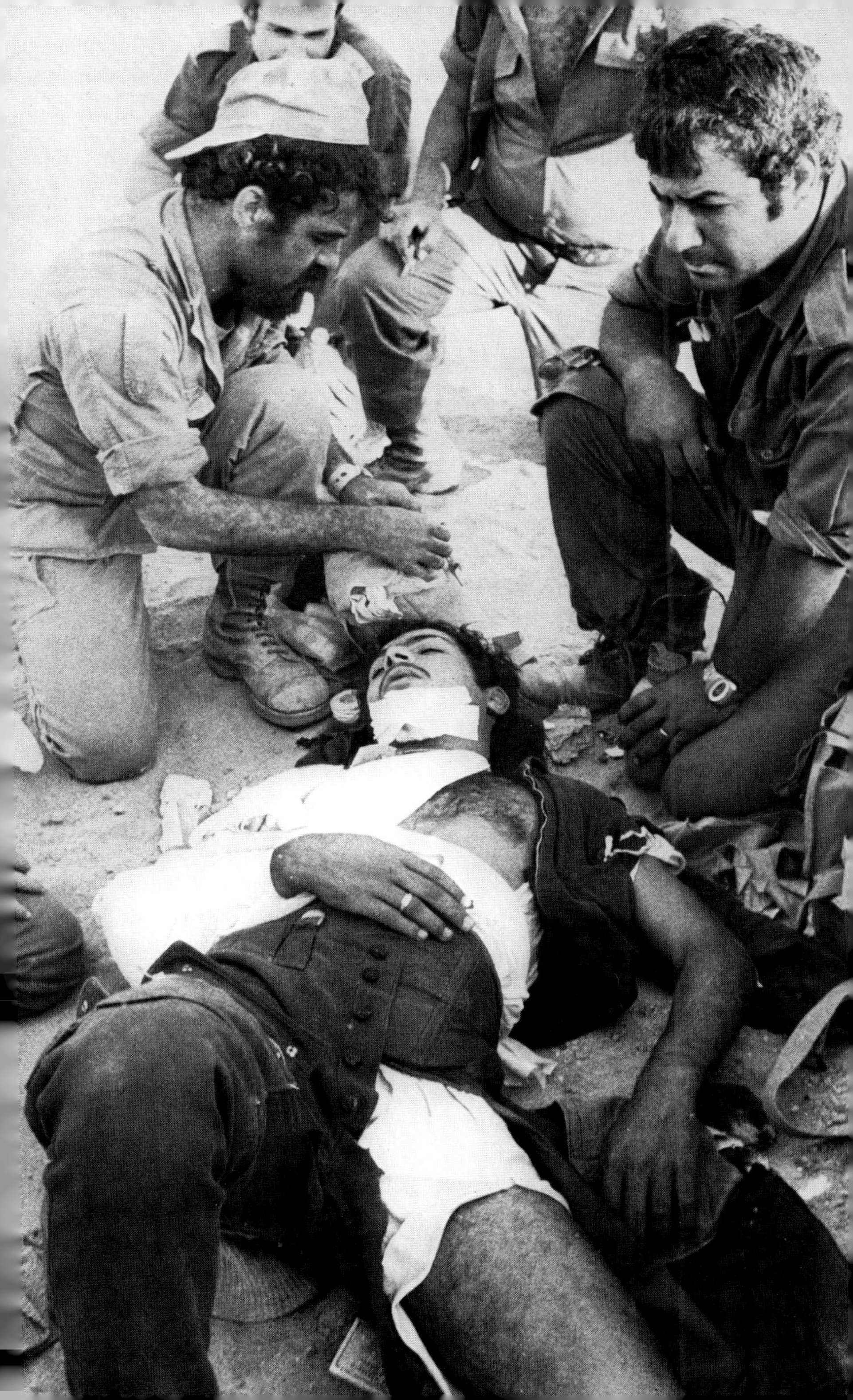

Ein israelischer Frachter wird in Bremerhaven mit Panzerhaubitzen beladen. Die amerikanische Armee gibt aus ihren Beständen in der Bundesrepublik Waffen an Israel ab. Die Bundesregierung protestiert ohne Erfolg dagegen, daß Israel von deutschem Territorium aus mit Nachschub versorgt wird. Der Protest der Bundesregierung verärgert die USA.

Rechts: Die Ölförderung vor der Küste Saudi-Arabiens und der Emirate im Persisch-arabischen Golf ist gedrosselt. Die Ventile der Pumpen reduzieren im November den Ölfluß um 20 Prozent. Trotzdem werden die Tanker noch beladen, nur langsamer.

König Feisal von Saudi-Arabien ist der Erfinder des Ölkriegs. Aus Enttäuschung über die USA drosselt er die Ölförderung. Der König sagt: »Ich hatte das Wort von Präsident Nixon, daß die USA Druck ausüben würden, um Israel zum Nachgeben zu zwingen – aber es geschah nichts. Ich mußte den Präsidenten an sein Wort erinnern.«

Gespräch des Autors mit Izzedin Mabruk, dem libyschen Ölminister. Izzedin Mabruk hat die Entmachtung der internationalen Konzerne in Arabien durchgesetzt. Damit war die Grundlage für den Ölkrieg geschaffen.

Scheich Said von Abu Dhabi ist vom Ölkrieg nicht begeistert. Die USA und England sind seine Freunde – nur ungern drosselt er ihre Ölversorgung. Doch König Feisal verlangt Solidarität von allen Emiren des Persisch-arabischen Golfs.

Oben und folgende Seiten: Die größte Panzerschlacht der Geschichte bringt eine Woche lang keine Entscheidung. Auf der Halbinsel Sinai versucht Generalstabschef David Elazar die Ägypter durch konzentrierte Angriffe auf das Suezkanalufer zurückzuwerfen. Erfolg haben die Israelis erst, als die Nahtstelle zwischen der Zweiten und Dritten Ägyptischen Armee entdeckt wird. In die Lücke zwischen zwei Befehlsbereichen stößt die israelische Panzertruppe. Die ägyptischen Kommandeure lassen sich bluffen; jeder glaubt, die Panzereinheit gehöre zur Nachbararmee. Sand und Staub sind die beste Tarnung der Israelis. Der Panzervorstoß schafft die Grundlage für die Offensive über den Suezkanal nach Westen.

Die israelischen Pioniere bauen ihre Kanalbrücken aus Fähren zusammen. Die Einzelstücke der Fähren können am Kanalufer montiert werden; sie wurden in einer Aktion höchster Dringlichkeit innerhalb weniger Stunden durch Sinai transportiert. Am Westufer des Suezkanals – es ist hier in der Gegend von Ismaïlia mit Bäumen bepflanzt – treffen die israelischen Pioniere auf keine Sandbarrieren und auf keine Minenfelder. Die Ägypter rechneten nicht mit der israelischen Invasion des afrikanischen Ufers.

Hohe Verluste erleidet die ägyptische Luftwaffe in den letzten Kriegstagen. Mit dem israelischen Vorstoß zum Westufer des Suezkanals ist das Netz der SAM-Luftabwehr aufgerissen. Jetzt sollen die ägyptischen Piloten die Luftüberlegenheit erobern, doch ihre Maschinen sind den israelischen Phantomkampfflugzeugen unterlegen. – Als Pilot einer MiG 21 stürzt der Halbbruder des ägyptischen Präsidenten ab. Er kann sich nicht mehr aus der Maschine katapultieren.

Rechts: Soldaten der Zweiten Ägyptischen Armee in der vordersten Linie auf Sinai. Der Armee droht Einschließung durch israelische Verbände, die auf Ismaïlia vorstoßen. Seit Beginn der israelischen Offensive ist die Verbindung zur Dritten Armee an der rechten Flanke dieser Stellungen abgerissen.

Mit der Eroberung des Flughafens Al Fayed durch die Israelis verlieren die Ägypter ihre Luftwaffenbasis in Kanalnähe. Die Betonhangars – sie sind nicht bis Kriegsbeginn fertig geworden – sollten die MiG-Kampfflugzeuge vor Angriffen schützen.

Rechts oben: Generalstabschef David Elazar koordiniert vom Hubschrauber aus den israelischen Vorstoß auf Suez.

Rechts: Die kritische Stunde der Schlacht: Präsident Sadat erfährt, daß die israelischen Truppen den Brückenkopf von Deversoir auf dem Westufer des Suezkanals erweitern. Generalstabschef Saadeddin Shazli, links neben Sadat, hat sein optimistisches Lachen verloren. Rechts Kriegsminister Ismaïl Ali.

Am 23. Oktober glückt die israelische Offensive: Die Vororte der Stadt Suez werden erobert. Der Kern von Suez kann vor dem zweiten Waffenstillstand nicht eingenommen werden. Die Israelis legen einen Ring von Panzern und Artillerie um Suez.

Walleye und Maverick. Diese Bomben erwiesen sich als entscheidend beim israelischen Vormarsch auf dem Westufer des Suezkanals.

Die Walleye-Bombe (AGM-62A) wird vom Kampfflugzeug abgeworfen. Sie ist eine Gleitbombe, die ein eigenes Steuersystem besitzt. In der Nase der Bombe befindet sich eine Fernsehkamera mit Zoomlinse. Auf einem Monitor sieht der Pilot des Kampfflugzeugs das feindliche Ziel, das die Kamera der Bombe erfaßt hat. Der Pilot programmiert die Bombe auf dieses Ziel ein und drückt den Abwurfknopf. Die Walleye-Bombe steuert sich nun selbst mit Hilfe der Ruder an den Stabilisierungsflächen auf das Ziel zu. Die Kamera verliert den feindlichen Panzer, die Raketenstellung oder die Brücke nicht aus dem Blickfeld. Sowie sich die Bombe vom Flugzeug gelöst hat, kann der Pilot abdrehen, um dem Abwehrfeuer zu entkommen. Das Gewicht der Walleye-Bombe: 499 Kilogramm. Die Elektrizität für den Betrieb von Fernsehkamera und Computer liefert ein mit einem Luftpropeller gekoppelter Dynamo.

»Do not touch window« – das Fenster nicht berühren – steht am optischen Steuersystem der Maverick-Bombe. Fingerabdrücke auf dem durchsichtigen Schutzschild der elektronischen Kamera irritieren den Zielcomputer. Auch die Maverick-Bombe bekommt das Ziel vom Piloten einprogrammiert, sie steuert sich automatisch. Der Unterschied zur Walleye: Ein Triebwerk mit Festbrennstoff gibt der Maverick eine größere Reichweite.

Walleye- und Maverick-Bomben sind von der amerikanischen Luftwaffe am Ende des Vietnamkrieges eingesetzt worden, sie trafen mit Präzision die Raketenbatterien des Vietcong. In den ersten Tagen des vierten Nahostkonfliktes fehlen diese Waffen den Israelis: Walleye- und Maverick-Bomben hätten die Pontonbrücken der Ägypter zerstören können. Verteidigungsminister Dayan beklagt sich bitter: »Die USA haben willkürlich gehandelt mit ihren Waffenlieferungen. Sie haben uns vieles nicht gegeben, was sie selbst schon erprobt hatten.«

Der amerikanische Verteidigungsminister Schlesinger sagt: »Wir richteten uns mit der Abgabe von Waffen nach dem, was die Sowjets den Arabern überließen. Wir wollten einen Ausgleich der Kräfte.« Erst als sich das Phantomkampfflugzeug der SAM-6-Rakete nicht gewachsen zeigte, lieferten die USA Walleye, Maverick und ähnliche Waffen, zum Beispiel die mit Laser gesteuerten Paveway-Luft-Boden-Raketen. Opfer der »intelligenten Waffen« wurden die Panzerkonzentrationen der Dritten Ägyptischen Armee auf dem Ostufer des Suezkanals.

Zum allererstenmal im Kampf erprobt wurde die amerikanische Waffe Rockeye, sie war im Vietnamkrieg nicht eingesetzt. Rockeye besteht aus Hunderten von schmalen Sprengstoffladungen in Stahlmänteln. Diese »Bleistifte« sind aerodynamisch zugespitzt, sie fallen senkrecht nach unten. Rockeye wird gegen Panzereinheiten verwendet, die dicht aufgeschlossen fahren. Die schmalen Stahlmäntel durchschlagen den Stahl der Panzerkuppeln – von oben sind Panzer verwundbar; um das Gewicht zu reduzieren, wird bei den Abdeckplatten an Stahl gespart. Die Explosion des Sprengstoffs im Innern des Panzers tötet die Mannschaft und läßt den Munitionsvorrat detonieren. Mit dieser billigen Waffe sind Dutzende von ägyptischen Panzern ausser Gefecht gesetzt worden. Rockeye kostet nur einen Bruchteil von Walleye oder Maverick.

Gegen das syrische Radarnetz empfahlen die amerikanischen Logistik-Experten die Verwendung der Rakete Shrike. Diese Luft-Boden-Rakete spürt mit ihren Sensoren die Radarstrahlen der feindlichen Suchgeräte. Die Radarspürnase lenkt die Rakete in die feindliche Radarstellung am Boden. Allerdings haben die syrischen Radarbeobachter einen Trick der Nordvietnamesen kopiert: Frequenzwechsel und häufiges Abschalten des elektromagnetischen Senders irritiert die Shrike-Sensoren, die Rakete verliert ihr Ziel und detoniert weit abseits von der Radarstellung in der Wüste.

Die Sowjetunion konnte ihren Freunden nicht mit ähnlichen »intelligenten Waffen« helfen. Das Arsenal der Ägypter und Syrer veränderte sich in den 18 Kampftagen nicht. Die effektivste Waffe blieb die SAM 6. Die neueste sowjetische Raketenentwicklung, die tragbare russische SAM 7 wurde gegen tieffliegende Phantoms und Skyhawks eingesetzt, wirklich treffsicher ist sie nur gegen Hubschrauber. Die SAM-7-Rakete sucht

ihr Ziel durch Hitzefühler, die der Wärme des Triebwerks nachspüren. Diese Waffe ist vom Infanteristen von der Schulter abzuschießen. Die Rakete kann durch künstliche Hitzequellen abgelenkt werden – durch Magnesiumfackeln, die eine Hubschrauberbesatzung im Augenblick der Gefahr abwirft.
Die Großen tragen vorläufig die Kosten für diese Geschenke. Am 19. Oktober bittet Nixon den Kongreß, 2,2 Milliarden Dollar für eine Soforthilfe zu genehmigen: Mit Waffenlieferungen im Wert dieser Summe sollen »wesentliche Kräfteverschiebungen, die zugunsten der Araber eingetreten waren, wieder ausgeglichen werden«. In der Begründung sagt der amerikanische Präsident: »Mit dem Ausgleich der Kräfteverhältnisse erreichen wir die Stabilität im Nahen Osten. Deshalb ersetzen wir die Verluste der Israelis.«
Auf die politische Haltung dritter Staaten nahmen die Großmächte bei der Lieferung der Geschenke wenig Rücksicht. Die Sowjetunion mißbrauchte die Verkehrsrechte im Luftraum der Türkei, die Vereinigten Staaten mißbrauchten ihr Stationierungsrecht in der Bundesrepublik.
Von amerikanischen Luftbasen in der Bundesrepublik sind Phantom-Kampfflugzeuge als Nachschub nach Israel abgeflogen. Der Sprecher des Bonner Auswärtigen Amtes konnte sagen: »Das ist eine Operation der Amerikaner, damit haben wir nichts zu tun!« Die Luftbasen der USA in der Bundesrepublik genießen das Recht der Exterritorialität. Weder Bund noch Länder sind in der Lage, die amerikanischen Flughäfen zu kontrollieren.
Am 23. Oktober wird in Bremerhaven der israelische Frachter »Galila« aus Haifa mit amerikanischen Panzerhaubitzen beladen, am 24. Oktober stehen auf dem Kai schwere Waffen für den Frachter »Narciss« bereit. Die Bundesregierung weiß nichts von den Verladungen; der amerikanische Botschafter Hillebrand verschweigt gegenüber Staatssekretär Paul Frank die Hilfsaktion für Israel. Reporter der »Nordsee-Zeitung« in Bremerhaven informieren das Auswärtige Amt. Staatssekretär Frank reagiert sofort, er rügt den Stellvertreter des amerikanischen Botschafters in Bonn: Waffenlieferungen unter Inanspruchnahme von Einrichtungen der Bundesrepublik widersprächen dem strikt neutra-

len Verhalten der Bundesregierung. Doch der israelische Frachter »Narciss« wird ungestört weiterbeladen unter der Aufsicht amerikanischer Militärpolizisten. Der Protest des Auswärtigen Amtes bleibt ohne Erfolg.
Nur der Frachter »Palmah«, der vor dem Hafen auf Ladegelegenheit wartet, kann leer zum Verlassen der deutschen Gewässer gezwungen werden. »Galila« und »Narciss« aber dampfen vollbeladen nach Haifa.
Die Geschenke der Großmächte beschränken sich nicht auf Waffen. Beide, die USA und die Sowjetunion, liefern ihren Freunden auch Informationen.
Drei Tage vor Beginn des vierten Nahostkrieges, am 3. Oktober, starten die Sowjets den Beobachtungssatelliten Cosmos 596. Er zieht seinen Kurs um die Erde so, daß er das Kriegsgebiet des Nahen Ostens überfliegt. Im Abstand von wenigen Tagen schikken die Sowjets sechs weitere Himmelsspione auf dieselbe Bahn. Jeder Satellit wird nach fünf Tagen wieder zurückgeholt zur Auswertung der Filme und der elektronisch gespeicherten Daten. Aus Fotos, die vom Himmelsspion stammen, können die Sowjets ablesen, daß sich die Situation der ägyptischen Armeen rapide verschlechtert. Ministerpräsident Kossygin legt die Fotos in Kairo dem Präsidenten Sadat vor. Sadat erhält so klarere Einsicht in die militärische Lage als aus den Meldungen seiner Kommandeure.
Keine Gegend ist für die Beobachtung aus großer Höhe auf dieser Erde besser geeignet als der Nahe Osten mit seinen flachen Wüstengebieten. Kaum jemals verhüllt hier eine Wolke die Sicht. Panzer sind trotz der Tarnfarbe erkennbar, Nachschubkolonnen auf dem Weg durch Sinai werden sichtbar, die Lage der Pontonbrücken über den Suezkanal ist leicht zu entdecken. Auch die USA lassen zur Zeit des vierten Nahostkriegs zwei Himmelsspione bei ihrer Erdumkreisung über Sinai hinwegfliegen. Einer dieser Satelliten wiegt 14 Tonnen, seine Bezeichnung ist »Big Bird«. Die Fernsehkameras des »Großen Vogels« liefern elektronische Signale zur Erde, die in Bilder umgewandelt werden können.
Die Ägypter vermuten, daß das israelische Oberkommando auf

den Bildern des »Big Bird« die Lücke zwischen der Zweiten und Dritten Ägyptischen Armee erkannt hat. Die Information durch die Großmächte ermöglicht Siege und verhindert Niederlagen. Doch bekommt Sadat zur Zeit seines Vormarsches keine hilfreichen Signale vom Himmelsspion der Sowjets. Die Koordination zwischen Verteidigungsminister Schlesinger und David Elazar funktioniert besser als die Zusammenarbeit zwischen Marschall Gretchko und Saadeddin Shazli.
In Kairo erzählt man sich während der Kriegstage die Geschichte vom brillantesten Geschenk der Sowjets; die Idee von der Offensive am Versöhnungstag sei nämlich russischen Ursprungs: General Wassili Wassiljewitsch Okumjew, der Chef der sowjetischen Militärberater, hatte den Einfall, Israel am Jom Kippur anzugreifen. Der General befaßt sich aus Liebhaberei mit religiösen Festen im Nahen Osten, dabei stieß er auf diesen Feiertag der absoluten Ruhe. Der Gedanke kam plötzlich: ein solcher Tag, an dem sich in Israel gar nichts regt, der müßte ideal sein für den Angriff. Anwar el-Sadat fand diese russische Idee ganz ausgezeichnet.
Beweisen läßt sich diese Geschichte nicht – sie wird erzählt.

Der Ölkrieg beginnt

Der Waffenstillstand beendet den Krieg nicht. Die Araber sehen die Feuereinstellung nicht einmal als Unterbrechung des Krieges. Der Kampf geht weiter, das Öl ist die neue Waffe. Saudi-Arabien und Kuwait erklären in der Nacht vom 4. zum 5. November: »Wenn der offene Krieg wieder aufflammt, dann unterbrechen wir die Ölproduktion völlig, dann bekommt niemand von uns auch nur einen Tropfen Öl.«
Am folgenden Tag droht der Abbruch der Feuereinstellung zu jeder Stunde. Die Dritte Ägyptische Armee ist seit dem 23. Oktober eingeschlossen. Ihre Position: sie besetzt das Ostufer des Suezkanals vom südlichen Ende der Bitterseen bis Port Taufiq, auch

die Stadt Suez ist noch in der Hand der Ägypter. Von Ismaïlia bis Adabiya halten die Israelis das afrikanische Ufer des Kanals. Der Weltsicherheitsrat hat die israelische Armee wiederholt aufgefordert, sich auf die Waffenstillstandslinie vom 22. Oktober 16 Uhr 50 GMT zurückzuziehen. Israel reagiert nicht.

Anwar el-Sadat wird von Saadeddin Shazli bestürmt: unter allen Umständen müsse die Dritte Armee von der israelischen Umklammerung befreit werden, die jetzige Lage der Truppe sei nicht haltbar. Sadat sieht die Schwierigkeit des Generalstabschefs, denn die Armee kann nicht versorgt werden. Er weiß, wenn er nicht handelt, verliert er das Vertrauen des Offizierskorps. Doch eigentlich will er den Waffenstillstand halten, bis Henry Kissinger auf seiner Nahosttour in Kairo angekommen ist. Der amerikanische Außenminister beginnt an diesem Tag seine Rundreise, am westlichsten Ende Arabiens, in Marokko.

Der israelische Verteidigungsminister sieht die Gefahr: die Ägypter haben seit Beginn der Waffenruhe um die neue Frontlinie wieder einen Ring von SAM-6-Batterien gezogen; die ägyptische Luftverteidigung ist bereit, den Himmel in Richtung Kairo abzusichern; auch ein neuer Kampf wird die ägyptische Armee nicht zerbrechen, ein blutig erkämpftes »Unentschieden« wird das Resultat sein. Doch Dayan sagt bei einem Besuch auf dem Westufer: »Die Ägypter werden sich jetzt an den Waffenstillstand halten; sie wissen, es kommt nur immer schlimmer für sie!«

Sadat bricht den Waffenstillstand nicht, aber er setzt den Krieg mit anderen Waffen fort: Er droht mit der Drosselung der Ölproduktion – mit der Voraussage, daß im Augenblick einer Fortsetzung des Krieges Arabien die gesamte Ölproduktion einstelle.

König Feisal von Saudi-Arabien und der Emir von Kuweit haben Solidarität versprochen: Das gemeinsame Spiel mit dem Ölhahn soll die Meinung der Welt beeinflussen. Die Europäer, die Amerikaner, die Japaner – so kalkulieren die Araber – werden sich im Fall einer Energiekrise überlegen, ob sie es sich leisten können, mehr den israelischen als den arabischen Standpunkt im Nahostkonflikt für richtig und vernünftig zu halten. Das wird eindeutig gesagt: »Wer künftig Öl haben will, der muß ein Freund der Araber sein.«

Persian Oil Co. 1934 eine Konzession für Ölbohrungen haben wollten, denn zu diesem Zeitpunkt war der Emir von Kuwait ein armer Mann. Die Konzerne waren bereit, für ein Barrel Öl (159,9 Liter) umgerechnet 20 Pfennig zu zahlen. Der Emir bekam Geld ohne Mühe. Gulf Oil und Anglo-Persian Oil pumpten in Kuwait bald eine Million Barrel pro Tag; jeden Tag flossen 200 000 Mark in die Tasche des Emirs. Die Konzerne waren der Meinung, daß der Emir zufrieden sein sollte: er konnte sich Paläste und Gärten leisten, Kühlanlagen und Wasserspiele, dicke Autos, eine Leibwache, einen gut bestückten Harem und Frauen in Europa. Das war die Zeit, als die Emire bei Staatsbesuchen in Europa goldene Uhren verteilten und den Eindruck erweckten, sie seien schwachsinnige Potentaten.

Die Familie des Emirs wuchs in diesen schönen Jahren, die Familie hatte Ansprüche; auch für das Volk wurde viel getan, die Staatsausgaben erreichten eine stattliche Höhe. Aber: Ob für die Ausgaben Geld in der Kasse war, das hing von den Konzernen ab. Je nach den Geschäftsinteressen der Konzerne wurde die Förderleistung gehoben und gesenkt; nach den Interessen des Emirs oder seines Landes fragte in London oder New York kein Aufsichtsratsvorsitzender. Um Komplikationen zu vermeiden, übernahmen die Konzerne in dieser Zeit die Verwaltung der Emirate selbst. Wenn ein Emir gegen den übergroßen Einfluß der Amerikaner oder Engländer meutern wollte, wurde er abgesetzt. Die Konzerne fanden immer einen jüngeren Mann in der Emirfamilie, der einen Putsch wagen wollte.

Die Bezahlung für das Öl stieg langsam, nach 35 Jahren war der Preis für ein Barrel Öl bei – umgerechnet – 2 Mark angekommen; die herrschenden Familien genossen den Reichtum. Das Verhältnis zwischen Konzernen und Emiren war ungetrübt, die Manager verbeugten sich zwar tief vor den »königlichen Hoheiten« in Abu Dhabi, Katar und Kuwait, aber sie führten Land und Ölbetrieb so, wie sie es für richtig hielten.

Im September 1970 aber kommt in Libyen ein achtundzwanzigjähriger Offizier an die Macht, der Oberst Muammar el-Gaddafi. Er bringt den Konzernen bald das Fürchten bei.

Muammar el-Gaddafi schickt den libyschen König Idris al Senussi ins Exil. Der neue Präsident räumt auf mit Korruption und mit Vetternwirtschaft; er sorgt dafür, daß der Staatsapparat arbeitet; er vertreibt die Faulheit aus Ämtern und Ministerien. Das wichtigste aber ist, daß Muammar el-Gaddafi unbestechlich und an persönlichem Reichtum uninteressiert ist. Geschenke der Mobil Oil lehnt er ab. Von Anfang an verbirgt er seine Absicht nicht: Er will das Eigentum der Konzerne in Libyen verstaatlichen.

Die Angst, die kostbaren libyschen Ölfelder zu verlieren, nimmt von nun an den Konzernen den Mut, bei Preisverhandlungen standhaft zu bleiben. Muammar el-Gaddafi stellt sofort die Forderung nach höheren Barrelpreisen. Im April 1971 bezahlt die Mobil Oil bereits 12 Mark an Abgaben für 159,9 Liter Öl. El-Gaddafi steigerte den Preis aus Zorn, weil der Konzern willkürlich nur noch DM 1,80 statt DM 2,00 für den Barrel zahlen wollte. Das ist der letzte Versuch eines Ölkonzerns, in Arabien zu zeigen, daß er Herr im Haus ist.

Die ölproduzierenden Länder Arabiens übernehmen die neuen Preise, die Muammar el-Gaddafi erzwungen hat. Abu Dhabi, Katar, Kuwait und Saudi-Arabien lassen sich nun auch 12 Mark pro Barrel bezahlen. Überall reagieren die Konzerne gleich: »Nur keine Schwierigkeiten mit den Regierenden. Der Preis ist gleichgültig, die Peissteigerung kann an den Verbraucher weitergegeben werden. Die Konzession darf nicht verlorengehen, das Recht, auf diesen reichen Ölfeldern Öl zu pumpen.«

Muammar el-Gaddafi kennt die Spielregeln; er weiß, daß die Konzerne nach Mitteln suchen, um das Regime in Libyen zu stürzen und durch einen Mann ihrer Wahl zu ersetzen. El-Gaddafi sagt dazu: »Die Kapitalisten in New York werden schon einen Offizier finden, der eine Million nimmt, um mich zu töten!« Es fand sich kein Offizier in Libyen.

Noch im Jahre 1971 schraubt el-Gaddafi den Preis pro Barrel Öl auf 14 Mark hoch. Und er verspricht: Für fünf Jahre soll der Preis stabil bleiben. Doch der Vertrag ist ein wertloses Stück Papier. El-Gaddafi verlangt mehr Geld. Im Sommer 1973 lehnt er die Bezahlung in Dollar ab, er verlangt Bankgutschriften in anderen Währungen, die Deutsche Mark ist ihm angenehm. Der Dollar ist abgewertet, und außerdem ist der Dollar die Währung der USA, der Hauptstütze Israels. Damit will el-Gaddafi nichts zu tun haben.

Bis dahin haben die Konzerne immer noch den einen Vorteil: Die ölproduzierenden Staaten Arabiens sind uneins, die extrem verschiedenen Gesellschaftsformen können nicht miteinander auskommen. Die Republikaner in Libyen und Algerien schimpfen auf den »feudalistischen« König Feisal von Saudi-Arabien. Das Emirat Kuwait hat Streit mit der Republik Irak. Der Staatschef Libyens verflucht den Präsidenten des Irak: »Du bist Kommunist und deshalb ein schlechter Moslem!«

Diese Uneinigkeit wurde von den Konzernen ausgenützt. Bei Preisreduzierungen durch die Konzerne fanden sich die Emirate, Königreiche und Republiken nie zu einem starken Block zusammen, jeder einzelne Staat ließ sich unter Druck setzen.

Bis zur Gründung der Organisation der ölproduzierenden Staaten (OPEC) muß sich der einzelne Emir bei Preisauseinandersetzungen mit den Mächtigen in London und New York konfrontiert fühlen. Die Organisation aber gewährt ihm nun Schutz durch den Zusammenhalt aller.

Die Ölminister bilden den Rat der OPEC, und sie wählen sich sofort einen geschickten Verhandler von weltmännischem Habitus, den libyschen Ölminister Izzedin Mabruk.

Izzedin Mabruk ist 1932 geboren. Er hat in Kairo und London Rechtswissenschaft studiert. Sehr jung wird er Richter am höchsten Gericht in Tripolis. Mabruk redet geschliffen und packend, mit Emotion und Intellekt. Er ist der Gesprächspartner der Konzerne.

Izzedin Mabruk hat mir schon bald nach der Revolution des Muammar el-Gaddafi in Tripolis sein Programm erklärt: »Vom Ölfeld bis zur Tankstelle müssen die Konzerne ausgeschaltet werden; sie sind nur Schmarotzer auf Kosten der Verbraucher. Wir müssen das ganze Verteilersystem reformieren. Die Grundstufe der Reform ist die Verstaatlichung der Produktion.«

Algerien macht als erster Staat diesen mutigen Schritt am 24. Februar 1972. Nach der Erringung der Unabhängigkeit von Frankreich blieben in Algerien weiterhin die französischen Gesellschaften DFP und Erap die wichtigen Erdölförderer. Ein Streit um den

Barrelpreis provoziert den Staatspräsidenten Houari Boumedienne, er will die Querelen der Konzerne ein für allemal beenden. Algerien bezahlt den Hinauswurf der Konzernspezialisten mit dem Absinken der Produktion auf den Ölfeldern Hassi Mas-sa'ud und Edjeleh Zarzaitine, doch der totale Zusammenbruch der algerischen Ölförderung bleibt aus. Algerien ist der erste arabische Staat, der selbst bestimmen kann, wieviel Öl aus seinem Boden gepumpt wird, der selbst das Marketing des Öls in die Hand nimmt. Algerien hat einen ganz neuen Ton in die Preisgespräche gebracht: »Künftig wird der Preis für ein Barrel Öl nicht mehr zwischen Produzent und Abnehmer ausgehandelt; künftig setzen wir einen Preis fest. Wir handeln damit genauso wie die Europäer. Die sagen uns auch ganz genau, was der Traktor kostet, den wir kaufen wollen; da bleibt uns gar keine Verhandlungsmöglichkeit. Die europäischen Firmenvertreter setzen uns Fixpreise, das machen wir künftig auch!«

Algerien hat die Produktionsausfälle auf seinen Ölfeldern längst aufgeholt. Dieses Land ist heute das Vorbild für die arabischen ölproduzierenden Staaten. Wer noch Konzerne in seinem Land duldet, der wird auf den OPEC-Sitzungen scheel angesehen.

Libyen folgt ratenweise dem algerischen Beispiel: Es beschlagnahmt erst die Ölfelder der kleinen Gesellschaften und benützt die Anlagen, um eigenes Personal zu schulen. 1973 nimmt Libyen allen ausländischen Gesellschaften die Konzessionsrechte. Muammar el-Gaddafi läßt allerdings Entschädigungen zahlen. Die amerikanische Firma Occidental Oil bekommt 135 Millionen Dollar gutgeschrieben.

Nach dem Plan des libyschen Ölministers Izzedin Mabruk ist damit die Grundstufe der Reform vollzogen: die Verstaatlichung. Als nächster Schritt kommt die Übernahme des Transports in Frage. Bisher transportieren die Tanker der sieben Konzerne Öl nach den USA, nach Japan und Europa. Freie Reedereien bieten Tankerraum an, die Frachtraten sind billig. Um den Öltransport werden sich deshalb Libyen und Algerien vorläufig nicht kümmern, schon eher um die Raffinerien. Die Anlagen dazu sind zu kaufen.

In der Endstufe der Reform aber will Izzedin Mabruk das Marketing, den Verkauf, in arabische Hand bringen. Die Tankstellen in Europa sollen künftig nicht mehr Esso, Shell oder Aral gehören, sondern einer Körperschaft, an der das ölproduzierende und das ölkaufende Land über staatliche Organe beteiligt sind. Izzedin Mabruk ist der Meinung, daß die Bundesregierung an einer solchen Lösung des Energieproblems interessiert sein müßte. Die Ausschaltung der Konzerne ist Teil einer langen Auseinandersetzung um die Selbstbefreiung der Araber. Sie sehen eine enge Verflechtung zwischen den Vereinigten Staaten, den Konzernen und Israel. Diese drei Gegner – so glauben die Araber – helfen einander und stützen sich gegenseitig. Wenn einer der drei Pfeiler fällt, so müßte nach dieser Theorie das ganze Gebäude fremder Interessen im Nahen Osten einstürzen. Für Muammar el-Gaddafi ist die Entmachtung der Konzerne ein Sieg auf dem Weg zur Eindämmung Israels.

Präsident Nixon verspottete die Araber: »Wenn sie weiter so verstaatlichen, dann verlieren sie ihre Märkte!« Die USA stellen ein Sofortprogramm auf, um den möglichen Ausfall der arabischen Öllieferungen weniger wirksam werden zu lassen. Die Regierung in Washington denkt an rasche Entwicklung der Nutzung von Atomenergie – aber die Verfahren für die Umwandlung in technisch brauchbare Energie sind teuer. Washington plant die Gewinnung von Öl aus Schiefer – aber ein Barrel Öl, aus Schiefer gelöst, kostet 60 Mark, also weit mehr, als el-Gaddafi für sein Öl in den nächsten Jahren verlangen wird. Die amerikanische Planung will auch Sonnenenergie einfangen. Izzedin Mabruk sieht in diesem Sofortprogramm keine Gefährdung der arabischen Position: das arabische Öl wird begehrt bleiben.

Die amerikanischen Konzerne geben ihre Positionen nicht kampflos auf. Ihre starke Basis ist Saudi-Arabien. Das Öl in Saudi-Arabien wird von der Gesellschaft ARAMCO gefördert; die ARAMCO ist eine rein amerikanische Gesellschaft. Die Beteiligung schlüsselt sich so auf: Standard Oil auf New Jersey 30 Prozent, Standard Oil of California 30 Prozent, Texaco 30 Prozent, Mobil Oil 10 Prozent des Kapitals. Die ARAMCO besitzt ihre saudi-arabische Konzession seit 1933. Erst 1999 werden die Förderrechte auslaufen. Auf Saudi-Arabien setzen die USA ihre

Hoffnung; das Königreich ist in der Lage, den amerikanischen Energiebedarf im letzten Viertel des 20. Jahrhunderts zu decken. Saudi-Arabien besitzt 20 Prozent der Ölreserven der Welt: Unter dem Sand der saudiarabischen Wüste lagern 130 000 Millionen Barrel Öl.

Vor dem vierten Nahostkrieg pumpte die ARAMCO täglich acht Millionen Barrel Öl. Die Gesellschaft exportierte nach Europa und nach Fernost. Die Vereinigten Staaten selbst zählten noch nicht zu den Kunden. Aber für die Zukunft waren Öltransporte nach den USA geplant; da die anderen Abnehmerländer nicht unter der Erweiterung des Kundenkreises leiden sollten, wollte die ARAMCO die tägliche Pumpleistung von acht auf zwölf Millionen Barrel erhöhen. Bei steigendem amerikanischen Bedarf war für 1985 eine Förderung von 30 Millionen Barrel vorgesehen. Nach der Kalkulation der ARAMCO war trotz dieser Steigerung nicht zu erwarten, daß sich das Ölreservoir des Königreichs vor der Jahrtausendwende erschöpft.

König Feisal ist bis zum Frühjahr 1973 für den amerikanischen Konzern ein angenehmer Partner; er bekommt Geld und redet in die Konzernpolitik nicht hinein. Doch drei Monate vor dem vierten Nahostkrieg sagt er: »Der Erhöhung der Pumpleistung stimme ich erst zu, wenn die Vereinigten Staaten von Amerika ihre Nahostpolitik ändern!« König Feisal von Saudi-Arabien fordert die USA auf, ihre bedingungslose Unterstützung Israels durch Geld und Waffen einzustellen. »Die Amerikaner wollen etwas von uns – mehr Öl nämlich; wir wollen auch etwas von den USA – nämlich mehr Verständnis – wir können ein Geschäft machen.«

König Feisal Ibn Abdulaziz ist hochgewachsen, hager; er trägt arabische Umhanggewänder. Sein Gesicht ist gefurcht, Tränensäcke unter den Augen und hängende Lippen geben dem König das Aussehen großer Traurigkeit und Resignation. Der König hat elegante, lange Finger, mit denen er beim Sprechen behutsam seine Worte unterstreicht.

König Feisal ist 1906 geboren. Im Harem des Vaters lebten viele Frauen, und deshalb hat Feisal Ibn Abdulaziz vierzig Brüder mit Geburtsjahrgängen, die über vier Jahrzehnte verteilt sind. Vor Feisal regierte sein Bruder Ibn Saud – er mußte abgesetzt werden, weil er Milliarden verpulverte, ohne sein Land auch nur ein wenig zu modernisieren. Die ARAMCO spürte, daß in der Armee Unruhe zu gären begann. Um die Revolution zu verhindern, wurde rasch der Herrscher ausgewechselt, in einer Konspiration zwischen Konzern, amerikanischer Botschaft und den Anhängern des Feisal Ibn Abulaziz.

Der neue König ließ den Prachtpalast seines Bruders abreißen. Er lebt in bescheidenen Räumen, ohne protzige Goldornamente und ohne Marmor. An den Wänden des Wohnpalastes Kasr al Maazer hängen realistische Ölgemälde schwäbischer Landschaften mit Wiesen, Ährengarben, Apfelbäumen und dem Kirchturm im fernen Dorf. Neben der unleserlichen Signatur steht die Jahreszahl 1928. Die einzige Zierde des großen Empfangssalons: zwei Modelle der Al-Aqsa-Moschee in Jerusalem. »Al Quds«, die Heilige, steht dem König vor Augen; ständige Erinnerung, daß der arabische Teil Jerusalems wieder den Arabern zurückgegeben werden muß.

Zu Beginn der Audienz sitzt der König allein auf der langen Bank an der Stirnseite des Salons. In zwanzig Metern Abstand stehen die Höflinge, die Beamten, die Minister und warten auf ein Zeichen. Der König läßt sich Zeit. Er bewegt sich nicht. Die Augen blicken langsam über die Gruppen der Untertanen. Diener schleppen Weihrauchkessel durch den Saal, die Luft ist voll würzigem Duft. An der Haltung der Wartenden ist zu erkennen, wer zur engeren Familie gehört und wer nur Untertan ist. Die jüngeren Brüder benehmen sich stolz, sie sichern sich bereits jetzt Positionen für den Machtkampf, der nach dem Tod des Königs kommen wird. Feisal ist magenkrank, er wurde mehrmals operiert, er hat Schmerzen. Aber Feisal hält sich zäh. Er sieht keinen Nachfolger, der seine Politik fortsetzen kann.

König Feisals Herrschaft blieb nicht unangetastet. Die Offiziere der Luftwaffe wollten putschen, aber das amerikanische Personal der Luftwaffenbasis Dahran vereitelte die Revolte – daß der König in seinem eigenen Lande einen starken amerikanischen Verband duldet, ist ein gutgehütetes Geheimnis in Arabien. Die Amerikaner verlangen Dankbarkeit, sie brauchen eine Garantie für den unbehinderten Ölfluß von Saudi-Arabien in die USA.

Feisal ist bereit, die Ölversorgung der USA zu garantieren. Er gibt zu, daß er ein Freund der Amerikaner sei. Die Zukunft könnte für die USA glänzend aussehen, wenn die amerikanischen Politiker Bereitschaft zeigen, die Israelis zum Einlenken zu überreden. Der König, Herrscher über die heiligen Stätten von Mekka, leidet darunter, daß die Heiligen Stätten von Jerusalem in jüdischer Hand sind. Er, Vormund der Gläubigen, muß sich gegen die israelische Besetzung der Al-Aqsa-Moschee wehren. Er hat nur eine Waffe: das Öl.

Der Konzern merkt frühzeitig, daß im König ein Stück Freundschaft zu den USA langsam zerbricht. Im Sommer 1973 schreibt der Aufsichtsratsvorsitzende der Standard Oil of California an die Aktionäre: »Für die Wirtschaft der Vereinigten Staaten sind gute Beziehungen zu den Arabern lebenswichtig. Wir müssen die Hoffnungen und Ziele der Araber verstehen. Wir müssen die arabische Politik positiver sehen. Die Araber unternehmen Anstrengungen, die eine Lösung des Nahostkonflikts möglich machen; sie wollen, daß der Frieden in diese Region einziehen kann – wir sollten die Anstrengungen der Araber unterstützen.«

Kurze Zeit später schreibt der Generaldirektor der Texaco, Maurice Granville, einen Brief an seine Aktionäre. Granville verlangt eine deutlich erkennbare Revision der amerikanischen Politik: »Unsere Energieinteressen zwingen uns dazu, an die Araber und an deren politische Ziele zu denken.« Auch die Geschäftsführung der Mobil Oil verlangt noch vor dem Beginn des vierten Nahostkrieges eine ausgeglichenere Politik der USA im Nahen Osten: »Unsere Regierung hat die Pflicht, den Arabern zu ihren vom Sicherheitsrat der UN bestätigten Rechten zu verhelfen.«

Die Reaktion in Israel: »Die Konzerne fallen auf einen Erpressungsversuch herein!«

Die ölproduzierenden Staaten Arabiens haben die Grundlagen für einen wirkungsvollen Ölkrieg geschaffen: Die Konzerne sind ohnmächtig gegenüber dem Willen der arabischen Regierungen, die Abhängigkeit der Kunden vom arabischen Öl ist festgestellt. Der Ölhahn kann als Waffe im Nahostkonflikt eingesetzt werden.

Am Abend des 18. Oktober 1973 verkündet der Rundfunk der

saudi-arabischen Hauptstadt Riyadh: Das Königreich reduziert die Förderleistung der Ölfelder um 10 Prozent – die Vereinigten Staaten werden aufgefordert, sofort ihre Nahostpolitik zu überdenken und als Zeichen des guten Willens die Waffenlieferungen an Israel einzustellen. Sollte bis Ende November keine positive Reaktion aus Washington zu spüren sein, will Saudi-Arabien die Ölproduktion weiter drosseln. Der Befehl des Königs trifft die ARAMCO empfindlich. Die Gesellschaft, die früher in Regierungsgeschäfte eingegriffen hat, muß sich jetzt Vorschriften über Pumpleistungen machen lassen. Früher waren die Regierungen Arabiens abhängig von den Entschlüssen der Konzerne, heute sind die Konzerne abhängig von den Regierungen. Die Drosselung der Produktion von 8 auf 7,2 Millionen Barrel pro Tag reduziert die Einnahmen des Konzerns, die Gewinne schwinden. Die ARAMCO läuft Gefahr, nicht mehr rentabel zu produzieren. Der Konzern überlegt sich, die Rentabilität durch höhere Preise wiederherzustellen.

Auf goldene Zeiten der Zusammenarbeit mit Saudi-Arabien hoffend, packt noch zu Beginn des Krieges der amerikanische Ölexperte James Akins seine Koffer. Er soll der neue Botschafter Washingtons in der saudiarabischen Hauptstadt werden. Der Auftrag an James Akins als Ölexperten lautet: Alle Schwierigkeiten auszuräumen, die einer Steigerung der Förderung auf der Feldergruppe Ghawar im Wege stehen. Der delikate Auftrag an James Akins als Botschafter heißt: Dem König von Saudi-Arabien günstige Investitionsmöglichkeiten in den Vereinigten Staaten anbieten.

In den ersten Kriegstagen telegrafiert das Außenministerium in Riyadh nach Washington: »Die Grundlagen der Akkreditierung von James Akins sind hinfällig geworden.« Saudi-Arabien bricht im Ölkrieg die diplomatischen Beziehungen mit den Vereinigten Staaten von Amerika ab.

Die Landspitze Ras Tanura ist der Kriegsschauplatz. Hierher laufen die 102-Zentimeter-Rohrleitungen der Felder Qatif, Berri und der Unterwasserbohrstelle Safaniya. In Ras Tanura wird das Öl der Felder Abqaiq und Ghawar gespeichert in »Tankfarmen«, in einer Masse von enormen Stahlkesseln. Vor

der Landspitze Ras Tanura werden die Tankschiffe geladen und nach Europa und Fernost abgefertigt. Achtmillionenmal 159,9 Liter flossen pro Tag durch die Kontrolluhren des Abgabepunktes; das war die Ölmenge, die bis zum vierten Nahostkrieg an jedem Tag exportiert wurde. Jetzt sind die amerikanischen Ingenieure angewiesen, peinlich darauf zu achten, daß die von der saudi-arabischen Regierung fixierten Höchstwerte der Abgabe an die Tanker nicht überschritten werden. Anfang November wird die Abgabemenge um 20 Prozent reduziert. Statt acht Millionen Barrel Öl laden die Tankschiffe jetzt noch 6,4 Millionen. Schiffe, die für die USA und Holland bestimmt sind, werden in Ras Tanura abgewiesen – für diese zwei Länder gibt es in Saudi-Arabien gar kein Öl mehr.
Die Araber suchen ihre Ziele genau aus. Holland wird auf die Embargoliste gesetzt, weil der holländische Hafen Rotterdam ein wichtiger europäischer Umschlagplatz für Öl ist. Der arabische Vorwurf der übergroßen Israelfreundschaft der holländischen Regierung kann nur als Vorwand angesehen werden. Der Konsul von Kuwait in Den Haag erklärt auch sofort: »Das Embargo betrifft nicht nur die 23 Millionen Tonnen Öl, die Holland selbst verbraucht, sondern auch jeden Tropfen Öl, der über Rotterdam in andere europäische Länder fließt!« Die arabischen ölproduzierenden Staaten sehen in Rotterdam das Versorgungszentrum Europas. Durch das Embargo stören sie die Energieversorgung in England, Schweden, Dänemark, Belgien – vor allem aber in der Bundesrepublik.
Zwei Pipelines verbinden den Ölhafen Rotterdam mit deutschen Raffinerien in Godorf, Weßling und Raunheim. Über diese Pipelines fließen im Jahr 19 Millionen Tonnen Rohöl. Betriebe der Shell, der Caltex und der Union Rheinische Braunkohlenkraftstoff AG müssen im November 1973 mit Lieferschwierigkeiten rechnen.
Die Konferenz der arabischen Ölminister in Kuwait legt Listen an. Die europäischen Ölabnehmer werden in Freund und Feind aufgeteilt. Wer Israel in diesem Konflikt zu sehr bedauert hat, der wird zu den Feinden gerechnet; wer beiden Seiten im Nahostkonflikt recht gibt, der gehört auch noch zu den Feinden. Wer

den Standpunkt der Araber vertritt, der ist ein Freund. Verlangt wird von den europäischen Regierungen eine klare Antwort auf die Frage: »Gestehen Sie Israel das Recht zu, entgegen allen Beschlüssen des Weltsicherheitsrats, die im Junikrieg von 1967 eroberten Gebiete weiter besetzt zu halten?« Wer sich ohne Hintertüren dazu bekennt, daß die Araber die Sinai-Halbinsel, die Golanhöhen, das Westufer des Jordans und den arabischen Teil von Jerusalem zurückbekommen, kann damit rechnen, vom Embargo ausgenommen zu werden. Dieses Wort fällt auf der nächtlichen Konferenz im Sheraton-Hotel in Kuwait: »Mit so lauwarmen Worten, wie wir sie in der Bundesrepublik hören, sind wir nicht mehr zufrieden. Wir wollen eine saubere Auskunft haben!« Rüdiger von Wechmar, der Sprecher der Bundesregierung, sieht sich veranlaßt, vor Panikkäufen zu warnen.

Das Hauptziel des Embargos ist die Industrienation USA. Sie trifft ihre Abwehrmaßnahmen im Ölkrieg: In Washington werden in öffentlichen Gebäuden 750 000 Glühbirnen entfernt. Das Treasury Department schlägt eine Geschwindigkeitsbeschränkung für Kraftfahrzeuge auf 80 Stundenkilometer vor und ein Gesetz, das eine Überprüfung der Vergasereinstellung im Abstand von sechs Monaten verordnet; 12 Prozent der Heizungsenergie können eingespart werden durch Senkung der Raumtemperatur in den Wohnungen um drei Grad. Der Vizepräsident der Arab American Oil Co. prophezeit für die Zukunft: »In den Nächten wird es mehr Sex unter den Decken geben.« Die USA nehmen die Herausforderung an.

Finanzielle Verluste durch den Ölkrieg befürchten die arabischen Ölproduzenten nicht. Auf Schweizer Konten liegen 15 Milliarden Dollar – der Überschuß aus den Gewinnen der letzten Jahre. Diese 15 Milliarden Dollar sind als Reserve für den militärischen Krieg bereitgestellt, aber der Betrag wird kaum angetastet werden: Mitten im Krieg erhöhen die Araber den Ölpreis um 17 Prozent. Sie erzielen durch diese Preiserhöhung Mehreinnahmen im Jahr in Höhe von 10 Milliarden Dollar.

Die Verbraucher in Europa und Japan finanzieren den Kampf im Nahen Osten.

Die Emire, Könige und Präsidenten Arabiens fühlen, daß sie

sich in ein Abenteuer gestürzt haben. Sie reizen die Wirtschaftsgroßmächte der Erde, stören die Entwicklung der Industrieimperien. Sie sind nicht sicher, ob sie diesen Ölkrieg ungestraft führen dürfen.

Zu Beginn des Ölkriegs fehlt einer der Strategen, der Emir von Abu Dhabi, Scheich Said Bin Sultan Al Nahajan. Er hält sich in England auf, um seine Zähne behandeln zu lassen. Said ist 1918 geboren, er ist in der Wüste aufgewachsen, im Zelt, bei der Jagd. Das Emirat ist arm in den wichtigen Lebensjahren des Emirs – Öl wird erst seit Ende der sechziger Jahre gefördert. Scheich Said behält auch heute das Betragen eines Wüstenfürsten bei; er liebt es, auf niederen Kissen zu hocken, um süßen Tee zu trinken, seine Leibgarde trägt Jagdfalken bei sich. Der Emir hat heute noch Schwierigkeiten beim Lesen, aber er besitzt einen wachen Geist. Er weiß, daß Feudalherrscher seiner Art sich heute auch in Arabien nicht mehr lange halten können. Scheich Said sorgt für die Menschen von Abu Dhabi, seine Untertanen: Er baut die Stadt um, läßt Lehmhäuser einreißen, Betonblöcke entstehen im Sand. Scheich Said befiehlt auch den Bau des ersten Pissoirs am Persisch-arabischen Golf. Die Untertanen haben keinen Grund zur Klage. Wollte man die Einnahmen aus der Ölkonzession gleichmäßig verteilen, dann hätte das Emirat Abu Dhabi das höchste Pro-Kopf-Einkommen der ganzen Welt. Für die Finanzen ist aber noch immer der Scheich zuständig, er verteilt nach seinem Gutdünken. Wer in seiner Gnade steht, wird reich.

Scheich Said hat das Gesicht eines Falken, markante, aber durchaus nicht harte Züge; manche Proportionen sind leicht verschoben, die Kieferbehandlung sollte da einiges ändern. Die Augen sind unruhig, prüfen den Gesprächspartner und blicken doch – da der Emir leicht schielt – knapp vorbei. Scheich Said ist auf liebenswürdige Weise argwöhnisch. Argwohn gehört zu den Instinkten der Herrscher am Golf; kaum einer der Emire ist in der Vergangenheit auf natürliche Weise gestorben. Dolch und Gift regelten die Erbfolge. Vorsicht war auch gegenüber den Nachbarn geboten. Saudi-Arabien hatte bis in die Gegenwart hinein große Lust, die kleinen Emirate zu schlucken. Durch Unterwerfung wurde das Wahabiten-Königreich der Saudis geschaffen; wer sich nicht freiwillig fügte, wurde niedergemacht; die Frauen und Kinder zogen in die Gefangenschaft nach Riyadh. Abu Dhabi hatte manchmal das Glück, daß die Saudi-Krieger durch Aufstände abgelenkt waren. Nur die Oase Buraimi konnte Saudi-Arabien einige Monate besetzt halten – die ARAMCO vermutet dort große Ölvorräte. In Verhandlungen um die Oase blieb Abu Dhabi Sieger, weil ihm die britische Regierung half.

Abu Dhabi verdankt seine Existenz als selbständiges Emirat auch dem Faktum, daß Saudi-Arabien seine Ölkonzessionen an einen amerikanischen Konzern, Abu Dhabi aber an die BP, mit Sitz in London, vergeben hat. Ein Konflikt zwischen den beiden arabischen Staaten hätte die Großmächte England und Amerika ins Spiel gebracht. Washington und London haben Bündnisverpflichtungen.

Für Scheich Said Bin Sultan Al Nahajan ist der Streit mit Israel um die besetzten Gebiete nicht das wichtigste Problem. Scheich Said sieht die Herrschaft der konservativen Emire gefährdet durch die Sowjetunion, die das revolutionäre Regime des Irak unterstützt. Von Bagdad aus werden Parolen verbreitet: »Weg mit den Tyrannen, das Öl gehört dem Volk!« Scheich Said suchte gute Beziehungen zu Moskau; er bot den Sowjets an, sie könnten eine Botschaft und sechs Konsulate in den Emiraten errichten, zum Zeichen der Freundschaft – diese Geste wurde von König Feisal verhindert. Der saudi-arabische König wollte nicht, daß die Sowjetunion Fuß faßt in den arabischen Staaten am Persischen Golf. Scheich Said mußte unter Druck seine Einladung wieder zurücknehmen, er empfand das als peinliche Niederlage.

Das Verbot des Königs Feisal, enge Kontakte zur Sowjetunion aufzunehmen, bedeutete eine Grenzziehung zwischen Ost und West am Persisch-arabischen Golf. Zur Einflußsphäre der Sowjetunion gehört fortan der Irak, zur Einflußsphäre Amerikas die Arabische Halbinsel. Auch Scheich Said fand diese Lösung brauchbar, weil sie ihn und sein Emirat unter amerikanischen Schutz stellte. Die USA nahmen die Rolle als Protektionsmacht der konservativen Regime an.

Am 29. November 1972 treffe ich auf dem Flughafen von Abu Dhabi den amerikanischen Senator Fulbright. Er sitzt mit zwei

amerikanischen Beamten auf einer Bank und wartet auf die offizielle Empfangsdelegation; seine Maschine der United States Airforce ist eine halbe Stunde zu früh in Abu Dhabi gelandet. Ich spreche ihn an; er meint, er sei inoffiziell in diesem Emirat; er sei als Freund hier. Der Vorsitzende des Außenpolitischen Ausschusses des amerikanischen Senats besucht Abu Dhabi, um Investitionsmöglichkeiten für arabisches Geld in den Vereinigten Staaten anzubieten. Fulbright sagt: »Präsident Nixon wird selbst die arabischen Staaten besuchen – im nächsten Sommer.« Der Gast aus Amerika wird von Scheich Said herzlicher empfangen als der ägyptische Ministerpräsident Aziz Sidky, der wenige Tage später kommt, um Geld für die Vorbereitung des Nahostkriegs zu sammeln. Scheich Said zieht es vor, seine Einnahmen in den USA festzulegen. Der Krieg verdirbt die Freundschaft mit den USA.
Als der Ölkrieg ausbricht, wird Scheid Said in London angerufen, aus Saudi-Arabien. König Feisal teilt dem Emir mit, daß Saudi-Arabien den Vereinigten Staaten kein Öl mehr liefere. Scheich Said wird aufgefordert, sich dem Embargo anzuschließen. Es bleibt ihm nichts anderes übrig, denn König Feisal erklärt den Ölkrieg als Teil des »Jihad«, des Heiligen Krieges: »Jihad ist eine Pflicht für alle Moslems.«
Scheich Said hat seither Sorge, daß die mächtigen USA den Affront rächen werden; sie waren ja Freunde bisher, die Amerikaner und der Emir. Das Gerücht geht um in den Emiraten, daß sich die USA mit einem Landeunternehmen die Ölquellen sichern wollen. Scheich Said liefert kein Öl mehr an die USA, aber er zieht seine Investitionen nicht ab. Da er versprochen hat, den Krieg mitzufinanzieren, ist er zu regelmäßigen Zahlungen an Ägypten und Syrien verpflichtet. Seine Einnahmen aus dem Öl aber sind fest angelegt. Der Emir ist gezwungen, Geld zu leihen. Seine Londoner Vertretung wendet sich an David Douglas-Home, das ist der Sohn des Foreign Secretary Sir Alec Douglas-Home, er arbeitet für die Bank Morgan Grenfell & Co. David Douglas-Home hat zeitweise die Bank im Nahen Osten vertreten. Er ist ein guter Bekannter der wichtigen Männer in Abu Dhabi. David Douglas-Home sagt zu, eine Anleihe in Höhe von 100 Millionen Dollar zu vermitteln. Die Bank Morgan Grenfell & Co ist durch

ihre Beziehungen zu amerikanischen Banken, etwa zur Morgan Guaranty Trust Company, in der Lage, derartig hohe Kredite zu geben.
Die Londoner Vertretung von Abu Dhabi begründet den Kreditantrag so: »Das Geld wird für allgemeine Zwecke verwendet.« Scheich Said ist ein sicherer Kunde, Morgan Grenfell & Co sehen keine Veranlassung, den Antrag abzulehnen. Der Abgeordnete der konservativen Partei Englands und führendes Mitglied der jüdischen Gemeinde. Michael Fiedler, aber wundert sich: »Wir finanzieren jetzt anscheinend die arabischen Waffenkäufe in der Sowjetunion.«

Droht der Weltkrieg?

Donnerstag, der 25. Oktober. Die USA fürchten, daß die Sowjetunion Truppenverbände an die Suezfront schickt. Damit wäre das militärische Gleichgewicht zwischen Ost und West empfindlich gestört. Die Politik der Entspannung ist gefährdet. Washington reagiert nervös. Die Vorgeschichte: In der Nacht vom Mittwoch zum Donnerstag heben in kurzen Abständen 12 russische Antonov-Transportmaschinen auf einem Militärflughafen bei Budapest ab. Die Flugzeuge nehmen Kurs auf den Nahen Osten, sie fliegen als geschlossener Verband. Wenige Minuten später wissen die amerikanischen Nachrichtendienste, daß die sowjetischen Flugzeuge in Richtung Kairo unterwegs sind. Doch niemand kann Informationen geben, was die Antonov-Transporter geladen haben. Die Frage ist nicht zu beantworten: Gehören die Maschinen zur normalen Luftbrücke der Sowjets oder beginnt Moskau im Alleingang eine Rettungsaktion für Anwar el-Sadat? Ist nur russisches Material oder sind auch russische Soldaten unterwegs? Die Sorge des Pentagons ist berechtigt, daß Breschnew versuchen könnte, durch militärische Intervention den Ägyptern wirkungsvoll zu helfen.
Fünf Stunden vor dem Start der Antonov-Transporter verlangt

in einem abendlichen Telefongespräch der sowjetische Botschafter Dobrynin von Kissinger eine rasche gemeinsame Aktion der Amerikaner und der Sowjets, um die Israelis auf die Waffenstillstandslinie vom 22. Oktober zurückzudrängen. »Wir haben die Verpflichtung, der Meinung des Weltsicherheitsrates Respekt zu verschaffen!« Henry Kissinger lehnt es ab, amerikanische Soldaten an die Front zwischen die Ägypter und die Israelis zu verlegen – er hat zu diesem Zeitpunkt Zweifel, ob Botschafter Dobrynin wirklich im Einklang mit seiner Regierung den Vorschlag der militärischen Intervention unterbreitet. Dobrynin reagiert verärgert auf Kissingers Ablehnung: »Dann sind wir gezwungen, allein den Beschluß des Weltsicherheitsrates durchzusetzen!«

Henry Kissinger informiert sofort seinen Präsidenten. Richard Nixon will rasch reagieren; den Sowjets soll klargemacht werden, daß sie die Entspannungspolitik aufs Spiel setzen, wenn sie Truppen zum Suezkanal in Marsch setzen. Nixon beruft den Nationalen Sicherheitsrat ein. Die Sitzung beginnt eine Stunde vor Mitternacht im Lageraum im Westflügel des Weißen Hauses. Diese Situation ist zu beurteilen: die Sowjets kündigen den militärischen Eingriff im Nahen Osten an, sie haben vor Tagen schon sieben Luftlandedivisionen mit rund 50 000 Mann mobilisiert, in der ersten Wochenhälfte vor diesem 26. Oktober war die sowjetische Mittelmeerflotte auf 85 Schiffe verstärkt worden. In den 12 Antonov-Maschinen, auf dem Flug von Budapest in den Nahen Osten, konnten etwa 1000 Mann einer Vorauseinheit transportiert werden – das war die Schätzung des Pentagons.

Jede einzelne Nachricht hatte, für sich genommen, kein besonderes Gewicht. Aus Budapest gibt es in dieser Nacht keine Meldung, aus der zu schließen ist, daß die Antonov-Transporter wirklich mit 1000 Mann beladen sind. Die Flugzeuge waren für einige Stunden auf dem Flughafen bei Budapest abgestellt gewesen: 1000 Mann hätten sich, schon durch die Befriedigung ihrer Bedürfnisse bemerkbar machen müssen.

Seit zwei Tagen hatten die Sowjets ihre Luftbrücke nach Kairo reduziert. Im Hilton-Hotel der ägyptischen Hauptstadt konnte die Ruhe im Luftraum registriert werden. Noch am Montag dieser

Woche waren siebzig Maschinen niedrig über das Dach des Hotels gedonnert, am Mittwoch kamen nur fünf Transportflugzeuge an. Im Weißen Haus wird die Frage diskutiert: Ist der Verband von zwölf Maschinen der Ersatz für ausgefallene Flüge? Oder: Zeigt der plötzliche Ausfall der Versorgungstransporte an, daß die Sowjets irgendwo Antonov-Maschinen konzentrieren, um sie zur Beförderung der sieben mobilisierten Divisionen einzusetzen? Richard Nixon – er hält sich in seinen Räumen auf – läßt sich informieren und gibt Rat. Seine Meinung: »Es besteht die Gefahr, daß sich sieben sowjetische Divisionen im Nahen Osten festsetzen. Sie werden die Dritte Ägyptische Armee und die Stadt Suez befreien, sie werden die israelischen Truppen zurückwerfen – Dobrynin hat diese Aktion angekündigt. Wir, die USA, haben der israelischen Regierung ein Garantieversprechen gegeben. Wir sind gezwungen, gegen die sowjetischen Invasionsverbände vorzugehen, wir müssen den Israelis helfen.« Über den Nahostkonflikt hinaus sieht Richard Nixon Gefahren für den Westen: »Was machen die 50 000 sowjetischen Soldaten, wenn sie einmal im Nahen Osten festsitzen? So leicht werden sie nicht wieder abziehen!« Den amerikanischen Präsidenten schreckt der Gedanke, die sowjetische Militärmacht in Arabien könne dazu führen, daß der Nahe Osten ganz dem Einfluß Moskaus zugeordnet werden müßte: Nixon denkt darüber hinaus mit Sorge an das Anwachsen der kommunistischen Ausstrahlung nach Westeuropa. Der amerikanische Präsident empfiehlt dem Nationalen Sicherheitsrat, solche Maßnahmen zu beschließen, die jedes Risiko ausschalten.

Am Donnerstag, den 25. Oktober, um 0 Uhr 10 Ortszeit von Washington, ticken die Fernschreiber aller amerikanischen Kommandostellen in der Welt den verschlüsselten Text: »Assume Def Con Three« – ergreifen Sie Maßnahmen für Alarmstufe 3. Verteidigungsminister James R. Schlesinger befiehlt Alarmbereitschaft für die amerikanische Atomstreitmacht, die Stellungen der Interkontinentalraketen werden für den Kriegsfall vorbereitet; von der Insel Guam im Pazifik fliegt die Flotte der B-52-Bomber ab, um in den USA Atombomben zu laden; in der Bundesrepublik rücken amerikanische Einheiten in Positionen an der Grenze

zur DDR ein. »Das ist die schwerste Krise seit Kuba!« sagt der amerikanische Präsident.
Die Alarmierung der Truppen in Europa bringt Unruhe auf an diesem Tag. Die Truppenbewegungen können nicht verborgen bleiben. Außenminister Walter Scheel sorgt sich um die Souveränität der Bundesrepublik: »Wir sind keine kriegführende Partei im Nahostkonflikt!« Die Verschiebung amerikanischer Verbände in Richtung Zonengrenze schockiert den Minister. Doch die USA lassen sich nicht beeindrucken. Verteidigungsminister Schlesinger sagt ganz klar: »Unsere Soldaten sind in Europa, um bestimmte Gebiete zu schützen. Wenn wir sie nicht einsetzen können, wie es uns paßt, dann ziehen wir sie ab!« Diese Äußerung gewinnt noch an Bedeutung, wenn man einkalkuliert, daß eine Woche später in Wien die Abrüstungskonferenz beginnen soll.
Der Donnerstag, der 25. Oktober, geht vorüber, ohne daß sowjetische Truppen am Suezkanal abgesetzt werden. Die zwölf Antonov-Transporter entladen bei Kairo Panzer und SAM-6-Raketen. Die sieben sowjetischen Luftlandedivisionen bleiben zu Hause in ihren Kasernen. Die Luftbrücke nach Kairo ist seit den frühen Morgenstunden ganz unterbrochen; Moskau liefert keine Waffen mehr nach Ägypten.
Um 11 Uhr Ortszeit stellt sich Henry Kissinger einer Pressekonferenz. Zum erstenmal sieht man den sonst ruhigen, überlegen-ironischen Außenminister nervös, er ist nicht ganz Herr seiner Stimme. Kissinger verteidigt die Entscheidung des Nationalen Sicherheitsrats: »Wir haben nur Vorsichtsmaßnahmen ergriffen.« Der Außenminister warnt die Sowjetunion: »Ein direktes und einseitiges Eingreifen im Nahen Osten birgt die Gefahr eines Atomkriegs, der die ganze Menschheit vernichten kann!«
Schon auf dieser Pressekonferenz werden Zweifel laut, ob Defense Condition Three zu rechtfertigen sei, ob die Vereinigten Staaten, auf ein Telefongespräch hin, mit zu harten Maßnahmen antworten. Die Verärgerung der Sowjets ist an diesem Vormittag schon bekannt; Breschnew hatte seine Mitarbeiter in den frühen Morgenstunden besorgt gefragt: »Wollen die Vereinigten Staaten jetzt plötzlich den Krieg?« Auf die Alarmierung der Atombomberflotte reagiert der Kreml mit Verwunderung. Bre-

schnew bleibt besonnen; er ordnet nicht die Alarmbereitschaft der Armeen des Warschauer Pakts an. Er wartet auf ein Wort von Kissinger, das dann um 11 Uhr aus Washington zu hören ist: »Wir stehen nicht in der Konfrontation mit der Sowjetunion!«
Der Widerspruch bleibt: Die USA haben, nach der Meinung ihres Außenministers, keine Auseinandersetzung mit der Sowjetunion – trotzdem löst der US-Verteidigungsminister weltweiten Alarm aus. Es gibt wenig Amerikaner, die in diesen Tagen nicht glauben, ihr Präsident habe Def Con Three ausgelöst, um von den Nachfolgeskandalen der Watergate-Affäre abzulenken. Richard Nixon wird zugetraut, daß er die Welt an den Rand des Atomkriegs geführt hat, im ganz eigenen, egoistischen Interesse. Das Ansehen des amerikanischen Präsidenten, von dem positive Schritte zur Lösung des Nahostkonflikts erwartet werden, ist untergraben. Kissinger verteidigt den Präsidenten: »Ein Minimum an Vertrauen muß es doch geben, es kann doch niemand glauben, daß die amerikanische Regierung mit dem Leben des Volkes spielt.«
Anwar el-Sadat setzt nur auf Henry Kissinger. Der Ägypter kennt den Einfluß, den der amerikanische Außenminister in Moskau besitzt und in Peking. Sadat sieht in Kissinger den mächtigsten Mann dieser Erde. Er wird diesem Amerikaner Zugeständnisse machen, die er dem Vorgänger, dem Außenminister Rogers, verweigert hat. Ihsan Abd el-Khaddus, der Herausgeber der Kairoer Zeitung »Akhbar Al Jom«, sagt: »Mit Kissinger sind wir optimistisch. Allerdings haben wir Jahre gebraucht, bis wir festgestellt haben, daß Rogers überhaupt keinen Einfluß hat – und wir haben unsere Zeit verschwendet. Hoffentlich geht es uns in diesem Fall nicht ebenso!« Es ist den Arabern nicht entgangen, daß Henry Kissinger unbelastet den Watergate-Skandal überstanden hat, er ist in keine Betrügerei und in keinen Diebstahl verwickelt. Nach der Meinung von Ihsan Abd el-Khaddus gehört dazu im heutigen Washington ein gehöriges Maß von Anstand und Würde. Aus diesem Grund vertrauen die Ägypter Henry Kissinger. Man darf nicht vergessen, daß der Außenminister Jude ist.
Kissinger beendet den Tag des Mißverständnisses mit Moskau. Er sagt: »Die Vereinigten Staaten von Amerika und die Sowjet-

union müssen beide die Verantwortung für die Lösung des Nahostkonflikts auf sich nehmen. Nur diese beiden Großmächte sind dazu in der Lage. Mit den Führern im Kreml bin ich einig: In einer Friedenskonferenz muß die Ausführung des Sicherheitsratsbeschlusses Nummer 242 besprochen werden.« Solche Worte hört man gern im Kubbeh-Palast in Kairo – in Tel Aviv herrscht Enttäuschung.

Streit in Israel

Mit Taschenlampen kommen die Menschen von Jerusalem ins »Haus der Nationen«. Die Stadt ist verdunkelt; wegen der riesigen Fenster können Treppenhaus und Foyer des Konzertsaals nicht beleuchtet werden. Die Taschenlampen weisen den Weg. Das erste Konzert des Israel Philharmonia Orchestra nach der Sommerpause war auf den Tag nach dem Versöhnungsfest Jom Kippur festgelegt gewesen. Bei Kriegsbeginn aber wurden sofort 20 Orchestermitglieder eingezogen, das Konzert mußte ausfallen. Die Pensionäre des Philharmonischen Orchesters melden sich von selbst zu den Proben, sie setzen sich an die Pulte der Eingezogenen. Der Dirigent Zubin Mehta studiert das Programm mit neuen Orchestermitgliedern nochmals ein; das erste Konzert der Wintersaison kann stattfinden. Auf dem Programm stehen Rachmaninow und Strawinsky. In den nächsten vier Wochen ist das Orchester im Kriegseinsatz, es spielt in Jerusalem, in Tel Aviv und Haifa, in Militärlagern und in Luftwaffenbasen. Als Solisten bieten sich Isaac Stern und David Barenboim an. Zubin Mehta kann mit der Solidarität der jüdischen Künstler rechnen. Auch Daliah Lavi und Esther Ofarim erfüllen ihre Pflicht. Solange gekämpft wird, ist Israel ein geschlossener Block. Die Pflichterfüllung jedes einzelnen ist selbstverständlich. Mit Optimismus und Schwung werden Schwierigkeiten überwunden. Man erinnert sich an die patriotische Hochstimmung im Junikrieg von 1967 und wundert sich nur manchmal, daß dem Enthusiasmus diesmal nicht der totale Sieg folgt. Mit dem Waffenstillstand aber fallen schwere Schatten auf das Land.

Dieses Lied ist populär geworden in Israel: »Im Namen des Panzerfahrers, der lebendig verbrannt ist – im Namen des Piloten, der in Flammen vom Himmel gestürzt ist. Ich verspreche, daß dieser Krieg der letzte war – der letzte – der letzte – der letzte.«

Die Tage sind vorüber, als die Familien ängstlich auf die Drei-Mann-Teams der Armee warteten, die Todesnachrichten zu überbringen hatten. Jetzt ist die Zeit der Trauer. Die Menschen in den Dörfern und Städten zwischen Galiläa und Negev beklagen die Toten. In Israel wehen die Fahnen auf halbmast. Auf den Friedhöfen finden Trauerfeiern statt. Weinende Frauen knien an frischen Gräbern, trauernde Bräute küssen die Erde über dem Sarg, Soldaten sprechen Gebete für ihre toten Brüder. 1854 israelische Männer werden beerdigt, sie sind in Sinai und auf den Golanhöhen gefallen.

Der Verlust von 1854 Soldaten trifft jeden Israeli. Es gibt fast keine Familie in diesem kleinen Land, die nicht Grund zur Trauer hat. Die meisten Männer haben in den letzten Tagen viele Stunden in Trauerhäusern zugebracht: Mit einem Schlitz in der Kleidung, er symbolisiert das Zerreißen des Gewandes, warten die Verwandten des Toten auf Besuch; Nachbarn, Freunde, Kollegen des Toten kommen grußlos, sie schweigen – sie reden erst wieder draußen vor dem Trauerhaus. Die Gespräche in den Läden und Cafés, in den Betrieben und in den Militärlagern kommen in den Tagen nach dem Waffenstillstand immer auf das eine Thema zurück: auf die hohe Zahl der Toten. Generalmajor Shmuel Gonem sagt: »In der Geschichte unserer Kriege ist es nie vorgekommen, daß wir so viele junge Männer im Alter zwischen 18 und 21 Jahren verloren haben. Wir werden erst langsam begreifen, was das für uns bedeutet.« Nach dem Sechstagekrieg waren 809 Tote zu beklagen, nach dem Sinaifeldzug von 1956 nur 189. Mit Schrekken denken die Israelis an die Verluste, die eine Fortsetzung des Krieges bringen muß.

Es sterben noch immer Menschen, trotz der Waffenruhe: 1880 Männer liegen verletzt in Krankenhäusern, viele mit schweren Verwundungen; etwa 200 haben keine Chance des Überlebens.

3000 verletzte Soldaten sind nach Hause entlassen worden, ihre Wunden brauchen keine ständige Betreuung.

Etwa 450 Israelis sind in arabische Kriegsgefangenschaft geraten; um ihr Schicksal sorgt sich das Land. Man erinnert sich in Israel: die Ägypter und die Syrer hatten im Junikrieg die Gefangenen übel zugerichtet – aber damals waren nur elf Soldaten in arabische Hand gefallen. Die Fotos aus ägyptischen Gefangenenlagern nehmen die Hoffnung, daß die israelischen Soldaten diesmal besser behandelt werden: die Gefangenen auf den Fotos sind gefesselt; sie sitzen in qualvoller Haltung im Wüstensand, die gefesselten Hände hinter dem Kopf verschränkt. Die Israelis lesen daraus ab: den arabischen Soldaten macht es Spaß, ihre Gefangenen zu demütigen. Die Zeitung Maariv berichtet, 100 israelische Kriegsgefangene seien von den Syrern mißhandelt und getötet worden. Diese Information will die Zeitung vom Internationalen Komitee des Roten Kreuzes erhalten haben. Die Rotkreuz-Delegierten in Israel wissen allerdings nichts von Mißhandlungen und Hinrichtungen. Sie haben in Genf nachgefragt, auch dort ist nichts bekannt. Der israelische General Schmuel Eyal sagt: »Das sind alles Gerüchte, wir wissen überhaupt nichts Konkretes. Wir wissen nur, daß 450 unserer Männer vermißt sind, 350 an der ägyptischen und 100 an der syrischen Front. Wir müssen sie unter allen Umständen zurückhaben, auch wenn wir sie gegen die 7000 Araber eintauschen, die wir gefangen haben.«

Wir filmen israelische Gefangene in den Lagern und in den Krankenhäusern von Damaskus und Kairo. Meine Teams fragen – wenn möglich – jeden nach dem Namen und nach seiner Funktion in der israelischen Armee. Der verwundete Soldat Pedro Rheinberger sagt auf deutsch: »Wir werden ganz gut versorgt hier, die ärztliche Betreuung ist gut. Ich hoffe, daß ich bald nach Israel zurück kann – auch die gefangenen Ägypter sollen entlassen werden, das wird für alle das Beste sein!«

Die Heimkehr der Kriegsgefangenen ist für die Regierung Golda Meïr das wichtigste Problem in den Wochen nach dem Krieg. Am 31. Dezember finden Wahlen statt. Der Schrei nach der Heimholung der Gefangenen bringt Ansehen bei den Wählern. Die Nationalliberale Opposition verlangt sofort nach dem Waffenstillstand eine Sondersitzung der Knesset: der Regierung wird Nachgiebigkeit vorgeworfen; unter amerikanischem Druck werde die eingeschlossene Dritte Ägyptische Armee von den Israelis selbst versorgt, doch für die israelischen Gefangenen in den arabischen Lagern habe die Regierung nichts erreicht. In einem offenen Brief, der die Unterschrift von 20 000 Personen trägt, wird von Golda Meïr verlangt, sie möge die Versorgung der ägyptischen Armee einstellen, solange israelische Soldaten von den Ägyptern festgehalten werden. Vor dem Verteidigungsministerium in Tel Aviv demonstrieren die Mütter und Frauen der vermißten Männer; sie versuchen, bis zum Amtssitz der Ministerpräsidentin vorzudringen, Polizei wehrt die Demonstranten ab.

Auf den Golanhöhen und am Suezkanal schweigen die Waffen, aber die Belastungen sind nicht zu Ende. Ein Viertel aller Arbeitskräfte Israels ist seit den ersten Kriegstagen zur Armee eingezogen. Die jungen Männer fehlen der israelischen Wirtschaft in den Fabriken, Handwerksbetrieben und Läden. Die Fertigungszahlen der Industrie sinken um 40 Prozent. Das Organisationstalent der Manager macht noch immer die Produktion der wichtigsten Verbrauchsgüter möglich, die Betriebe der Landwirtschaft funktionieren. Schwierigkeiten der Versorgung treten nur auf, weil Transportmittel knapp sind: Die meisten Lastkraftwagen sind für die Armee beschlagnahmt, der Wagenpark der privaten Transportunternehmer ist mit den Fahrern vom Staatlichen Notstandsausschuß requiriert worden – statt Gemüse und Eier transportieren sie Munition und Wasser für die Front. Vor dem Krieg wurden täglich 300 000 Tonnen privater Güter gefahren, zur Zeit des Waffenstillstands waren es noch knapp 12 000 Tonnen. Die Regierung hat für 42 Millionen Dollar 2500 Lastkraftwagen im Ausland bestellt, sie sollen statt der beschlagnahmten Wagen an die Fuhrunternehmer verteilt werden. Das Arbeitsministerium veranstaltet Fahrkurse für 1000 Lkw-Fahrer, diese Männer verlassen ihre bisherigen Berufe in den Fabriken. Sie werden ersetzt durch 1000 Freiwillige, junge Juden aus den USA und Europa, die seit Kriegsausbruch nach Israel gekommen sind, um zu helfen. Shimon Peres, der Transportminister, schickt Sachbearbeiter seines Amtes nach Europa, um gebrauchte Schwerlastkraftwagen samt Fahrer auszuleihen; 40 solcher Transporter werden sofort gebraucht, um die Güter zu fahren, die sich im Hafen Haifa stapeln.

Der private Benzinverbrauch soll gesenkt werden: Der Transportminister schlägt die Erhöhung des Benzinpreises um 50 Prozent vor, das israelische Kabinett nimmt den Vorschlag an. Der Preis für Elektrizität wird um 30 Prozent heraufgesetzt. Der Handel schlägt auf, bei Fleisch um 20 Prozent, bei Reis um 50 Prozent. Israel ist als Folge dieses Krieges ein armes Land geworden. Doch Teddy Kollek, der Bürgermeister von Jerusalem, sagt: »Auch wenn's noch schlimmer kommt, wir können's ertragen!«

Die Reservisten, zu ihnen gehört ein Viertel aller Arbeitskräfte, bekommen vollen Lohn und volles Gehalt ausgezahlt, berechnet nach dem Durchschnittseinkommen der letzten drei Monate vor der Einberufung. Die Staatskasse gibt dafür in den Monaten Oktober, November und Dezember umgerechnet eine Milliarde Mark aus. Finanzminister Pinhas Sapir läßt Geld drucken, aber er hofft, daß er die Inflation vermeiden kann. Viele Preissteigerungen sind von ihm angeregt; Sapir will Kaufkraft abschöpfen, um den Wert der Währung nicht absinken zu lassen. Pinhas Sapir führt eine Wirtschaftsoffensive, um das Bruttosozialprodukt des Staates wieder auf die Höhe zu bringen. Es war um über ein Drittel abgesunken; die Hoffnung, 40 Milliarden israelische Pfund zu erwirtschaften, erfüllten sich 1973 nicht.

Die materielle Bilanz des Jom-Kippur-Krieges ist bitter. Das Land hat an direkten Kriegskosten 15 Milliarden Mark zu tragen; gewonnen hat es nichts. Der Junikrieg 1967 hatte sich ausgezahlt: durch den Gewinn fruchtbarer Gebiete am Jordan und im Gazastreifen konnte der materielle Ausfall wettgemacht werden. Aus den Ölquellen der eroberten Sinai-Halbinsel pumpt Israel jährlich sechs Millionen Tonnen Öl. Der rasche Sieg von 1967 hatte dem Land Wirtschaftswachstum gebracht. Diesmal fehlt der Optimismus für den Boom.

Das unbeugsame Rückgrat des leidenden Israel ist sein Ministerpräsident, Frau Golda Meïr. Im hellen Kostüm, in weißen Schuhen, mit flatternden grauen Haaren, so besucht sie die Frontlinie westlich des Suezkanals. Ihre Beine sind um die Fußgelenke ange-

Mit dem Ruf »Viva Golda!« wird die Ministerpräsidentin von den israelischen Soldaten auf dem afrikanischen Ufer des Suezkanals begrüßt. Nach dieser Frontbesichtigung fliegt Golda Meïr sofort zu Gesprächen nach Washington: Der politische Druck auf Israel beginnt. Die erfolgreiche Offensive am Westufer des Kanals kann nicht fortgesetzt werden.

Mit dem Beginn der Offensive gewinnt die Betreuung der israelischen Soldaten an Schwung und Improvisationsideen. Die Soldaten sind dankbar für kühle Duschen – sie freuen sich noch mehr über den raschen Anschluß des neubesetzten Gebiets an das Selbstwählnetz des Telefons.

Das sind keine Flüchtlinge: Die Beduinenfamilie wandert durch die Linien der Israelis auf ihrem Zug von Oase zu Oase. Die Beduinen kümmern sich nicht um die Besatzungstruppen.

Die Versorgung der eingeschlossenen Dritten Ägyptischen Armee wird nach langen Verhandlungen von den Israelis gestattet. 20 000 Ägypter sind auf dem Ostufer des Suezkanals zwischen dem Südausgang der Bitterseen abgetrennt von der Hauptmasse der ägyptischen Truppen. Mitten durch die israelischen Linien werden Wasser und Lebensmittel für die Ägypter transportiert. Auf Amphibienfahrzeugen setzt die Dritte Armee die Versorgungsgüter über den Suezkanal. General Ariel Sharon empört sich: »Erst schlagen wir sie zusammen, und dann zwingt man uns, sie wieder aufzupäppeln – das hat es in der ganzen Kriegsgeschichte nicht gegeben!«

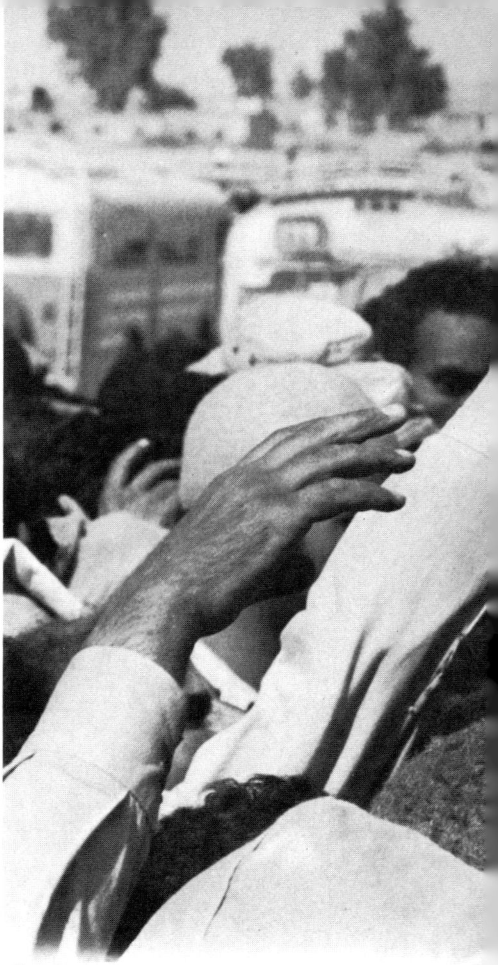

Soldaten der eingeschlossenen Dritten Ägyptischen Armee erhalten nach Tagen die ersten Tropfen Wasser. Der israelische Stoß nach Suez hat die Nachschubwege abgeschnitten. Die Tagestemperaturen steigen in Sinai auch im Oktober auf über 30° C. Die Armee braucht 60 000 Liter Wasser pro Tag.

General Ariel Sharon (rechts) fühlt sich um den Sieg geprellt. Mit UN-Offizieren muß er den Frontverlauf bei Suez diskutieren. Sharon wollte Suez einnehmen, um mit diesem Erfolg die Fehler vom Kriegsbeginn wiedergutzumachen. Der Befehl zur Feuereinstellung nahm dem General die Chance.

Henry Kissinger soll das Wunder vollbringen, eine gerechte Friedenslösung zu finden – das erwartet der ägyptische Präsident. Anwar el-Sadat empfängt den amerikanischen Außenminister mit ungezwungener Herzlichkeit. Kissinger erprobt in Kairo erneut sein Verhandlungsrezept: es zielt auf Übereinstimmung in Randgebieten des Konflikts, um eine Basis zu gewinnen für die umfassende Lösung.

schwollen, sie geht unsicher über den Sand. Wie immer schwenkt sie in großem Bogen die Handtasche. Golda Meïr wird von den Soldaten und Offizieren mit Beifall begrüßt, als sie am Westufer des Kanals schwerfällig aus dem Hubschrauber steigt. Verteidigungsminister Dayan und Generalstabschef David Elazar begleiten die Ministerpräsidentin. Auch Ariel Sharon, der Kommandeur der israelischen Offensivstreitkräfte auf dem afrikanischen Ufer, begegnet der Frau, die Israels Politik zu lenken hat, mit großer Hochachtung; sein Zorn ist nicht gegen Golda Meïr gerichtet. Sie sagt zu Ariel Sharon: »Nur weil die USA uns gedrängt haben, erklärten wir uns zur Feuereinstellung bereit. Ich weiß genau, daß ihr alle hier an der Front damit ungerecht behandelt wurdet. Mittendrin haltzumachen, das muß euch erbittern.« Ariel Sharon meint: »So was hat es in der ganzen Kriegsgeschichte noch nicht gegeben, wir schlagen die Ägypter zusammen, und dann zwingt man uns, sie wieder aufzupäppeln.« Die Offiziere um den Kommandeur sind alle empört, daß sie die Versorgungskonvois zur umzingelten Dritten Ägyptischen Armee durchlassen müssen. Täglich werden Lebensmittel, Medikamente und Wasser über den Kanal gebracht; damit werden die 20 000 Mann am Leben gehalten. Ariel Sharon vertritt den militärischen Standpunkt, die politische Rücksichtnahme paßt ihm nicht: »Es ist besser, die Dritte Armee wird zur Kapitulation gezwungen, das ist dann eine saubere und klare Lösung!« Ariel Sharon fügt einige unfeine Bemerkungen über die Vereinigten Staaten an.

Golda Meïr muß in ihren Kommandeuren die Erinnerung an 1956 bekämpfen. Damals war Sinai erobert, die Israelis standen am Suezkanal wie heute. 1956 intervenierten die Großmächte, sie erzwangen den Rückzug der israelischen Armee auf die Vorkriegslinien. Deshalb lehnen die Offiziere heute die Aufgabe des besetzten Gebiets rundweg ab: »Daß wir damals zurückgegangen sind, das haben wir in zwei weiteren Kriegen zu bereuen gehabt!« David Ben Gurion, zur Kriegszeit 1956 Ministerpräsident, hatte seinerzeit Mühe, die Kommandeure zum Abmarsch in Richtung Osten zu bewegen. Den Offizieren und Soldaten zu erklären, daß man den Mosesberg beim Kloster Santa Katharina aufgeben müsse, das gelang David Ben Gurion erst nach Stunden der Überredung. Auf diesem Berge hatte Moses die Zehn Gebote von Gott diktiert bekommen. Der Mosesberg ist ein heiliger Platz; Arieh Sharon findet die Idee absurd, ihn wieder den Ägyptern überlassen zu müssen. Aber er wird der Ministerpräsidentin gehorchen müssen, wenn sie diese Entscheidung fällt.

Golda Meïr, die Zuchtmeisterin Israels, ist 75 Jahre alt, ihr Geburtsort ist Kiew im zaristischen Rußland; der Vater, ein Zimmermann, wanderte 1906 nach Milwaukee in den Vereinigten Staaten aus. 1921 kam die junge Frau nach Palästina, mit ihrem Mann – auch er war Emigrant aus Rußland – arbeitete sie auf den Feldern eines Kibbuz. Zwei Kinder brachte Golda Meïr in den zwanziger Jahren auf die Welt. Die Familie blieb arm, auch nach dem Berufswechsel des Mannes – er hatte schließlich eine Stellung als Buchhalter angenommen. Um 1928 entdeckte Golda Meïr ihre Begabung für die Politik, sie arbeitete für die Gewerkschaft. Nach dem Zweiten Weltkrieg trennt sich Golda Meïr von ihrem Mann, für die Familie war kein Platz mehr geblieben in ihrem Leben. Die Idee des jüdischen Staates, der Kampf für die Heimat der Juden, bestimmten ihre Existenz; Golda Meïr lebt seither nur noch für die Politik.

Außenminister Abba Eban sagt nach dem vierten Nahostkrieg: »Golda Meïr hat die medizinische Theorie widerlegt, die besagt, Schlaf sei notwendig!« Abba Eban liebt die witzige Übertreibung. Golda Meïr teilt ihre Zeit ökonomisch ein, sie hat jede Nacht einige Stunden in ihrem Haus in Tel Aviv geschlafen; sie wohnt mit ihrem Sohn und seiner Familie zusammen. Unzählige Tassen Kaffee halten den Geist der Politikerin rege. Sie glaubt nicht, daß sie ihre Gesundheit ruiniert. »Mein Herz ist stabil«, so sagt sie. Während der Kriegstage raucht sie 60 Zigaretten am Tag. Doch in Washington kommt sie müde und verbraucht an. Nach dem Besuch der Truppen auf dem Westufer war sie, ohne ihr Büro noch einmal zu sehen, vom Flughafen Lod abgeflogen. Sie reiste uneingeladen nach Washington, aber sie kam gelegen: Kissinger sah die Möglichkeit, der israelischen Ministerpräsidentin selbst eine nachgiebigere Haltung einzureden.

Golda Meïr ist beunruhigt. Das Zusammenspiel zwischen Washington und Kairo behagt ihr nicht. Ismaïl Fahmi, als Außenminister Nachfolger des Dr. Mohammed el-Zayyat, hat in vier langen Gesprächen mit Kissinger Zugeständnisse erreicht. Der ägyptische Präsident spricht, nachdem er von Fahmi telefonisch Bericht erhalten hatte, lobende Worte über die Vereinigten Staaten. Es hat ihm gefallen, daß Ismaïl Fahmi von Präsident Nixon selbst zum Wagen geleitet worden war; diese Geste wurde in Kairo und in Tel Aviv genau registriert: Anwar el-Sadat und Golda Meïr sahen beide die Zeit kommen, in der Israel nicht mehr der alleinige Freund der USA im Nahen Osten sein würde. – Die Freundschaft der Amerikaner mit den Arabern teilen, das will Golda Meïr nicht.

In einer Pressekonferenz in Washington wird die israelische Ministerpräsidentin gefragt, warum sie mit Nixon sprechen wolle. Ihre Antwort: »Ich mußte einfach selbst sehen, ob Druck auf uns ausgeübt wird oder nicht.« Henry Kissinger übt Druck aus. Er verlangt Konzessionen: Ein Korridor soll freigemacht werden in der Front bei Suez, damit die Ägypter selbst ihre Armee versorgen können.

Golda Meïr weiß, daß ihre Offiziere mit Wutausbrüchen reagieren, wenn sie gezwungen würden, den Umfassungsring zu öffnen. Kissinger bittet eindringlich: »Diese Geste schafft die Möglichkeit zu Friedensgesprächen!« Golda Meïr antwortet: »Ich verlange auch eine Geste, nämlich die Freilassung unserer Kriegsgefangenen!« Henry Kissinger aber hatte dem ägyptischen Außenminister Ismaïl Fahmi längst den Rückzug der israelischen Streitkräfte aus der Region Suez–Ras Abadiya zugesagt.

Im israelischen Parlament bereitet Moshe Dayan die Politiker und die Armee-Kommandeure darauf vor, daß Israel nicht in der Lage ist, gegen die USA aufzumucken: »Wenn einer glaubt, daß wir Krieg führen können, während wir Streit haben mit den Vereinigten Staaten, dann erliegt dieser einem Irrtum. Gegenüber den Arabern halten wir nur stand, wenn uns die Amerikaner massiv unterstützen!« Moshe Dayan gibt sogar das Geheimnis preis: die Israelis mußten den Waffenstillstand akzeptieren, weil die Munition knapp geworden war.

Golda Meïr verbirgt nach den Gesprächen in Washington ihre Enttäuschung nicht. Sie sagt: »Die USA erfüllen nicht alle unsere

Wünsche – ich habe nichts Ermutigendes meinen Landsleuten zu Hause zu sagen!« Diese Ermutigung aber braucht Israel, und vor allem ist die regierende Arbeiterpartei darauf angewiesen. Zwar sind die Parlamentswahlen für Ende Oktober schon seit Kriegsbeginn abgesagt, doch ein neuer Termin ist fixiert, der 31. Dezember. Einige Männer haben sich entschlossen, die Fehler des Jom-Kippur-Krieges zum Wahlkampfthema zu machen.

Jaakov Shimshon Shapira beginnt den innerisraelischen Krieg. Seine Attacke richtet sich gegen ein Mitglied der Arbeiterpartei, der er selbst angehört. Der Justizminister wirft dem Verteidigungsminister Moshe Dayan sofort nach dem Waffenstillstand vor, er habe die Lage bei Kriegsbeginn völlig falsch beurteilt, er sei verantwortlich für das militärische Desaster der ersten Tage. Der Justizminister fordert den Verteidigungsminister auf, sein Amt niederzulegen. Shapira sagt in der Knesset: »Es wird Sie alle interessieren, womit sich der Verteidigungsminister bei Kriegsausbruch ganz intensiv beschäftigt hat – mit der Entlassung und Umbesetzung des Aufsichtsrats der Flugzeugindustrie AG. Er will durch die Umbesetzung eine Mehrheit für die Wahl des Generals Mordechai Hod zum Vorsitzenden der Gesellschaft erreichen!« Im israelischen Parlament, es ist sonst so diszipliniert wie das britische Unterhaus, entbrennt eine hitzige Debatte: Zwischenrufe, Sprechchöre stören die Verteidigungsrede des Moshe Dayan; Abgeordnete fahren erregt auf, sie versuchen Dayan vom Rednerpult zu drängen, er wird durch Gebrüll am Sprechen gehindert. Doch in Moshe Dayan bricht der Mut des eiskalten Politikers durch, er übersteht den Sturm. In sich versunken hört Golda Meïr der Auseinandersetzung zu, sie sagt nichts, auch ihre Miene drückt nichts aus. Golda Meïr wartet.

Diese Angst vor der Zukunft des Landes läßt die Emotionen durchbrechen. Die Fragen, die in der Debatte aufblitzen: Wird Israel eingekreist, ist es isoliert? Ist Amerika noch der Freund, auf den man sich verlassen kann? Die bittere Erkenntnis schmeckt nicht, daß die Amerikaner am Ende des vierten Nahostkriegs die Demütigung des ägyptischen Präsidenten Sadat mit allen Mitteln verhindert haben. Darüber herrscht Klarheit: wenn die USA Anwar el-Sadat weiterhin stützen wollen, dann werden sie von Israel den Rückzug durch Sinai verlangen. Für Israel steht keine freie Entscheidung offen, ob und wieviel besetztes Gebiet wieder abgegeben wird. Diese Ohnmacht reizt den Kampfgeist der Abgeordneten.

Seit einem Vierteljahrhundert haben sich die Stärkeverhältnisse in der Knesset nie verändert. Obgleich sich die Bevölkerung seit 1948 verdreifacht hat – durch Einwanderung und Heranwachsen der jungen, im Lande geborenen Generation –, blieb die Arbeiterpartei die stärkste Gruppe. Doch sie war nie so stark, daß sie allein regieren konnte; die Arbeiterpartei holt sich aus den nicht geschlossenen Gruppen der Religiösen und Unabhängigen die Unterstützung zur Mehrheitsbildung. In der Opposition stehen die bürgerlichen Gruppen. Der Tribun der Opposition ist Menachem Begin – er war zur Zeit der israelischen Unabhängigkeitskämpfe vor 1948 der Chef der Organisation Irgun; Begin ist verantwortlich für zahllose Morde an Soldaten der britischen Protektionsmacht und an Arabern.

Durch die äußere Erscheinung macht Begin keinen Eindruck, er ist schmächtig, unscheinbar. Seine Waffe ist die Stimme: leise, doch von starker emotionaler Wirkung. Menachem Begin kann Wut und Begeisterung entfachen. Sein Thema in der Knesset-Debatte ist die Stärke Israels: »Unser Land muß aus eigener Kraft zu allem bereit und zu allem in der Lage sein. Wir müssen mehr Waffen selbst produzieren, damit die Abhängigkeit von den USA ein Ende hat. Ich werfe der Regierung zu große Nachgiebigkeit gegenüber den Vereinigten Staaten vor.« Menachem Begin schafft die Legende vom Dolchstoß gegen den nahen israelischen Sieg. Er verlangt die Bestrafung der Schuldigen. Seine Vision von der Zukunft sieht so aus: »Einen brauchbaren Frieden gibt es nur auf der Grundlage eines durchschlagenden israelischen Sieges!«

Golda Meïr spürt die Gefahr; sie weiß, daß viele Anhänger ihrer eigenen Partei genauso denken. Sie sind verdrossen über das Zugeständnis der Versorgung der Dritten Ägyptischen Armee durch die Umfassungsklammer hindurch. Der Zorn der Frontoffiziere wiederholt sich jetzt bei den Politikern. Ariel Sharon hat einige Knesset-Abgeordnete aufgeklärt über die Stimmung an der

Front. Golda Meïr fürchtet, daß Zorn und Verdrossenheit durchsickern zu den Wählern. Die Zeitung »Jerusalem Post« hat Passanten auf der Straße um ihre Meinung gefragt; das Ergebnis ist nicht erfreulich für die Regierung: die Befragten finden böse Worte für Golda Meïr und ihre Regierungsmannschaft. Erstmals ist die Mehrheit der Arbeiterpartei im Parlament gefährdet. Die Stimmung im Lande kommt dem bürgerlichen Block der Opposition zugute.

Moshe Dayan sieht sich gezwungen, seine Ministerpräsidentin direkt und offen unter vier Augen zu fragen, ob er noch das Vertrauen besitze, ob sein Rücktritt Regierung und Partei entlaste. Golda Meïr gibt zur Antwort: »Wir wechseln jetzt nicht wichtige Ministerposten aus. Über die Fehler vom Beginn des Krieges diskutieren wir zu geeigneter Zeit, nicht jetzt.« Moshe Dayan weiß seit diesem Gespräch, daß seine politische Zukunft nicht blendend aussehen kann.

Der Held dieses vierten Nahostkrieges für die Israelis ist Generalmajor Arieh Sharon. Er hat die Invasion des afrikanischen Kanalufers kommandiert. Arieh Sharon fühlt sich um den vollen Erfolg, den ungeschmälerten Ruhm gebracht. Der aufbrausende Generalmajor sucht den Sieg in der Politik. Ein Panzerfahrer hatte am letzten Kriegstag diese Worte in weißer Farbe auf sein staubiges Fahrzeug gepinselt: »Arik Sharon – König der Juden.« Arik, das ist der Spitzname des Generals, hat sich darüber gefreut. Sharon strebt auf das politisch höchste Amt im Staate zu, er will die bürgerliche Opposition zur Regierungspartei verwandeln. Sharon glaubt an seine Zugkraft bei der Jugend. Die Rechte soll an die Macht.

Ariel Sharon läßt sich sofort nach dem Waffenstillstand demobilisieren. Er gewinnt damit die Freiheit für Attacken gegen die Köpfe der Arbeiterpartei. Sein Ziel ist Verteidigungsminister Moshe Dayan. Sharon greift ihn an: »Das Hauptquartier hat vor und während des Krieges zu langsam gearbeitet. Ich sah später Fotos, Luftaufnahmen von den Vorbereitungen der Ägypter – da war deutlich zu sehen, was vor sich geht. Und als wir über dem Kanal waren, auf der ägyptischen Seite, da blieb die Unterstützung durch den zuständigen Befehlshaber sehr mager. Daran lag es, daß wir zuerst nicht rasch genug vorankamen. So haben wir Chancen verpaßt!« Moshe Dayan will diesen Kritiker mundtot machen; er argumentiert, Sharon breche leichtfertig das Tabu der militärischen Geheimnisse. Sharon reagiert mit bissigen Bemerkungen gegen den Verteidigungsminister. Es fällt das Wort vom »verwöhnten Star, der nicht merkt, daß er alt wird«. Sharon will das Denkmal Dayan stürzen. Er schafft es zunächst, daß sich die bürgerlichen Gruppen im Parlament zu einem Block vereinigen, der Likud-Fraktion. Für diese Gruppe will Sharon den Wahlkampf führen.

Der »Wahlkampf der Generale« beginnt, denn auch die Arbeiterpartei hat Generale auf der Kandidatenliste, einer davon ist Aharon Yariv, der Sonderbeauftragte der Regierung für die Verhandlungen mit den Ägyptern. Auch Yariv will die Nachfolge Dayans antreten. Das erscheint möglich; eine starke Strömung in der Bevölkerung ist gegen den Verteidigungsminister. Seine Wahlreden werden durch solche Sprechchöre gestört: »Dayan zieht Scharm el Scheikh dem Frieden vor – wir ziehen den Frieden dem Dayan vor!«

Außenminister Abba Eban, ebenfalls Mitglied der Arbeiterpartei, will den Verteidigungsminister retten. Er schlägt die Einsetzung eines Untersuchungsausschusses vor. Die Geheimdienste sollen in erster Linie durchleuchtet werden, ihr Versagen sei schuld an der israelischen Ahnungslosigkeit am Tag Jom Kippur. Abba Eban, der kluge Diplomat, trifft damit genau den schwachen Punkt der Verteidigungspolitik in den Monaten vor dem Krieg. Der Geheimdienst hatte nur noch einen Gegner gesehen, die palästinensischen Kommando-Organisationen.

Die Chefs der Volksfront zur Befreiung Palästinas und der El Fatah hatten sich nach der Niederlage im Bürgerkrieg von Jordanien zum Ziel gesetzt, Israels Interessen im Ausland zu treffen – Aktionen auf israelischem Territorium waren kaum mehr möglich, seit die wichtigen Versorgungsbasen im Jordantal von König Husseïn zerstört worden waren. Jassir Arafat und George Habbash aber wollten ihren Zermürbungskrieg gegen Israel fortsetzen; sie setzten ihre Feddajjin auf die Vertretungen und Büros der israelischen Fluggesellschaft El Al an, auf die offiziellen Handelsorganisationen. Arafat und Habbash glaubten, mit dieser Taktik in Europa Firmen, Behörden und Einzelpersonen, die mit israelischen Vertretungen zu tun haben, unsicher machen zu können. Die deutschen Lieferfirmen für Elektronik sollten um ihre Werksanlagen fürchten müssen; wer optische Entfernungsmesser für die israelische Panzerwaffe herstellt, sollte dafür bestraft werden. Die Kommandochefs waren der Meinung, daß mit solchen Attentaten Israel isoliert werden könne.

Der Minister für Handel und Industrie, Chaim Bar Lev – als Offizier war er für Anlage und Bau der Festungslinie am Suezkanal verantwortlich –, mußte befürchten, daß einige Handelspartner den Mut verlieren, daß sie ihre Geschäftsbeziehungen zu Israel abbrechen. Chaim Bar Lev wollte Gegenmaßnahmen ergreifen, er mußte im voraus wissen, welche Aktionen die Geheimorganisationen, wie der »Schwarze September«, planen.

Die Aufklärung durch Agenten und Spitzel hatte sich auf die Hauptquartiere der Kommando-Organisationen in Beirut zu konzentrieren. Der Geheimdienst jagte Arafat und George Habbash, ohne Erfolg.

Nach blamablen Pannen steigerte sich der Ehrgeiz, die Maßnahmen wurden unbesonnen, sie brachten Ärger. Der israelische Geheimdienst hatte am 8. August 1973 die Information bekommen, daß George Habbash von Beirut aus mit einer Linienmaschine der Middle East Airlines nach Bagdad fliegen wollte. Die Reise sollte zwei Tage später, am 10. August, stattfinden. George Habbash ließ den Platz in der Maschine unter einem falschen Namen buchen. Doch der Reiseplan des Chefs der Volksfront zur Befreiung Palästinas war verraten worden. Die Israelis hatten Agenten in das Herz der Organisation gepflanzt. Auf Grund der Information packte der israelische Geheimdienst zu: Um 21 Uhr 35, am 10. August, zwangen Kampfflugzeuge mit dem Davidstern am Heck die Linienmaschine zur Kursänderung, statt Bagdad mußte der Pilot den israelischen Flughafen Lod anfliegen. Dort wollten die israelischen Sicherheitsbeamten den George Habbash in Empfang nehmen – aber er saß gar nicht in diesem Flugzeug; Habbash war im sicheren Beirut zurückgeblieben. Der israelische Geheimdienst, der effektivste der Welt, mußte

sich blamiert fühlen. Israel wurde der Piraterie geziehen, der arroganten Mißachtung der primitivsten Regeln des Völkerrechts; die internationale Pilotenvereinigung verlangte Sanktionen gegen Israel. Viel Porzellan war zerschlagen. Schlimm für die Israelis war der Hohn der Araber: »Wir haben erfahren, daß die Israelis Bescheid wußten von den Reiseabsichten des George Habbash, deshalb ist der Chef zu Hause geblieben«, sagte Bassam Abu Sharif von der Volksfront zur Befreiung Palästinas, »wir wissen genau, was auf der anderen Seite vor sich geht. Wir haben unsere Freunde in den wichtigen Organen Israels.«
Der israelische Sicherheitsdienst vernachlässigt die Observation der regulären arabischen Armeen, der Gedanke an die Palästinenser leitet die Arbeit der Agentenführer. Die Chefs der Kommando-Organisationen können bei Kriegsende auf einen Erfolg hinweisen: »Wir haben eine historische Mission erfüllt, wir haben die Israelis abgelenkt. Die arabischen Armeen konnten in Ruhe aufmarschieren. Die Palästinenser haben ihre Pflicht erfüllt!«

Die Kommando-Organisationen als Verlierer des Kriegs

Am ersten Kriegstag meldet der Chef der Palästinensischen Befreiungsbewegung: »Die Kommando-Organisationen beteiligen sich mit 26 000 Mann am Kampf!« Aber kein arabisches Armeekommuniqué erwähnt auch nur in einem Satz Erfolge oder Opfer der Palästinenser. Nach dem Waffenstillstand schickt Jassir Arafat seine Unterführer in die arabischen Hauptstädte. Sie sollen den Regierungen von den Taten der El Fatah und der Volksfront zur Befreiung Palästinas erzählen. Sie finden keine willigen Zuhörer. Die Regierungen in Kairo, Damaskus, Bagdad erwarten jetzt eine Erklärung der politischen Vorstellungen für die Zukunft, keine Legenden von vergangenen Heldentaten.
1,5 Millionen Palästinenser leben in den Staaten um Israel: in

Jordanien, in Syrien, im Libanon. Sie hausen in Zelten und Wellblechbaracken. Kinderreiche Familien vegetieren in stickigen Löchern. 250 Menschen benützen eine Toilette. Die regennassen Winter sind kalt auf der jordanischen Hochfläche, in der Wüste vor den Golanhöhen und in den Hügeln vor Saida. Durch den Morast der Lagerstraßen stapfen die Kinder zu den Wasserstellen; die Frauen stehen Schlange um Mehl, Reis und Trockenmilch – die Vereinten Nationen bezahlen die Ernährung dieser Menschen.

Nur wenige der Flüchtlinge lassen sich eingliedern in die Gastländer. Die meisten warten apathisch auf den Tag der Rückkehr nach Palästina. Die Männer hocken vor den Zelten, rauchen, trinken Tee und erzählen sich, wie es zu Hause einst war. Sie suchen keine Arbeit, weil sie wissen, daß diese Suche sinnlos ist: In Jordanien, in Syrien, im Libanon gibt es fast keine Industrie und nur sehr wenig fruchtbaren Boden, der bebaut werden kann. Die drei Staaten klagen selbst über eine hohe Arbeitslosenziffer. Eine Million Palästinenser leben in Israel und im besetzten Gebiet. Sie finden Arbeit; sie können sich verdienen, was sie zum Leben brauchen. Sie haben zwar keinerlei Rechte, aber es geht ihnen weit besser als den Palästinensern in den arabischen Staaten.

2,5 Millionen Palästinenser haben einst als arabisches Volk auf dem Territorium des heutigen Israel und der besetzten Gebiete gelebt. Sie flohen, wurden vertrieben und an der Rückkehr gehindert. Die Vereinten Nationen erkennen an: Die Palästinenser müssen wieder zu ihrem Recht kommen. Über den Umfang dieses Rechts gibt es Streit unter den Palästinensern selbst. Die Mehrzahl der Menschen in den Lagern würde in Israel leben wollen, wenn ihnen das zurückgegeben wird, was sie auf der Flucht verlassen haben: Haus, Garten, oder auch gar nichts als das Wohnrecht im Dorf. Aber diese Flucht liegt weit in der Vergangenheit. 1948 sind die Palästinenser geflohen aus der Kampfzone des ersten Krieges zwischen den Israelis und den Arabern; im Junikrieg 1967 mußten sie vor den anrückenden israelischen Truppen zum zweitenmal fliehen. Rechte lassen sich kaum mehr rekonstruieren. Seit 1948 hat in Israel eine Generation gewechselt, wer heute als Jude auf einem einst arabischen Landstück wohnt, der fühlt sich dort zu Hause. Auch er hat Rechte.

In den Lagern wächst aber jetzt die dritte Generation heran, die Familien haben viele Kinder, die Zahl der Palästinenser steigt. Aber noch immer sind die direkt vom Konflikt betroffenen Völker der Palästinenser und der Israelis gleich stark. Beide Völker sagen: das ist mein Land.

Aus der Verzweiflung über das Leben im Lager, aus der Erkenntnis, daß dieses Leben sinnlos ist, wuchs die Kraft der Befreiungsorganisationen. El Fatah sagte: »Wir haben nichts zu verlieren als unsere Hütten. Wir wollen unser Schicksal selbst in die Hand nehmen. Wir kämpfen um unsere Heimat.« Das Ziel der Befreiungsorganisationen war und ist die Zerschlagung Israels. Die El Fatah und die Volksfront wollen auf dem Gebiet des heutigen Israel einen Staat aufbauen, in dem Moslems, Juden und Christen zusammen leben können. Jassir Arafat, der Chef der Befreiungsorganisationen, sieht keinen anderen Ausweg: »Dieser rassistische Staat Israel paßt nicht in eine Region, in der die Rassen so gemischt sind; Israel darf in dieser Form nicht weiterexistieren. Wo auf der ganzen Welt, außer in Südafrika und hier, gibt es heute noch einen Staat, der so absolut auf dem Recht einer Rasse aufgebaut ist?« Die Kommando-Organisationen sind der Meinung, daß sie den Willen der Mehrzahl der Palästinenser repräsentieren, sie täuschen sich. In Wirklichkeit sind die Menschen in den Lagern nicht daran interessiert, daß ein langer Volkskrieg von 50 oder 80 Jahren Dauer den erträumten Staat Palästina wiederherstellt. Sie erwarten für sich selbst noch das Ende der Armut.

Als der vierte Nahostkrieg ausbricht, da erwachen die Palästinenser in den Lagern aus der Apathie. Die Flüchtlinge hoffen, daß die arabischen Armeen große Teile des besetzten Gebietes zurückerobern. Viele machen sich bereit zum Abmarsch in die Heimatdörfer, die sie 1967 verlassen haben. Alle haben die Hoffnung, daß die beiden Ufer des Jordans wieder in arabischer Hand sind.

In einem der Büros der Kommando-Organisationen in Beirut spreche ich mit Abu Selim – er heißt nicht so, seinen wirklichen

Namen gibt niemand preis, der etwas zu sagen hat bei El Fatah und bei der Volksfront. Abu Selim ist glücklich, daß im Nahen Osten endlich wieder Krieg geführt wird: »Wir haben uns diesen Krieg gewünscht. Jetzt haben auch die arabischen Staaten begriffen, daß eine friedliche Koexistenz mit Israel gar nicht möglich ist. Wir haben es immer gewußt, Israel gibt die besetzten Gebiete nicht frei. Israel versteht nur die Sprache des Krieges, jetzt sprechen wir mit den Israelis in der einzig richtigen Sprache!«

Frage an Abu Selim: »Beteiligen sich die Kommando-Organisationen auch an diesem Krieg?« Die Antwort: »Wir kämpfen innerhalb Israels und stören dort die Nachschubverbindungen. In den letzten 24 Stunden haben wir in Galiläa eine Kaserne mit Raketen beschossen. An dieser Aktion waren 13 Mann beteiligt, wir operieren jetzt in größeren Gruppen.«

Abu Selim betont immer wieder, daß die Kommando-Organisationen in Israel kämpfen, nicht an den Grenzen zwischen Libanon und Israel. »Wir schießen nicht von libanesischem Gebiet aus!« Diesen Vorwurf machen die arabischen Regierungen der El Fatah: es ist der Organisation nicht gelungen, sich in Israel selbst einzupflanzen, sie hat keine Basen dort und keine Verstecke – die arabische Bevölkerung in Israel und in den besetzten Gebieten lehnt jeden Kontakt mit den Männern der Befreiungsorganisationen ab. »Es ist Sache der regulären Armeen, über Grenzen zu schießen, Kommandos feuern ihre Raketen im Kern des feindlichen Landes ab!« – Mit dieser Belehrung müssen sich die Kommandochefs seit Monaten auseinandersetzen.

In den Wochen vor dem Krieg beschränkte sich der Einsatz der Kommandos in Israel auf Störfeuer von den Abhängen des Berges Hermon aus. Die israelische Siedlung Kiriat Shmone lag manchmal nachts unter Raketenbeschuß. Irgendeinen militärischen Sinn hatten diese Aktionen nicht. Hilflos waren alle Stoßtrupps der El Fatah im Sicherheitsgürtel der Grenzen steckengeblieben; die Israelis brauchten die Kommandos nicht zu fürchten.

El Fatah und Volksfront hatten ihre militärische Rolle ausgespielt, aber sie versuchten mit allen Mitteln, die palästinensischen Massen im Griff zu halten. Dafür wollten sie sorgen, daß das Palästinenserproblem nicht bei einer möglichen Friedenskonferenz gelöst werden kann. Niemand durfte auf die Idee kommen, ein Kompromiß sei in irgendeier Form zu akzeptieren. Jassir Arafat weiß genau: wenn sich die Menschen in den Lagern erst damit zufriedengeben, daß sie eine finanzielle Entschädigung bekommen, dann ist die Idee vom sozialistischen Palästina der drei Religionen ausgeträumt.

Bei El Fatah gibt es Realisten, die begriffen haben, was die Regierungen in Kairo und Damaskus wollen. Zu diesen Vernünftigen gehört Khaled Hassan, ein Mann von 45 Jahren; ein behutsamer, aber präziser Denker. Der große, massive Kommandochef hat viele Freunde im konservativen Saudi-Arabien; dort, wo radikale Vorstellungen nicht sehr geliebt sind. Khaled Hassan hat dafür gesorgt, daß das Geld Saudi-Arabiens auch dann noch in die Kassen der El Fatah floß, als eine Splittergruppe der palästinensischen Befreiungsbewegung in Khartum die saudi-arabische Botschaft besetzt hielt und den Botschafter erschießen wollte.

Der Nationalkongreß der Palästinenser tagt in Kairo, im selben Saal im Haus der Arabischen Liga, in dem die Armeeoberbefehlshaber zusammengekommen sind. 300 Männer treffen sich; Männer, die in den Lagern und in den Kommando-Organisationen etwas zu sagen haben. Fast jeder kommt mit einer Leibwache vor dem Gebäude an; sie fürchten alle die rächende Hand des israelischen Geheimdiensts. Hier versammeln sich die Guerillaführer, die stolz sind auf den Anschlag gegen die israelische Olympiamannschaft in München; Männer, die den Plan für Flugzeugentführungen ausgeheckt haben. Jeder betont durch seine Kleidung, daß er der Delegierte der Bewohner von Elendsquartieren ist. Krawatte trägt keiner. Doch auf dem Flug nach Kairo sah ich den Kommandochef Abu Jussef im eleganten weißen Anzug mit Popkrawatte – auf dem Palästinenserkongreß ist er in einem alten, abgetragenen Pullover über offenem Hemd zu sehen. Sein Chef, Jassir Arafat, wie immer unrasiert, behält im Saal seine grüne Kampfjacke an; mit der Sonnenbrille verdeckt er seine kleinen Augen. Arafat wird von allen begrüßt, die Kommandeure spielen Eintracht und Herzlichkeit.

In den ersten Debatten nach Sitzungseröffnung brechen die Ge-

gensätze auf. Die Delegierten der Volksfront zur Befreiung Palästinas werfen der El Fatah »kleinbürgerliche Rücksichtnahme« vor. Abu Jussef revanchierte sich, er bezeichnet die Chefs der Volksfront als »ideologische Traumtänzer«. Die Demokratische Volksfront stellt den Antrag, daß darüber abgestimmt wird, für welche sozialistischen Ideale ein Palästinenser einzutreten habe. Auf Arafat prasseln die Vorwürfe ein, durch sein Paktieren mit König Husseïn habe er die Niederlage in Jordanien vom Sommer 1970 verschuldet; er sei von Husseïn geschickt mit Zuckerbrot und Peitsche traktiert worden: »Du, Abu Amar, bist auf alles hereingefallen!« Abu Amar ist der Deckname des Jassir Arafat.

Diesem Nationalkongreß der Palästinenser hat der ägyptische Präsident Anwar el-Sadat den Rat gegeben, eine Exilregierung zu bilden. Die Delegierten sollten ein verantwortliches politisches Gremium wählen, mit dem alle Fragen und Probleme besprochen werden können. In der Vorstellung des ägyptischen Präsidenten ist diese Exilregierung geplant als Kontaktstelle zu allen arabischen Regierungen, als Organ der Finanzverwaltung für alle Spenden, als Gesprächspartner bei allen Diskussionen um die Zukunft der Palästinenser. Anwar el-Sadat wollte mit der Bildung der Exilregierung ein verantwortliches Gremium schaffen, das verantwortlich sein sollte für die Aktionen der Kampforganisationen. Die Besetzung der saudi-arabischen Botschaft in Khartum und Paris konnte dann der Palästinensischen Exilregierung angelastet werden; sie konnte man auffordern, künftig alle Taten zu unterlassen, die der Sache der Araber insgesamt nur Schaden zufügen. Diese unkontrollierbaren Palästinenser sollten erst einmal ordentliche Araber werden.

Jassir Arafat wäre nicht ungern Präsident der Palästinensischen Exilregierung geworden, aber er traute dem ägyptischen Vorschlag nicht, er sah die Gefahr der Einmischung durch Sadat: Er wollte keine Marionette in der Hand der Kairoer Regierung sein. Ganz schroff aber lehnte die Volksfront die Bitte ab: »Wir sind eine Kampforganisation, eine revolutionäre Bewegung. Wir kämpfen, aber wir repräsentieren nicht!« Sadat war erstaunt über diese politische Kurzsichtigkeit.

Einige wichtige Delegierte waren durchaus für die Wahl einer verantwortlichen Regierung; Khaled Hassan gehört dazu, der Realist mit guten Kontakten nach Saudi-Arabien. Er hatte schon seit einiger Zeit dafür gekämpft, daß eine Art von Finanzminister die Spenden, die Zahlungen aus Libyen, Saudi-Arabien und den Golfemiraten in einer Hand zusammenfaßt, um die Verteilung zu kontrollieren – zu viel verschwindet in Nebenkanälen. Khaled Hassan glaubt, mit einer ordentlichen Finanzverwaltung die Spendenfreudigkeit der arabischen Bruderstaaten steigern zu können: »Wer weiß, daß das Geld für den richtigen Zweck ausgegeben wird, der spendet mehr.«

Khaled Hassan hält auf diesem Nationalkongreß eine Rede. Er versucht, den anderen Kommandochefs politische Wege in die Zukunft zu zeigen: »Wir sind zu sehr auf den Kampf festgelegt, die Waffen der Diplomatie sehen wir gar nicht. Kampf ist ehrenwert, aber politische Überlegung ist nichts Anrüchiges. Wir müssen klarsehen, diese Welt will keinen Kampf mehr. Die Konflikte werden durch Verhandlungen gelöst, nicht durch militärische Siege. Die Sowjetunion und die USA wollen Entspannung, davon sind alle Krisenherde betroffen. Der Volkskrieg, den wir führen wollen, der stört die Großmächte.«

Verschleiert, und doch für die Delegierten verständlich, trägt Khaled Hassan einen eigenen Plan für die Zukunft der Palästinenser vor: die Friedensliebe der Großmächte müsse ausgenützt werden; die USA, die im Interesse Israels Frieden wollen, sollen dafür sorgen, daß auch die Palästinenser zufriedengestellt werden können. Ein »Marshallplan für den Nahen Osten« sei von den USA zu fordern. Er ermögliche die Konzentration des palästinensischen Volkes in einem palästinensischen Staat – über den Platz könne man reden, wenn man über das Prinzip einig sei.

Viel Beifall erhielt Khaled Hassan nicht. Arafat antwortet später: »Defätisten haben in unseren Reihen nichts zu suchen. Wer nicht kämpfen will, der braucht nicht bei uns zu bleiben. Unser Ziel ist die völlige Zerschlagung Israels!« Eine Debatte über diese Maxime gibt es nicht. Die politische Diskussion ist damit blockiert. Da der Kampf als einzige Möglichkeit der Lösung des Palästinenserproblems anvisiert wird, ist die Bildung einer Exilregierung sinnlos. Das Thema wird nicht weiter behandelt.

Khaled Hassan wurde nicht mehr in das Exekutivkomittee der Befreiungsorganisationen gewählt, er spielt auch keine Rolle mehr innerhalb der El Fatah. Die Engstirnigkeit regiert in den Kommando-Organisationen.

Der Realist hatte eingesehen, daß die starre Haltung die Palästinenser in die Isolierung treibt. Die Kriegsziele der Befreiungsfront und die Kriegsziele der arabischen Regierungen haben nichts mehr gemeinsam. Die Regierungen sind sich einig, und sie sind in der mächtigeren Position. Sie werden sich nicht mehr um Forderungen der Kommandos kümmern. Die arabischen Regierungen haben sich vor der Weltöffentlichkeit verpflichtet, die Existenz Israels zu akzeptieren; Anwar el-Sadat und Hafez Assad – von König Husseïn ganz zu schweigen – führen diesen Krieg, um die verlorenen Gebiete zurückzubekommen; Israel zerschlagen wollen sie nicht. Dieses Kriegsziel haben allein noch die Palästinenser.

Als Sadat seinen Friedensplan kurz nach dem zweiten Waffenstillstand über die Sender von Radio Kairo bekanntgibt, sitze ich auf dem Feldbett von Bassam Abu Sharif, einem wichtigen Mann in der Volksfront zur Befreiung Palästinas. Bassam Abu Sharif ist ein alter Bekannter: Bei den von seiner Gruppe nach Jordanien entführten Linienflugzeugen wollte er vor drei Jahren mein Team und mich erschießen lassen. Wir waren unter Bewachung seiner Männer in die Wüste bei Zerka gefahren, um die drei Flugzeuge zu filmen, mit den Passagieren zu sprechen. Bassam Abu Sharif ärgerte sich über unsere Hartnäckigkeit: »I order the fighters to shoot you immediately!« Von diesem Vorhaben ließ er sich dann noch abbringen.

Bassam ist deprimiert in dieser Stunde: Anwar el-Sadat zeigt sich verständigungsbereit, er will mit Israel verhandeln – persönlich; bisher hatte nie ein arabischer Politiker Gespräche anzubieten gewagt. »Sadat schämt sich nicht, mit den Leuten reden zu wollen, die unsere Heimat besetzt halten!« Bassam ist traurig und wütend. »Wir werden weiterkämpfen, wie schon oft als einzige in ganz Arabien.« Bassam sieht voraus, daß die Kommandos Schwierigkeiten bekommen werden mit den arabischen Regierungen: »Es wird so wie damals in Jordanien.«

Das Gesicht des Bassam Abu Sharif ist entstellt, in seinen Händen war vor einigen Monaten ein Sprengstoffpaket explodiert. Es war mit der Post gekommen, der Absender ließ sich nicht feststellen; Bassam vermutet, daß es der israelische Geheimdienst war, »oder die Jordanier, aber das ist dasselbe!« Die jordanische Sicherheitsbehörde hat die Affäre der Flugzeugentführungen nicht vergessen.
Dieser Kommandochef sieht eine böse Zukunft für seine Organisation. Sollten die Syrer und die Ägypter zu annehmbaren Bedingungen in Verhandlungen die besetzten Gebiete zurückbekommen, dann muß Anwar el-Sadat dem Staat Israel »sichere Grenzen« garantieren – dazu hat er sich verpflichtet. Die Sicherheit der Grenzen ist nur zu garantieren, wenn von diesen Grenzen jede Bedrohung ferngehalten wird. Anwar el-Sadat hat das Eindringen der Kommandos nach Israel zu verhindern; er wird Schluß machen müssen mit Volksfront und El Fatah. Als Hohn empfindet Bassam Abu Sharif den Satz des ägyptischen Präsidenten: »Ich verstehe die Aufregung der Befreiungsorganisationen gar nicht; wenn wir jetzt die im Junikrieg verlorenen Gebiete zurückholen, nehmen wir doch schon einen Teil der Aufgabe der Kommandos vorweg. Das, was wir der arabischen Seite wiedergewinnen, das brauchen schon sie nicht zu erobern.« Bassam klammert sich an die Hoffnung, daß die geplanten Verhandlungen zwischen den kriegführenden Staaten im Nahen Osten gar nicht stattfinden werden. Frage: »Wenn es nun doch zu Verhandlungen kommt, werden sie daran teilnehmen?« Die Antwort: »Unter gar keinen Umständen!« Aber Bassam Abu Sharif spricht nur für die Volksfront zur Befreiung Palästinas.
In den Tagen nach dem zweiten Waffenstillstand sind die Organisationen der Befreiungsfront wieder zerstritten. Jassir Arafat steht diesmal unter Anklage, ein Defätist zu sein; die Begründung: Arafat überlegt sich, ob es nicht doch klug sei, an der Friedenskonferenz teilzunehmen. Der Kommandochef wird von Moskau unter Druck gesetzt. Ein Brief hat ihn über die Haltung der Sowjets aufgeklärt. Breschnew selbst rät dringend, Arafat möge sich persönlich an den Verhandlungstisch setzen. Den Rat der Sowjets kann Arafat kaum unberücksichtigt lassen; wenn die

Sowjets der El Fatah keine Waffen mehr geben, dann ist der Kampf der Kommandos zu Ende. Die Unterstützung durch Moskau hat der Person Arafat in den letzten Jahren Gewicht gegeben, er wurde gelobt als der wahre Freund der Sowjetrussen und aller Völker des Ostblocks. Breschnew darf er jetzt nicht vor den Kopf stoßen.

George Habbash aber, der Chef der Volksfront zur Befreiung Palästinas, sieht in dieser Haltung Denkvorgänge des Kleinbürgertums. »Ein Revolutionär kann nicht seine Grundsätze aufgeben, weil ein Außenstehender das verlangt.« Für Habbash ist die Sowjetunion kein revolutionärer Staat mehr, sondern ein verkrusteter bourgeoiser Kastenstaat. »Auf Ratschläge von dieser Seite hört kein Revolutionär!« Arafat beruft in Beirut eine Konferenz ein, um die Streitigkeiten beizulegen. Doch die Volksfront läßt sich nicht umstimmen.

Der ägyptische Präsident schickt einen langen Brief. Sadat macht höflich, aber deutlich darauf aufmerksam, daß die Leistungen der Kommandos im Kriege keine Halsstarrigkeit rechtfertigen. Jassir Arafat bekommt in diesen Tagen oft sein Versagen präsentiert: der Befreiungsbewegung war es nicht geglückt, bei Kriegsbeginn die Araber im besetzten Gebiet zu einem Aufstand anzustacheln. Die Dörfer und Städte am Westufer des Jordans und im Gazastreifen waren völlig ruhig geblieben. Damit hatte die Kommandobewegung die wichtigste Aufgabe, die ihr für den Krieg zugeteilt war, nicht erfüllt. Der Aufstand hätte die Israelis gezwungen, Truppen in die Städte Jericho, Nablus und Bethlehem zu verlegen, die syrische und die ägyptische Front wären entlastet gewesen. Anwar el-Sadat gebraucht umständliche Formulierungen um dem Jassir Arafat zu sagen, daß er die Attitüde eines Truppenkommandeurs endlich ablegen soll. Der Guerillakrieg der Palästinenser – so meint der Ägypter – möge sich auf die arabischen Menschen innerhalb Israels stützen, »sie bieten gern den Kämpfern Heim und Herd«. Sadat ist ein Meister in gezielter Ironie.

Nach einer Woche der Beratung und Diskussion präzisiert die El Fatah ihren Standpunkt. Einige Unterführer schämen sich allerdings über die Zweideutigkeit des Textes:

1. Die Palästinensische Revolution hat das Ziel, das Vaterland zu befreien und einen demokratischen Staat auf dem ungeteilten Territorium von Palästina zu errichten. Für dieses Ziel kämpft unser Volk; es wird weiterkämpfen ohne Rücksicht auf die Opfer.
2. Die augenblickliche schwierige Situation zwingt uns, mit unseren Brüdern in den besetzten Gebieten und in den arabischen Ländern zu beraten und Entscheidungen zu treffen. Die Entscheidungen werden wir vor der Geschichte zu verantworten haben. Sie müssen dieser kritischen Phase auf dem Weg unseres Volkes gerecht werden.
3. Wir haben zu bedenken, daß die arabischen Staaten mit einigen positiven Resultaten gegen den zionistischen Feind gekämpft haben – aber vieles in diesem Kampf ist noch unentschieden. Wir müssen für die Zukunft gerüstet sein.

Diese Präzisierung des Standpunkts der El Fatah betrachtet der ägyptische Präsident als ungenügend. Er beklagt sich, daß die am meisten vom Konflikt Betroffenen über eine verwaschene Deklaration nicht hinauskommen; er ärgert sich über die Formulierung, daß in diesem Krieg nur »einige positive Resultate« erzielt worden seien. Der ägyptische Präsident lehnt diese Auslegung der Kriegsereignisse durch die Kommandos ab. Er hat für sich die Konsequenzen schon gezogen, die Befürchtungen des Bassam Abu Sharif sind berechtigt: Sadat wird den Palästinensern nicht helfen, wenn die libanesische Armee die Hauptquartiere und militärischen Basen der El Fatah und der Volksfront zur Befreiung Palästinas in Beirut ausräumt. Daß die Kommandos mit diesem Schlag rechnen, beweist mir ein Erlebnis nach dem Waffenstillstand.

In regelmäßigen Zeitabständen bitte ich die Chefs der Befreiungsorganisation um die Genehmigung, den Friedhof der Kommandos filmen zu können. Am Rande des Stadtteils Sabra in Beirut, unter Pinien, beerdigen die Palästinenser die Männer, die im Kampf mit der israelischen Armee oder in Auseinandersetzungen mit den libanesischen Truppen gefallen sind. Das stetige Wachsen des Friedhofs demonstriert mir das Ausmaß der Kämpfe; die Zahl der Toten ist Zeugnis für die Härte der Auseinandersetzung. Das vorbereitete, aber noch nicht benützte Massengrab zeigen die Chefs der El Fatah bisher ungern: »Wir sind für alles gerüstet!« Noch reichte bisher der Platz aus, um die Toten in Einzelgräber legen zu können.

Auch nach dem Waffenstillstand stelle ich den Antrag zum Besuch des Friedhofs. Die Volksfront zur Befreiung Palästinas gibt dem Team und mir eine schriftliche Genehmigung mit. Wir lassen unseren Wagen stehen, dort, wo das Stadtviertel Sabra in einen Pinienpark übergeht – der Weg zum Friedhof der Palästinenser ist verzwickt. Wir suchen ihn immer aufs neue, auch diesmal. Aus einem Haus stürzt ein Feddajjin, er fuchtelt mit der Kalaschnikov-Maschinenpistole, aber er läßt sich durch unser gestempeltes Papier beruhigen. Wenige Schritte später stoppt ein alter Peugeot neben uns; drei Bewaffnete erkundigen sich, warum wir mit der Kamera im Sabra-Viertel unterwegs sind – auch sie geben sich mit dem Volksfront-Stempel zufrieden. Der Friedhofswärter, ein alter Mann in der Kampfjacke der Kommandos, läßt uns den Friedhof betreten, verschwindet aber dann. Ein Blick genügt: hier sind nur drei neue Gräber angelegt. Daraus ist abzulesen, daß die Verluste der Befreiungsorganisationen im vierten Nahostkrieg gering sind. Wir stehen an den neuen Gräbern, da kurvt ein blauer Mercedes-Pkw zwischen den Bäumen auf uns zu; aus dem linken Wagenfenster zielt die Kalaschnikov-Waffe. Zwei Kommandoleute steigen aus und fordern uns in barschem Ton auf, mitzukommen. Das Papier der Volksfront lassen sie nicht gelten; nur der Stempel von »Eschnetil al Markesia«, dem Zentralkomitee, gebe die nötige Legitimation. Die Kommando-Angehörigen sind überzeugt, israelische Spione gefangen zu haben. Wir fahren in ihrem Wagen zum militärischen Kommandeur des Sabra-Viertels. Wir passieren Sandsackbarrieren, Stacheldrahtverhaue und Laufgräben. Das Sabra-Viertel, bewohnt fast ausschließlich von Palästinensern, ist eine Festung, die den Sturm erwartet. Im Sabra-Viertel sind die Hauptquartiere der Kommando-Organisationen.

In verschmutzten, graufarbigen Betonblöcken bereiten sich die Chefs der Volksfront und der El Fatah auf die Verteidigung dieser letzten Stellung vor. In Jordanien haben die Palästinenser ihre Souveränität verloren, in Syrien stehen sie unter dem Kommando der regulären syrischen Armee, in Ägypten hatten die Kommandos noch nie autonome Rechte besessen – nur hier, in den Lagern des Libanon, regieren El Fatah und Volksfront noch souverän.

Vom Sabra-Viertel aus werden Sabotageakte im besetzten Gebiet und in Israel dirigiert. Für diese Aktionen macht Israel den Libanon verantwortlich; Israel droht, einen Grenzstreifen des Libanon zu besetzen, wenn die libanesische Armee nicht Ordnung schaffen kann in den Flüchtlingslagern. Die libanesische Armee – 15 000 Mann stark – muß die Hauptquartiere im Sabra-Viertel ausräumen, wenn sie Israels Griff nach libanesischem Territorium verhindern will. Haben die Friedensverhandlungen Erfolg, dann beginnt für die Kommando-Organisationen hier der Kampf um die Existenz.

Der militärische Kommandeur befiehlt unsere Freilassung, der blaue Mercedes fährt uns zum eigenen Fahrzeug zurück. Die Diskussion war kurz: »Im Stadtviertel Sabra ist ab sofort alles militärisches Gebiet; Filmaufnahmen können deshalb nicht erlaubt werden, weil die Gefahr besteht, daß sie dem Gegner zugespielt werden.« Den Gegner sieht der Kommandochef im libanesischen Brigadegeneral Ghanem.

Der unfreiwillige Besuch im militärischen Hauptquartier gibt Gelegenheit, die Männer zu studieren, die heute noch versuchen, Israel mit der Waffe zu zerschlagen: übriggeblieben sind die fanatischen Kämpfer – Männer, die ihr Ziel über die Konventionen der Menschlichkeit stellen. Die Denker, die Überlegenden, die Kämpfer mit Wissen, sind tot, oder sie haben den Kampfverbänden den Rücken gekehrt. Noch nach der Niederlage von Amman waren in den Gruppen der El Fatah die intelligenten jungen Männer zu finden, die in Deutschland Maschinenbau oder Elektrotechnik studiert hatten, die wußten, wie man mit Waffen umgeht. Sie werden fehlen bei der Verteidigung der letzten Bastion. Arafat sieht klar in diesen Tagen, daß seine Organisation der Verlierer des vierten Nahostkrieges ist. Er kennt genau die Schwierigkeiten, die auf die El Fatah und die Volksfront zukommen. Seine Kontakte mit den arabischen Führern nach der

Feuereinstellung sind nicht ermutigend. Arafat besucht König Feisal, um sich zu bedanken für die politische Unterstützung, die der saudiarabische König der Sache der Palästinenser gewährt – Feisal hatte dem amerikanischen Außenminister eindeutig erklärt, daß er die Schaffung eines arabischen Staates Palästina erwarte. Arafat, der sich diesen arabischen Staat Palästina für sein Volk wünscht, sah in dieser Geste des Königs Grund, sofort nach Riyadh zu fliegen. Doch er wurde sehr frostig empfangen. Jassir Arafat bat um weitere finanzielle Unterstützung: »Sie, Majestät, haben jedem geholfen, nur uns, den Palästinensern, haben Sie noch nichts gegeben!« Die schroffe Antwort des Königs: »Das hat seinen guten Grund, ihr habt nichts von dem getan, was von euch erwartet wurde in diesem Krieg!« Arafat verteidigt sich: »Fünfzig militärische Operationen waren verlangt, fünfzig Operationen haben wir mit Erfolg ausgeführt – und sogar noch hundertfünfzig dazu, ohne daß sie verlangt waren!« Arafat redet umsonst, der König glaubt dem Kommandochef nicht.

Blockade am Tor der Tränen

Am 24. Oktober, einen Tag nach der Feuereinstellung, meldet das amerikanische Frachtschiff »Lasalle« über Funk, ein nicht zu identifizierendes Kanonenboot habe Warnschüsse abgegeben. Der Frachter »Lasalle« war unterwegs zum französisch verwalteten Hafen Dschibuti, der im Bereich der Meerenge Bab el-Mandeb liegt. Der Kapitän wurde aufgefordert, die Einfahrt zum Roten Meer nicht zu benützen. Der Frachter konnte nach Süden ausweichen und erreichte ungestört den Bestimmungshafen. Durch den Kapitän des Schiffes »Lasalle« erst wurde bekannt, daß die Araber die Meerenge von Bab el-Mandeb – vom Tor der Tränen – sperren: kein Schiff kann seit Kriegsbeginn den israelischen Hafen Eilat anlaufen.
Die Israelis verschweigen die Blockade, sie nehmen die Sperrung

des Seewegs hin – die Flotte im Roten Meer ist nicht stark genug, sich auf Kämpfe mit arabischen Kriegsschiffen einzulassen. Die israelische Marine besitzt 30 Schiffe, die einen Seekrieg führen können; aber die Mehrzahl dieser Schiffe ist im Mittelmeer eingesetzt und wird zur Kontrolle des Seebereichs vor der israelischen Westküste gebraucht. Generalstabschef David Elazar hielt die südliche Seeroute bisher durch den Stützpunkt Sharm el-Sheikh für ausreichend geschützt. Der Luftwaffe war die Aufgabe der Sicherung des Schiffsverkehrs zugeteilt, von Sharm el-Sheikh aus konnten die Phantom-Kampfflugzeuge bis zur Linie des nördlichen Wendekreises bedrängten Schiffen im Roten Meer zu Hilfe kommen.

Im Juni 1971 mußte das Oberkommando erkennen, daß der »Lange Arm« Israels nicht in jedem Fall eine schwierige Situation bereinigen kann. Damals schoß ein Kommando der Volksfront zur Befreiung Palästinas mit Raketen auf den Tanker »Coral Sea«, der nach Eilat unterwegs war. Dieser Überfall fand auf der Höhe der Insel Perim statt, 2000 Kilometer von Sharm el-Sheikh entfernt. Dieser Bereich liegt außerhalb des Operationsradius der Phantom-Kampfflugzeuge. Der Überfall durch Feddajjin der Volksfront mißlang, aber er bewies die Verwundbarkeit der südlichen Handelslinie des Staates Israel. Den Schutz der Schiffe durch Flugzeuge konnte man vergessen, an den Schutz durch Kriegsschiffe aber war erst gar nicht zu denken.

Der Schiffahrtsweg durch das Rote Meer von Bab el-Mandeb bis zum Hafen Eilat führt über 2200 Kilometer vorbei an den Küsten der arabischen Staaten Südjemen, Jemen, Sudan, Ägypten, Saudi-Arabien. Diese fünf Staaten haben im Roten Meer etwa 30 kampfbereite Schiffe liegen. Für Angriffe auf Tanker genügen kleine Motorboote, die mit Raketen bestückt sind. Tanker bieten ein großes Ziel, sie sind unbewaffnet und fahren ohne Geleitschutz. Das angreifende Motorboot kann rasch in einem der arabischen Häfen verschwinden. Mit ganz geringen Mitteln ist die Ölversorgung des Staates Israel zu stören – das gesamte Öl, das Israel bezieht, schwimmt durch den langen Schlauch des Roten Meeres, durch Gewässer, die vom Gegner beherrscht werden. Die Blockade stört die Energieversorgung Israels empfindlich; nur das Öl, das auf der besetzten Halbinsel Sinai gefördert wird, steht noch den israelischen Raffinerien zur Verfügung; die Tanker von Abu Rodeis auf Sinai kommen in Eilat an. Die fünf Millionen Tonnen Öl aus Sinai aber reichen der israelischen Wirtschaft nicht aus. Doch verhindert diese Menge jetzt, während der Blockade von Bab el-Mandeb, immerhin den totalen Zusammenbruch der Energieversorgung.

Der Hafen Eilat, die Energieader Israels, ist lahmgelegt. Militärpolizei sperrt den Zugang zu den Kais ab. Die Entladeanlagen rühren sich nicht; Wasserplätschern ist das einzige Geräusch, das vom Hafen her zu hören ist; die Straßen sind verlassen, öde. Die Tanker von Abu Rodeis entladen abseits vom Handelshafen. Bis zu 90 Schiffe ankerten hier vor dem Krieg im Monat, 3 Millionen Tonnen Fracht werden in Eilat in normalen Zeiten in jedem Jahr ausgeladen, das ist ein Viertel der Einfuhr des Landes. Seit Kriegsausbruch legt kein Frachter und – das ist weit schmerzhafter – auch kein Tanker mehr in Eilat an. Die Reeder wagen es nicht, ihre Schiffe die Meerenge des Bab el-Mandeb passieren zu lassen.

Die Blockade wirkt sich auch für Europa aus. 20 Millionen Tonnen persisches Öl werden im Jahr von Eilat durch Pipelines zum Mittelmeer gepumpt und dort erneut auf Tanker verladen, die in Richtung Italien fahren. Diese 20 Millionen Tonnen Öl fehlen der europäischen Energiewirtschaft.

Vierzig Kilometer breit ist die Wasserstraße Bab el-Mandeb am Südausgang des Roten Meeres. Zehn Minen, günstig in der Fahrrinne verankert, lassen jeden Tankerkapitän das Risiko der Passage fürchten. Es genügt schon die Warnung, daß eine Minensperre die Wasserstraße blockiere, die Sperre braucht in Wirklichkeit gar nicht zu existieren. Im vierten Nahostkrieg können die Ägypter mit Bluff und einem Minimum an militärischem Einsatz den israelischen Ölnachschub blockieren. Zwei ägyptische Zerstörer haben die Kontrolle der Wasserstraße übernommen. Enterkommandos gehen an Bord der Frachter, sie überprüfen Ladung und Bestimmungsort. Die Versicherungsgesellschaft Lloyds in London ist informiert, welche Schiffe in der Meerenge abgewiesen werden: Bab el-Mandeb dürfen keine Schiffe unter

israelischer Flagge, keine Schiffe israelischer Reeder und kein Schiff mit dem Bestimmungshafen Eilat passieren. Aus Vorsicht verlassen auch Schiffe, die auslaufen wollen, den Hafen Eilat nicht. 13 Frachter warten auf die Aufhebung der Blockade.
Seit dem Überfall auf den Tanker »Coral Sea« hatte die israelische Marine mit dem Einverständnis der Äthiopier eine kleine Einsatztruppe auf der äthiopischen Insel Haleb, 100 Kilometer nördlich von Bab el-Mandeb, stationiert. Kaiser Haile Selassie von Äthiopien hat am 23. Oktober die diplomatischen Beziehungen zu Israel abgebrochen. Der israelischen Besatzung der Insel Haleb blieb danach nur der beschwerliche Heimweg entlang an feindlichen Küsten.
Die Regierung der Volksrepublik Südjemen hilft den Ägyptern. Am 26. Oktober beansprucht Aden die absolute Kontrolle über den Seeweg, jede internationale Aufsicht wird abgelehnt. Aden will künftig darüber bestimmen, welche Schiffe Bab el-Mandeb durchfahren können. Die Regierung der Volksrepublik zählt zu den erbitterten Feinden der Israelis. Der Erfolg der Seeblockade wird Aden zur Fortsetzung reizen. Israel muß die Aufhebung der Sperre mit Zugeständnissen bezahlen. Der Südjemen ist in der Lage, für die Araber hohen Profit zu erzielen.
Anwar el-Sadat will dann erst Bab el-Mandeb freigeben, wenn sich die israelische Armee auf die Waffenstillstandslinie vom 22. Oktober, 18 Uhr 50 Ortszeit, zurückzieht. Wenn die Israelis sich weigern, soll die Sperre bestehen bleiben. Transportminister Peres kündigt in Tel Aviv an, Israel werde einen Blockadebrecher in Richtung Bab el-Mandeb auf den Weg schicken. Doch Golda Meïr ist dagegen; sie fürchtet, daß die Minensperre wirklich vorhanden ist. Der Verlust eines Schiffes, so meint sie, wird die Lage nur noch komplizierter machen – Israel sei dann zu Repressalien gezwungen, um sein Prestige zu retten. Der Blockadebrecher wird noch in Eilat gestoppt. Die Ägypter buchen einen Erfolg. Sie informieren den Befehlshaber der Friedenstruppe der Vereinten Nationen, daß die Blockade bestehen bleibt. Israel schweigt; Moshe Dayan sieht kein Mittel, der israelischen Flotte die Durchfahrt durch Bab el-Mandeb zu erzwingen. Den Ägyptern bleibt ein Pfand für die Friedenskonferenz.

Das Rezept des Henry Kissinger

Die Herzlichkeit ist nicht gespielt. Anwar el-Sadat strahlt den amerikanischen Außenminister an, er schüttelt die Hand und greift immer wieder nach, um ja festen Kontakt zu finden. Verflogen ist die ärgerliche Reaktion auf Henry Kissingers Reiseroute: daß der Außenminister zuerst den König Hassan II. von Marokko und dann noch den tunesischen Präsidenten besucht hatte, das war in Kairo als Zeitverschwendung angesehen worden; von Hassan II. war kein Beitrag zur Lösung des Nahostkonflikts zu erwarten. Aber nun ist Kissinger da, der Wundermann, der Träger des Friedensnobelpreises 1973; der Diplomat, der es fertiggebracht hatte, den Vietnam-Konflikt einzuschläfern. Henry Kissinger sagt in Kairo: »Die Sowjetunion kann euch Waffen verkaufen, aber nur die Vereinigten Staaten können euch den Frieden geben!«

Kairo feiert den Amerikaner als »Apostel des Friedens« – sehr zur Verwirrung der Bundesgenossen in Damaskus. Der syrische Präsident sieht die Szene der herzlichen Begrüßung im Fernsehen, er wundert sich: »Eben noch haben uns die Granaten der Amerikaner totgeschlagen, und jetzt umarmt man in Kairo die Munitionslieferanten der Israelis.« Anwar el-Sadat geht unbeirrt den einen Weg, den er seit Monaten für richtig hält. Seine Meinung: »Nur die Amerikaner haben den Schlüssel für die Lösung des Konflikts in der Hand; wenn wir bei den USA Verständnis finden, dann kann uns gar nichts passieren.« Der ägyptische Präsident steigert sich jetzt in eine Euphorie hinein, die ihm den nahen Abzug der israelischen Armee durch Sinai nach Osten vorgaukelt.

Am Tag vor Kissingers Ankunft drängen die Generale den Präsidenten, unbedingt wieder angreifen zu lassen, mit dem unpassenden Waffenstillstand Schluß zu machen. Generalstabschef Saadeddin Shazli will die Präsenz der Israelis auf dem afrikanischen Ufer des Suezkanals beenden; er ist überzeugt, daß er zumindest die Stadt Suez und die eingeschlossene Dritte Ägyptische Armee entsetzen kann. Shazli leidet darunter, daß den

Israelis am 23. Oktober ein derart großer Einbruch in die ägyptischen Linien gelingen konnte. Anwar el-Sadat bringt seine Generale an diesem Tag durch die Androhung eines Strafgerichts zur Vernunft. Inzwischen waren Gerüchte und Erzählungen, wie die Israelis ihren Brückenkopf sichern konnten, bis ins Hauptquartier vorgedrungen. Shazli ärgert sich besonders über diese Geschichte: »Ein Bauer entdeckte Panzer in einem Zuckerrohrfeld; er dachte, es handle sich um ägyptische Panzer; er wollte die Panzerfahrer bitten, aus dem Zuckerrohrfeld herauszufahren. Die Soldaten antworteten auf arabisch, aber in einem seltsamen Dialekt, der nicht nach Ägypten paßte. Der Bauer, ein Fellache, wurde argwöhnisch, er ritt ins nächste Militärlager und alarmierte den Kommandanten. So erfuhr schließlich das Hauptquartier, daß die Israelis weit vorgestoßen waren.« In dieser Geschichte steckt viel Wahrheit.

Etwa 1500 Quadratkilometer konnte die israelische Armee am Westufer des Suezkanals besetzen. Moshe Dayan ernennt für dieses Gebiet einen Militärgouverneur, den General Abraham Orli. Die Straße von Suez nach Westen ist bis zum Kilometer 101 vor Kairo in der Hand der Israelis. Saadeddin Shazli hatte die Katastrophe der Auflösung der Dritten Armee auf dem Ostufer gerade noch verhindern können: Kapitulation und Flucht fanden nicht statt, die einheitliche Befehlsgewalt wir in den Stunden nach der Feuereinstellung wieder etabliert worden. So rettete sich der ägyptische Generalstabschef zunächst vor der Absetzung.

Anwar el-Sadat macht in den kommenden Tagen die Erfahrung, die ihn zur Überzeugung bringt, daß er die USA in diesem Konflikt näher auf seine Seite ziehen kann. Die Wurzel für die Herzlichkeit des Ägypters beim Empfang des amerikanischen Außenministers liegt im plötzlichen Nachgeben der Israelis. Am 27. Oktober waren ägyptische und israelische Offiziere am Kilometer 101 der Straße Suez–Kairo zusammengetroffen, um eine Vereinbarung abzuschließen über die Versorgung der abgetrennten ägyptischen Truppen. Zum erstenmal seit 1949 unterhielten sich Israelis und Ägypter direkt miteinander, ohne Vermittler einzuschalten. Das Resultat: 125 Lastwagen, beladen mit Lebensmitteln, Wasser und Medikamenten, konnten zum Kanal vorfahren; der nichtmilitärische Nachschub für die Dritte Armee war – unter Druck der USA – wieder in Gang gekommen.

Henry Kissinger hat nach seinem Rezept gehandelt, das er während der Vietnam-Verhandlungen zum erstenmal in der großen Politik erprobt hatte. Der Außenminister veranlaßt eine Seite, in diesem Fall die stärkere Seite, zu einem Zugeständnis, das die Verkrampfung und das starre Festhalten an Positionen lokkert. Kissinger findet Lösungen für Teilprobleme des Konflikts, den Kern der Auseinandersetzung greift er vorerst nicht an. Im Salon des Präsidenten-Palastes in Kairo verrät Henry Kissinger Anwar el-Sadat nicht, wie er Israel zum Rückzug bewegen will, wie er sich die Zukunft des palästinensischen Volkes vorstellt. Kissinger spricht über einfache Probleme, über den Nachschubkorridor zum Ostufer und über die Voraussetzungen eines stabilen Waffenstillstands. Es gelingt ihm, den ägyptischen Präsidenten zu überzeugen, daß Israel zum Rückzug bewegt werden kann – zwar nicht sofort, aber doch innerhalb eines Jahres. Mit diesem Blick auf die Zukunft gibt sich Sadat zufrieden. Er ist damit einverstanden, daß Kissinger die Modalitäten des Waffenstillstands schriftlich niederlegt.

Über diese Punkte sind sich der Amerikaner und der Ägypter einig: Die Waffenruhe wird peinlich genau eingehalten, in Gesprächen legen ägyptische und israelische Kommandeure die Grundlage für die Rückkehr zu den Waffenstillstandslinien vom 22. Oktober, die Stadt Suez kann mit Proviant versorgt werden, ebenso die Dritte Ägyptische Armee; die Vereinten Nationen übernehmen die Verantwortung für Check Points zwischen den Linien an der Straße Kairo–Suez.

Henry Kissinger findet zunächst wenig Verständnis für seinen Wunsch, daß beide Seiten bald mit dem Austausch der Gefangenen beginnen. Doch er muß auf diesen Austausch drängen, denn nur mit dem Versprechen, die jungen Israelis in ägyptischer Gefangenschaft würden bald nach Hause zurückkehren, konnte er Golda Meïr mit einem zugkräftigen Argument für weitere Zugeständnisse ausstatten – mit einem Argument, das zu Hause überzeugen konnte. Sadat gab in der Frage des Gefangenenaustausches schließlich nach, da Kissinger ihm versprach, daß die Friedens-

DM 16,80

r · Titel Eban, Volk, SA

3 426 05575 9	Ln.	1.	—
	Einb.	Aufl.	Bd.

—

e u.ä.

Droemer Knaur	11547
ag	Verkehrs-Nr.

konferenz bald – in unmittelbarer Zukunft – stattfinden könne. An dieser Konferenz ist Sadat interessiert, von ihr verspricht er sich das Ende des Konflikts.
Kissinger hatte dem Ägypter ein Paket von Teillösungen abgerungen, die alle nicht die schwierigen Aspekte des Nahostkonflikts berühren, die aber das Kriegsfeuer am Suezkanal zunächst einmal löschen können. Mit diesem Paket von Teillösungen flog Joseph Sisco, der engste Mitarbeiter des Außenministers, nach Tel Aviv. Sofort nach der Ankunft auf dem Flughafen Lod wurde Sisco von Golda Meïr empfangen. Sie wartete schon in ihrer Privatwohnung, im Gespräch mit ihrem Stellvertreter Yigal Allon, mit Moshe Dayan und mit General Yariv. Joseph Sisco hatte die undankbare Aufgabe, der Ministerpräsidentin das Tauschgeschäft »Gefangene gegen Versorgungskorridor« aufzuzwingen. Nach einer langen Klage von Golda Meïr über die unzulässige Vermengung von humanitärer Aktion mit offener Hilfe für die Ägypter legte Sisco ein bereits von Kissinger vorher unterzeichnetes Dokument vor. Golda Meïr unterschrieb nun ebenfalls, es blieb ihr kein Ausweg. Der Waffenstillstand war von beiden Seiten akzeptiert.
In Kairo wird Henry Kissinger gefragt: »Was machen Sie, wenn Joseph Sisco Erfolg hat in Tel Aviv, und wenn man den kommenden Frieden dann nach Sisco benennt?« Die Antwort: »Mir ist das recht, ich hoffe, daß sich Joseph darüber freut, wenn er künftig statt mir für die Paßbehörde der USA zuständig sein wird!« Einen Monat später ist Joseph Sisco abgelöst.
Henry Kissinger und Anwar el-Sadat vereinbaren am Ende ihrer freundschaftlichen Gespräche die Wiederaufnahme der diplomatischen Beziehungen zwischen Kairo und Washington. Seit dem Junikrieg von 1967 wollten die Ägypter offiziell nichts mit den USA zu tun haben – am Ende des vierten Nahostkriegs vergißt Sadat, daß die USA seit sechs Jahren als Feind Nummer eins der Araber beschimpft worden waren. Die beiden Politiker finden zur Überbrückung dieses Problems eine diplomatische Konstruktion, die unüblich ist, die aber nach außen vielerlei Deutungen zuläßt: Beide Länder bleiben weiterhin in der Hauptstadt des anderen Landes durch »Interessenvertretungen« reprä-

sentiert; an der Spitze dieser diplomatischen Vertretung des allergeringsten Ranges stehen Botschafter, ausgestattet mit vollen Rechten. Aus den Gesprächen zwischen Kairo und Washington ist das diplomatische Verbindungsglied, die Schutzmacht Spanien, künftig ausgeklammert. Trotzdem bleibt – mit der Absicht, die arabischen Bundesgenossen zu beruhigen – das äußere Bild der Distanz zwischen Ägypten und den USA.
Henry Kissinger findet Zeit, die Pyramiden zu besichtigen. Er stellt sich sogar vor die Sphinx, um sich fotografieren zu lassen. Zu den Journalisten sagt er: »Ich hoffe, Sie sagen Ihren Lesern genau, welcher von uns beiden die Sphinx ist!«

Die UN erproben den Weg zum Frieden

Fünf Wochen vor Kriegsbeginn, am 2. September 1973, beendet Kurt Waldheim, der Generalsekretär der Vereinten Nationen, seinen Besuch in Kairo. Im obersten Stock des Sheraton-Hotels empfängt mich der Generalsekretär. Er sagt: »Ich bin hier, um mich zu informieren, mehr kann ich nicht tun. Der Nahostkonflikt muß friedlich gelöst werden, aber ich habe keine Ahnung wie!« Diesen Satz beschließt Kurt Waldheim mit einem seltsamen, unbeholfenen Lachen. Am Gesicht des Generalsekretärs fallen die vielen blauen Äderchen in der roten Haut auf. Waldheim will sich nur von rechts fotografieren lassen; er rügt seinen Pressesekretär, der den Kameraaufbau von links geduldet hatte.
Kurt Waldheim hatte seinen Besuch in Nahen Osten sehr unglücklich begonnen. In Jerusalem sagte er in einer Tischrede beim Essen zu Außenminister Abba Eban: »Ich freue mich, hier in ihrer Hauptstadt zu sein!« Er bedachte nicht, daß die Araber berechtigte Ansprüche auf Teile von Jerusalem haben und daß Tel Aviv bisher noch immer die Hauptstadt Israels ist. Die Ägypter reagierten empört, sie spielten die Entgleisung hoch: »Das ist ein Versprecher im Sinne Freuds. Man kann daraus ablesen, daß

Waldheim Jerusalem für uns Araber abgeschrieben hat.« Unter dieser Belastung litt der Besuch des Generalsekretärs in Kairo; Sadat konnte in ihm keinen geschickten Unterhändler sehen, für ihn war Waldheim ein diplomatischer Tölpel. Der Präsident begrüßte den Generalsekretär mit vielfachem »Welcome, welcome!«, doch die Gespräche blieben ohne Resultat. Sadat verbarg seine Meinung nicht, daß jede Minute, in der er sich mit diesem Besuch abgab, verschwendet war.

Am 25. Oktober aber wird Kurt Waldheim beauftragt, eine internationale Truppe in den Nahen Osten zu senden. Das ist der Tag, an dem die USA auf die militärische Intervention der Sowjetunion warten. Die ägyptische Regierung zeigt sich zufrieden, daß die UN-Truppe die Verantwortung an der Waffenstillstandslinie übernimmt – die chinesischen Vertreter in der UN-Organisation akzeptieren den Beschluß nur, weil die Araber die internationale Truppe unbedingt haben wollen. China versteht die Hoffnungen des ägyptischen Präsidenten nicht. Sadat wird gewarnt: »Die UN-Truppe ist Teil einer imperialistischen Falle!«

Kurt Waldheim handelt rasch. Er beordert österreichische, finnische und schwedische Soldaten der UN-Streitmacht von Zypern nach Ägypten. 600 Mann treffen schon am nächsten Tag in Kairo ein. Der UN-Generalsekretär plant, die UN-Einheiten auf 7000 Mann aufzufüllen. Die Kosten für einen Zeitraum von sechs Monaten: 30 Millionen Dollar; nach Artikel 17 der Charta sollten die UN-Mitglieder den Betrag gemeinsam aufbringen.

Um die Zusammensetzung der UN-Truppe gibt es sofort Streit. Soldaten aus 30 Ländern, die nicht auf irgendeine Weise in den Konflikt verwickelt sind, kommen für die Entsendung in Frage. Nicht jede Armee ist bereit, Truppen zu schicken. Die zwei Großmächte sollen sich nach dem Entschluß des Sicherheitsrats nicht beteiligen, auch nicht England und Frankreich. Kurt Waldheim hält es für klug, keine Soldaten zu holen, deren Heimatstaat keine diplomatischen Beziehungen zu Kairo und Tel Aviv pflegt – unter dieser Bedingung können die meisten afrikanischen Staaten keine Kontingente schicken. Die Sowjetunion aber will unbedingt polnische Soldaten in die UN-Truppe eingliedern, aber Polen hat keine diplomatische Vertretung in Tel Aviv. Die Rumänen wollen die Armeen des Warschauer Pakts repräsentieren – die Rumänen haben einen Botschafter in Israel – aber damit sind die Sowjets wieder nicht einverstanden. Moskau setzt die Beteiligung der Polen durch. Ghana, Indonesien, Nepal, Panama und Peru wollen sich mit je 800 Mann beteiligen; doch es wird dem UN-Generalsekretär bald klar, daß die Österreicher, die Kanadier, die Finnen und die Schweden die Hauptlast in der Truppe zu tragen haben.

Die UN-Streitkräfte sind mit Schnellfeuerwaffen zu ihrer Verteidigung ausgerüstet. Der Begriff Verteidigung ist weit gefaßt: die Stellung, die ein UN-Soldat beziehen soll zwischen den Fronten, die wird er, wenn nötig, mit der Waffe freikämpfen. Befehle empfängt er nur vom finnischen General Ensio Siilasvuo; der Generalmajor ist der Oberkommandierende der UN-Truppe.

Sonntag, 11. November. Bei Kilometer 101 der Straße von Kairo nach Suez ist ein viereckiger Platz abgesteckt, so groß wie ein Fußballfeld. Ein grünes Zelt steht mitten auf dem Platz, am Mast vor dem Zelteingang weht die blaue Flagge der Vereinten Nationen. Soldaten im blauen Helm tragen das Bajonett aufgepflanzt – diese Männer gehören zum Kontingent, das Kurt Waldheim hierherbefohlen hat.

Am Platzrand, in Richtung Kairo, das Zelt der Ägypter: es hat eine gelbe Farbe. Das Zelt der Israelis steht am anderen Ende der abgesteckten Fläche; daß der Davidstern hier auf ihrem Boden aufgepflanzt ist, das finden die Ägypter nur schwer erträglich. In jedem Zelt wartet ein General. Der Finne Siilasvuo im Zelt der UN, General Aharon Yariv im israelischen, General Abd el-Ghani Gamasi im ägyptischen Zelt. Militärpolizei schirmt die Generale ab, jeder hat seine eigene Mannschaft mitgebracht. Es ist kurz nach 15 Uhr an diesem Sonntag: Offiziere der UN eskortieren den israelischen und den ägyptischen General zum Zelt in der Mitte des Platzes, die Stabsoffiziere folgen. Im Zentrum des hufeisenförmigen Tisches im Zelt steht General Siilasvuo, er salutiert, begrüßt die Generale durch Kopfnicken, der Handschlag unterbleibt.

General Yariv verlangt für die israelische Armee das Recht, den

Unter dem Druck der Amerikaner hat Verteidigungsminister Moshe Dayan die Versorgung der eingeschlossenen Ägypter genehmigt. Dayan sagt zu seinen Offizieren: »Die Amerikaner lassen uns keine Wahl. Wenn wir nicht das tun, was sie sagen, schneiden sie uns den Nachschub ab. Ohne Granaten können wir nicht kämpfen!« Die Erkenntnis der Abhängigkeit ist bitter für den einst strahlenden Sieger.

Israel beklagt 2412 Tote, Syrien und Ägypten über 6000. Viele Soldaten liegen im Sand der Wüste begraben, wie im Bild unten bei ihrem zerstörten Panzer – unauffindbar für die Angehörigen. – Kleidungsstücke und der unbedeckte Fuß markieren das Grab des israelischen Panzerkanoniers.

Ein ägyptischer Soldat unter den Trümmern eines Hubschraubers.

Ministerpräsidentin Golda Meïr unterdrückt die Tränen nicht bei der Ankunft der israelischen Verwundeten aus ägyptischer Gefangenschaft. An diesem Tag beginnt die Hoffnung in Israel zu wachsen, daß eine Verständigung mit den Arabern möglich ist.

Rechts oben: Die palästinensischen Kommandos haben im vierten Nahostkrieg versagt. Ihnen war die Aufgabe zugewiesen, im besetzten Gebiet einen Aufstand der Araber zu organisieren. Doch die el Fatah hat keinen Rückhalt bei der Bevölkerung, auf die Kommandos hörte niemand. Nach der Feuereinstellung bekommen die Kommandos den Vorwurf zu hören: »Ihr habt versagt.«

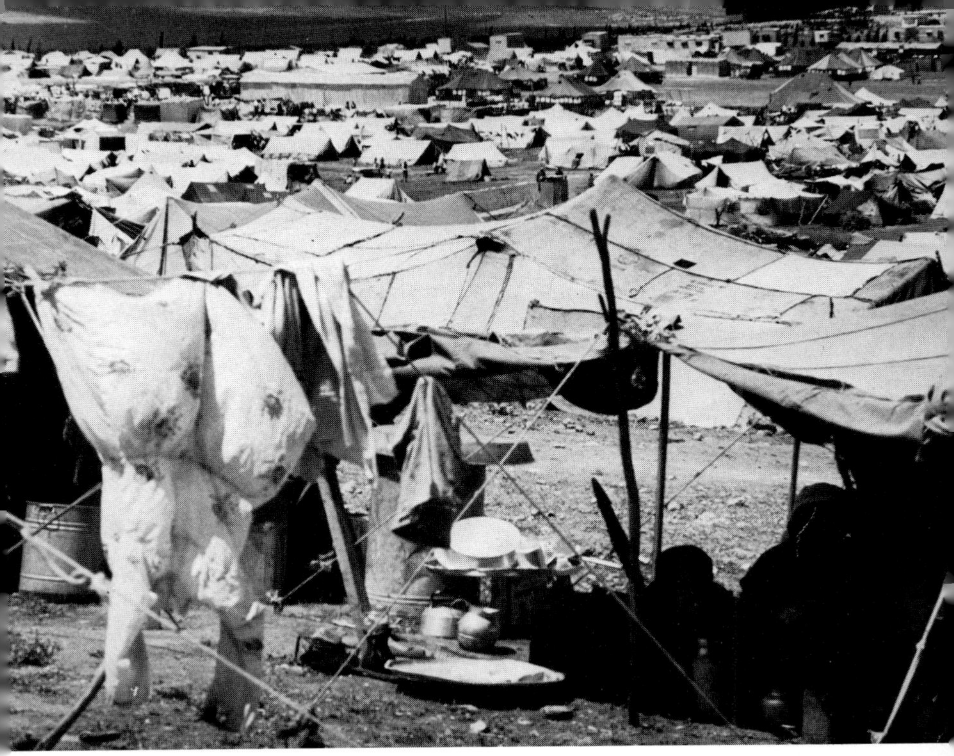

Unten: Der Chef der el Fatah, Jassir Arafat, wird von der Sowjetunion unter Druck gesetzt: Arafat soll an der Friedenskonferenz teilnehmen. Er wehrt sich – sein Traum ist noch immer die Zerschlagung Israels.

Der erste Handschlag zwischen Israelis und Ägyptern seit 25 Jahren. General Aharon Yariv (links) und General Abd el Ghani Gamasi (rechts) schließen das Abkommen über die Versorgung der eingeschlossenen Dritten Ägyptischen

Armee und den Verwundetenaustausch. In der Bildmitte der finnische UN-General Siilasvno. – Der Ägypter Gamasi wird Nachfolger des Generalstabschefs Saadeddin Shazli, dem Sadat strategische Fehler nicht verzeihen kann.

Gespräch mit Jassir Arafat, eine Stunde ehe ihn die Staatsoberhäupter Arabiens zum alleinigen Sprecher für die Rechte der Palästinenser ernennen. Arafat ist noch unsicher, ob ihm die Könige und Präsidenten soviel Vertrauen schenken.

Die Arabische Gipfelkonferenz in Algier spricht dem König Husseïn mit der stillschweigenden Anerkennung Arafats als Regierungschef im künftigen Palästinenserstaat die Souveränität über den arabischen Teil von Jerusalem ab.

Nachschub für die Dritte Ägyptische Armee und für die Stadt Suez inspizieren zu können. Diese Forderung lehnt der Ägypter ab. Yariv telefoniert mit Moshe Dayan, das Resultat: der harte Standpunkt wird beibehalten. Einen Tag später erwähnt der ägyptische Generalleutnant, daß er eine Liste aller Kriegsgefangenen in der Aktenmappe bei sich habe; die Liste werde übergeben, sobald General Yariv das Recht der Nachschubinspektion am Check Point der Waffenstillstandslinie an die UN abgetreten habe. Siilasvuo findet den Kompromiß: der Check Point soll in der Hand der UN bleiben, aber auf dem Parkplatz daneben soll den Israelis die Möglichkeit gegeben werden, die Lebensmittel- und Wasserlieferungen zu inspizieren. Yariv telefoniert wieder mit Moshe Dayan. Der Verteidigungsminister sagt: der Kompromiß wird akzeptiert, wenn die Ägypter wirklich die Gefangenenliste auf den Tisch legen. Generalleutnant Abdel Ghani Gamasi übergibt das Papier und verspricht den baldigen Austausch der Kriegsgefangenen. Jetzt reichen sich die Ägypter und die Israelis die Hand.

Generalmajor Ensio Siilasvuo beginnt zu kommandieren. Er hat die Bedingungen des Waffenstillstands bei den Gegnern des vierten Nahostkrieges durchzusetzen. Seine Soldaten verhindern ohne lange Diskussion jede Truppenbewegung in Richtung auf den Feind zu. Die ägyptischen und israelischen Frontkommandeure sehen diese Initiative ohne große Begeisterung. Siilasvuo geht energisch, aber mit Geschick vor. 24 Stunden nach der Unterzeichnung des Waffenstillstands entsteht Ärger: Siilasvuo hat einen Check Point bei Kilometer 101 an der Straße Kairo–Suez errichten lassen, an diesem Punkt sollen UN-Soldaten den Nachschub für die Dritte Ägyptische Armee kontrollieren. Der General gibt Befehl, keinen Bewaffneten diesen Check Point passieren zu lassen. Die Israelis protestieren. Sie sagen, der Check Point schneide israelische Truppen von ihren Divisionsstäben und Lebensmittellagern ab. Siilasvuo gibt nicht nach, der Kontrollpunkt soll bestehen bleiben, er entspricht den Bedingungen des Waffenstillstands – aber der Generalmajor ist einsichtig genug, diesmal seinen Soldaten den Gebrauch der Schußwaffe zu verbieten. Als die Israelis anrücken, haben die Finnen ihre belgischen Maschinenpistolen abgelegt. Die Finnen kämpfen mit den Fäusten um ihren Check Point, aber sie unterliegen. Die Finnen werden verjagt; die Israelis demontieren die Hinweisschilder und zertrümmern die Straßensperren. Der Check Point existiert nicht mehr.

Generalmajor Siilasvuo trifft sich in Jerusalem mit Moshe Dayan. Das Thema Check Point wird diskutiert. Dayan attackiert den UN-General: »Sie übertreiben und spielen sich auf. Sie müssen einsehen, daß sie nicht über Ihre Befugnisse hinausgehen können!« Das Gespräch wird hitzig, aber es führt zu keinem Ergebnis. Dayan pocht auf das Recht der Israelis auf freie Truppenbewegung innerhalb des von ihnen besetzten Gebiets; er fordert Siilasvuo auf, seinen Kontrollpunkt zum Kilometer 98 verlegen zu lassen: »Dort gehört er hin, dort stehen die Ägypter, die kontrolliert werden müssen! Um uns braucht sich keine Kontrolle zu kümmern!«

Doch wieder helfen die USA den Ägyptern. Außenminister Ismaïl Fahmi hatte den eben ernannten Botschafter der Vereinigten Staaten, Herman Eilts, empfangen. Fahmi klagte über die Dickköpfigkeit der Israelis, die alle Chancen für den Frieden zunichte mache, und er schilderte dem Botschafter die Situation am Kilometer 101. Zwei Tage später treffen sich ägyptische und israelische Offiziere; sie besprechen die Frage des Check Points, und diesmal geben die Israelis nach. Sie gestatten sogar einen zweiten Kontrollpunkt am Stadtrand von Suez, am Beginn des Befehlsbereichs der Dritten Ägyptischen Armee. Die USA hatten Druck ausgeübt auf Tel Aviv. Die Ägypter können ihre Verwundeten aus der eingeschlossenen Stadt Suez abtransportieren. 1300 Verwundete lagen vier Wochen lang in einem Krankenhaus, das für 500 Patienten eingerichtet ist. Im umzingelten Suez gab es kein Wasser, keine Medikamente. Die Verwundeten konnten nicht gewaschen werden, aus den Toiletten lief der Kot in die Gänge; der Gestank von Verwesung, Urin und Scheiße war nicht zu ertragen.

Der Weg ist jetzt auch offen für die Rückkehr der Gefangenen. 238 Israelis werden gegen 8000 Ägypter eingetauscht. Golda Meïrs wichtigstes Ziel der Tage nach dem Waffenstillstand ist erreicht.

Tausende von Zuschauern erwarten auf dem Flughafen Lod die Heimkehr der Verwundeten aus Ägypten – mit ihnen beginnt der Gefangenenaustausch. Verteidigungsminister Moshe Dayan und Generalstabschef David Elazar werden mit Begeisterung begrüßt. Mit einem Schlag herrscht Optimismus in Israel. Dayan profitiert davon, er heizt die glückliche Stimmung an: »Wir stehen auch kurz vor einer Einigung mit Syrien, auch Damaskus wird die Gefangenen freilassen – man erwartet von uns, daß wir die 15 000 Bauern auf die Golanhöhen zurücklassen, die vor unseren Truppen geflohen sind. Darüber kann man reden!«
Mit dem Flugzeug des Roten Kreuzes – einer DC 9, gechartert bei der Schweizer Luftreederei Balair – kommen die Verwundeten an, in grüngestreiften Schlafanzügen. Ägypten hat auch neun Soldaten freigelassen, die seit Jahren in ägyptischer Kriegsgefangenschaft sind; es handelt sich in der Mehrzahl um Piloten, die bei Erkundungsflügen abgeschossen worden waren. Darin sehen die Israelis eine Geste des Entgegenkommens der Ägypter. Innerhalb von wenigen Stunden sind die Mehrzahl der Israelis und fast 4000 Ägypter durch Direktflüge zwischen Lod und Kairo ausgetauscht. Seit 25 Jahren war diese Flugroute nicht mehr benützt worden. Golda Meïr kommt selbst auf den Flughafen Lod, in einfacher Strickjacke, verhärmt. Sie weint, als die verwundeten jungen Männer aus den Flugzeugen getragen werden. Golda Meïr umarmt einige, bei anderen versucht sie herzliche Gesten der Begrüßung. Es ist zu spüren, daß sie tief ergriffen ist.
Die Ministerpräsidentin hat den Austausch der Kriegsgefangenen erreicht, bereits wenige Tage nach dem Ende des offenen Kampfes. Nach dem Junikrieg von 1967 sind die gefangenen Israelis erst ein halbes Jahr später nach mühseligen Verhandlungen aus Ägypten heimgekehrt. Am Ende dieses Kriegs ist vieles anders. Ganz langsam wächst in Israel der Glaube, daß vielleicht doch ein dauerhafter Frieden möglich ist. Moshe Dayan sagt: »Endlich haben wir miteinander geredet wie menschliche Wesen, und wir haben dabei ein gutes Ergebnis erzielt. Wir sind zufrieden.«
In den Tagen nach der Feuereinstellung hatte in Israel die Furcht vor der Zukunft geherrscht. So ganz sicher waren die Menschen in Tel Aviv, Jerusalem und Haifa nicht mehr, daß die Armee im-

mer in der Lage sein wird, die Grenzen des Landes zu schützen – die Überlegenheit gegenüber den arabischen Armeen war abgebröckelt. Die Niederwerfungsstrategie mußte abgeschrieben werden, den Arabern konnten diesmal keine Bedingungen aufgezwungen werden. Die Kapitulation der Araber war nicht zu erwarten. Welche Lösung ist möglich?
Das Problem der Kriegsgefangenen war zu lösen. Vielleicht sind Tauschgeschäfte auch Schlüssel für den Abbau des Hasses zwischen Palästinensern und Israelis – in vielen Köpfen hat sich dieser Gedanke festgesetzt. Kissinger setzt seine Hoffnung darauf.

Ein Staat für die Palästinenser?

Der Waffenstillstand nach dem vierten Nahostkrieg hält. Die Frage nach der Zukunft wird immer deutlicher gestellt. Die Männer rühren sich wieder in den Flüchtlingslagern und in der königlichen Hauptstadt Amman, die still sein mußten, als Jassir Arafat und George Habbash angesehene Führer der Palästinenser waren. Die Honoratioren, die ehrenwerten Scheichs und Gemeindevorsteher der Städte Jerusalem, Jericho, Nablus wollen den früheren Einfluß auf die 2,5 Millionen Palästinenser zurückgewinnen.
Bis 1967 hatten sie sich nicht als Palästinenser gefühlt, sie waren Untertanen des Königs Husseïn, sie gehörten zu Jordanien. Die Honoratioren waren nicht geflohen, sie hatten Besitz und sie wollten den arabischen Rechtsanspruch auf die besetzten Gebiete durch ihr Bleiben dokumentieren. Sie hielten Kontakt zu König Husseïn, und sie wurden schließlich den Israelis unbequem. Die Regierung in Tel Aviv ließ viele dieser Männer über die Allenby-Brücke nach Jordanien abschieben.
Ruhi al Khatib war Vorsitzender des Stadtrates im arabischen Teil von Jerusalem, er hatte damit die Funktion eines Bürgermeisters. Ruhi al Khatib ist ein hagerer grauhaariger Mann von 60 Jahren, große Eloquenz zeichnet ihn aus. Er lebt in Amman,

aber er ist nicht mehr der Mann des Königs Husseïn. Der Bürgermeister von Jerusalem ist bitter enttäuscht, daß die jordanische Armee nicht gekämpft hat, daß sie keinen Zentimeter des Landes westlich des Jordans erobert hat. Nach seiner Meinung hat Husseïn keinen Anspruch mehr auf das Land zwischen Jordan und Jerusalem.

Die Notabeln und Honoratioren reden heute wieder davon, daß die Haschemitendynastie der Herrscher von Amman genauso auf Annektion aus war wie die Israelis, damals 1948. Die Mandatsverwaltung der Engländer für Palästina war zu dieser Zeit verantwortlich für das Land bis herunter ins Flußtal. Nach dem Beschluß der Vereinten Nationen sollte Palästina geteilt werden zwischen Juden und Arabern; an den Teilungsbeschluß hielten sich beide nicht: die Juden weiteten ihr Gebiet aus, und der Großvater des Königs Husseïn gliederte einen großen Teil Palästinas in sein Haschemitisches Reich ein – eben das Gebiet westlich des Jordan, das 1967 an die Israelis verlorenging. Husseïns Großvater konnte die Annektion immer damit verteidigen, daß ohne seine Arabische Legion die ganze Stadt Jerusalem in die Hand der Feinde gefallen wäre. Er hatte immerhin Teile von Al Quds, der Heiligen Stadt, für die Araber gerettet. Seit dem 9. Juni 1967 ist auch der gerettete Teil Jerusalems in der Hand der Israelis.

Die Honoratioren und Notabeln möchten das Land westlich des Jordans nicht mehr zurückkehren lassen in das Haschemitische Königreich. Sie streben eine Autonomie an, sie wollen einen palästinensischen Staat gründen. Sie wissen, daß Israel solche Pläne immer mit unfreundlichen Bemerkungen bedacht hat. Den Grund für die israelische Ablehnung sehen sie in einer falschen Denkassoziation der Israelis: »Golda Meïr stellt sich einen Palästinenserstaat immer unter Führung der El Fatah vor. Es gibt nicht nur Jassir Arafat, darüber sollte die israelische Ministerpräsidentin einmal nachdenken!«

Ruhi al Khatib präsentiert sich als der Mann, der einen Staat der Palästinenser führen kann. Als Bürgermeister von Jerusalem ist er von der Funktion her dafür bestimmt: der arabische Teil der Heiligen Stadt soll – in der Vorstellung von Ruhi al Khatib – Verwaltungszentrum des Palästinenserstaats werden; die zwei

Millionen Einwohner, die angesiedelt werden können, sollen nach den Prinzipien einer Großstadtadministration regiert werden. Der Kreis um Ruhi al Khatib diskutiert in den Tagen nach dem Waffenstillstand die Frage, ob es klug ist, den autonomen Palästinenserstaat in einer losen Föderation an das jordanische Königreich zu binden. »Wer übernimmt die Vertretung nach außen? Wir sehen keine Möglichkeit, überall in Europa, Afrika, Amerika diplomatisch vertreten zu sein.« Um dieses Problem kreist die Diskussion. Welches Maß an Souveränität beansprucht der Staat der Palästinenser?

Da'ud al Husseïni war Abgeordneter des besetzten Gebiets im Parlament von Amman. Er sagt: »Wenn König Husseïn Herrscher ist über unseren Staat, dann haben wir das Recht auf Selbstbestimmung verloren. König Husseïn will ein Vereinigtes Arabisches Königreich schaffen, aus unserem Palästina und aus dem Reststaat, den er jetzt noch in der Hand hat. Er wird uns in allem kommandieren. Das Westufer des Jordans ist Palästina, da haben nur wir Palästinenser zu sagen, was geschehen soll. Wir verzichten nicht auf das Recht der Selbstbestimmung!« Da'ud al Husseïni beweist Mut, denn der Geheimdienst in der königlichen Hauptstadt Amman hört solche Worte ungern. Der König neigt – je näher die Möglichkeit einer Friedenskonferenz rückt – immer mehr dazu, die Palästinenser und die Jordanier als ein Volk zu sehen, das von ihm repräsentiert werden muß. Die Notabeln und Honoratioren aber erinnern daran, daß die Dynastie der Haschemiten erst nach dem Ersten Weltkrieg dem Lande östlich des Jordans von den Engländern aufgepfropft worden war.

Wie Verschwörer treffen sich die Richter, Rechtsanwälte, die Gemeinderäte und die geistlichen Scheichs in Amman. Sie leben in der jordanischen Hauptstadt, aber sie haben gute Verbindung hinüber ins besetzte Gebiet; der Verkehr über die Allenby-Brücke war auch während der Kriegstage nicht unterbrochen: Verwandte, Freunde kommen und gehen wieder zurück nach Jerusalem. Die Israelis blockieren diese Kontakte nicht. Die Honoratioren wissen, was die Palästinenser drüben über dem Fluß denken. Ruhi al Khatib feilt an seinen Ideen der Staatsform für das künftige Palästina. Seine Hoffnung: Israel möge zur Kenntnis nehmen, daß keine Form des Sozialismus geplant ist, die über die sozialistischen Ansätze Israels hinausgeht. Ruhi al Khatib will sogar weniger Sozialismus, er denkt nicht an Experimente gemeinschaftlicher Siedlung: in Palästina soll alles Land den früheren Besitzern zurückgegeben werden, sie verfügen dann frei über ihr Eigentum. Der Kreis um Ruhi al Khatib glaubt, daß die Wirtschaftsform des künftigen Palästinas den Vereinigten Staaten von Amerika gefallen wird. Die Anerkennung des Staates durch die USA ist wichtig.

Die Vorstellungen der gemäßigten Richtung in der Palästinensischen Befreiungsbewegung und der Notabeln aus Palästina treffen sich. Khaled Hassan hatte die Ansiedlung der Palästinenser gefordert, und er war deshalb von Jassir Arafat zum Defätisten erklärt worden. Die gemeinsame politische Basis führt die beiden Gruppen, die gemäßigten Kommandos und die Notabeln, zusammen. König Feisal von Saudi-Arabien läßt die Kontakte knüpfen: der König ist geschätzt in Jerusalem und bei den Freunden des Khaled Hassan. König Feisal, Herr über Mekka, will auch Jerusalem wieder in der Hand der Araber sehen. Jerusalem als Hauptstadt eines Palästinenserstaates, diese Idee gefällt ihm – schon deshalb, weil dann Al Quds nicht an die Dynastie der Haschemiten zurückfällt. Die Familien der beiden Könige sind zerstritten, seit der königliche Stamm in Saudi-Arabien die Haschemiten aus Mekka vertrieben hat.

Ruhi al Khatib fordert am Ende des vierten Nahostkrieges als Grundlage für Verhandlungen genau das, was Feisal verlangt. Die Notabeln sichern sich einen mächtigen Protektor, den Besitzer von Ölfeldern, die bis zum Jahre 2000 nicht versiegen werden, von deren Öl die Energiewirtschaft der Vereinigten Staaten abhängt. Dieser königliche Protektor – so glauben die Herren aus den besetzten Gebieten westlich des Jordans – kann Palästina, wenn auch nur auf einem Teilgebiet, Realität werden lassen.

Ruhi al Khatib fordert, in Absprache mit König Feisal:

1. Jerusalem darf nicht internationalisiert und nicht zur offenen Stadt erklärt werden.
2. Der arabische Teil von Jerusalem ist die Hauptstadt des neuen Staates.

3. Israel muß zurück auf die Grenzen vom 5. Juni 1967 – doch da der künftige palästinensische Staat die Freiheit der Religionsausübung garantiert, wird den Juden ein Korridor zur Klagemauer zugestanden.

Die Notabeln haben die Illusion, daß dieses Zugeständnis die Israelis positiv über den Plan der Staatsgründung denken läßt. Doch Golda Meïr wiederholt oft genug: »Zwischen dem Mittelmeer und der Wüste gibt es nur Platz für die Israelis und für die Jordanier. Ich sehe hier keinen Staat der Palästinenser.«

Aber die Sowjetunion will diesen Staat. Sarvar Azimov, der Sowjetbotschafter im Libanon, läßt daran gar keinen Zweifel. Am Abend des 28. Oktober ist Jassir Arafat sein Gesprächspartner. Der Kommandochef schweigt mit zusammengepreßten Lippen. Azimov spricht von der kommenden Friedenskonferenz: »Am Ende der Konferenz werden die Palästinenser eine Heimat haben, auf dem Westufer des Jordans, im Gazastreifen!« Arafat antwortet: »Wenn dieser Staat zustandekommt, dann ist Schluß mit der Revolution der Palästinenser. Die Notabeln werden die Verwaltung schnell in der Hand haben, sie kommen zurecht mit den Israelis und mit Amman. Der Kampf um einen sozialistischen Staat in Palästina ist dann zu Ende, weil uns auf der ganzen Welt niemand mehr unterstützen wird!« Arafat resigniert: »Vielleicht werden andere den Kampf wieder beginnen, in zehn oder zwanzig Jahren.« Der Kommandochef erklärt sich bereit, Breschnew in Moskau zu sagen, daß er an der Friedenskonferenz teilnehmen wird.

Die militärischen Erfahrungen des vierten Nahostkrieges

»Die Zeit für Panzer ist vorbei!« sagt Jan Smart, der Direktor des Königlichen Instituts für Internationale Fragen in London. Mit billigen, handlichen Infanterieraketen konnten die Chieftain- und Centurion-Panzer abgeschossen werden. Auf Sinai stehen die Opfer der neuen Waffen, die ausgebrannten Wracks der israelischen Panzer. Das Einschußloch der Rakete ist nur schwer zu finden, es hat einen Durchmesser von drei bis vier Zentimetern; das Loch ist häufig nicht kreisrund, sondern oval. Die drahtgelenkten Raketen der Ägypter durchschlagen Panzerungen von 20 Zentimeter Stärke. Die Geschosse explodieren erst im Panzer. Die israelische Armee hatte damit gerechnet, daß jeder dritte oder vierte Infanterist eine panzerbrechende Waffe in der Frontlinie bei sich trägt; sie rechneten nach dem Standard der Nato. »Jeder schleppte eine Rakete, und mancher sogar zwei und drei!« Das ist die Aussage israelischer Gefangener in Kairo.

SAM-Batterien und Panzerabwehrraketen sind die entscheidenden Waffen des vierten Nahostkriegs. Die Defensivwaffe ist der Offensivwaffe gewachsen. Zum erstenmal seit dem Zweiten Weltkrieg gelten die Regeln des deutschen Panzeroffiziers Erwin Rommel nicht mehr. Eine Grundregel ist völlig außer Kraft gesetzt, sie heißt: im Prinzip kann ein Panzer nur von einem Panzer abgeschossen werden, Abschußerfolge durch Waffen der Infanterie sind Ausnahmen.

Die »Panzerfaust« in der Hand der Infanteristen änderte noch wenig; wer mit der Panzerfaust Erfolg haben wollte, der brauchte die Kaltblütigkeit, den Panzer nahe an sich herankommen zu lassen. Die Infanteristen sind angewiesen, den feindlichen Kampfwagen von der Seite zu treffen; die Panzerfaust soll dort aufschlagen, wo der Stahlmantel des Panzers dünn ist. Die Wracks in Sinai zeigen: die israelischen Panzer wurden durch Treffer auf die Stirnpanzerung zerstört. Der Infanterist, der den Steuerknüppel am Kontrollkasten der Rakete bedient, sitzt in sicherer Entfernung vor dem anrückenden Feind.

Ein Kampfpanzer M-60 – amerikanischer Herstellung – kostet eine Million Mark – er wird durch eine drahtgelenkte Rakete getroffen, die 1000 Mark kostet. Die Konsequenz: auch die zweite Grundregel gilt nicht mehr, daß derjenige siegt, der die meisten Panzer besitzt, bei gleicher Qualität der Kampffahrzeuge. In den Kursen der Militärakademien wird man die Panzerschlachten des Jahres 1943 in Rußland vergessen können, sie gehören jetzt zur Geschichte. Damals konnte der die Schlacht für sich entscheiden, der 300 Panzer mehr besaß als der Gegner.
Es gibt auch Kriegsregeln, die bestätigt wurden. Erwin Rommel hatte im Frankreichfeldzug von 1940 die Kooperation von Panzertruppe und Luftwaffe erprobt. Im Zusammenwirken mit Jagdverbänden, die den Luftraum freihalten und die den Feind hinter der Front demoralisieren, ist der Panzer ein rasches, operatives Gefechtsmittel. Wenn der Panzerfahrer keine Angst vor feindlichen Flugzeugen zu haben braucht, wird er mit Elan den Vorstoß mitmachen. Gegen die Raketen der Kampfflugzeuge aber ist der Panzer hilflos. Selbst bei geöffneter Luke nimmt die Besatzung den Gegner gar nicht wahr, die Fahrgeräusche der Ketten und des Motors sind stärker als das Heulen der Flugzeugdüsen. Doch selbst frühzeitige Feinderkennung bedeutet noch kein Entkommen, der Panzer hat keine Waffe gegen das Kampfflugzeug; und um Haken zu schlagen, ist das Kettenfahrzeug zu schwerfällig. Der Luftraum über der vorstoßenden Panzertruppe muß frei sein – diese Erfahrung hatte Rommel beim Angriff auf die Maas am 12. Mai 1940 gemacht, seither ist an dieser Kriegsregel nicht zu rütteln; sie bleibt auch gültig nach dem vierten Nahostkrieg. Die Realisierung der Regel sichert allerdings nur das Überleben der eigenen Panzerwaffe und nicht den operativen Erfolg.
Im Junikrieg von 1967 haben die Israelis durch Zusammenarbeit von Panzertruppe und Luftwaffe ihre Siege errungen. Der »lange Arm« der Israelis zerschlug hinter der Front die Nachschubkolonnen; die Phantom-Kampfflugzeuge zermürbten jeden Ansatz von Stabilisierung des Widerstands. Mit Flakgeschützen war den schnellen Maschinen nicht beizukommen. Die Richtschützen kurbelten noch an der Einstellung des Geschützrohrs, da

waren die Feindflugzeuge längst abgekurvt. Treffer mußten als Zufallserfolge gebucht werden. Daraus wurde nach dem Junikrieg die Lehre gezogen: gegen Luftüberlegenheit gibt es kein Gegenmittel; man kann nur versuchen, durch konzentrierten Angriff aller eigenen Kampfmaschinen den Luftraum freizukämpfen. Doch solche Versuche bringen hohe Verluste.
Der Richtkanonier ist 1973 abgelöst durch den Computer, und jetzt wird die Lehre von der Luftüberlegenheit im Materialkrieg außer Kraft gesetzt. Es gibt bessere Mittel, um die Luftüberlegenheit aufzuweichen, als die eigene Luftwaffe. Die SAM-6-Rakete macht den Angriff aus der Luft zum Risiko, das nicht kalkuliert werden kann. Die radargesteuerte Luftabwehrrakete lähmt die Zusammenarbeit von Kampfflugzeug und Panzer. Ohne die Vorbereitung durch weitgreifende Angriffe der Phantom-Kampfflugzeuge bleiben die Panzervorstöße der Israelis im Feuer der Infanterieraketen liegen. Im vierten Nahostkrieg bewährt sich die Kombination von Abwehrraketen und Panzerwaffe.
Die Ägypter sind in der ersten Phase des Kampfes vorsichtig, sie halten die Luftwaffe zurück, um sie nicht durch die eigenen Raketen zu gefährden. Nach dem Übersetzen der Israelis aufs afrikanische Ufer wird die Kampfkraft der ägyptischen Luftwaffe gebraucht, die MiG-Kampfflugzeuge fliegen Einsätze. Das Raketennetz der Ägypter ist zu diesem Zeitpunkt zwar aufgerissen, aber nicht ausgeschaltet. Die Computer der SAM-6-Batterien visieren jedes fliegende Objekt als Ziel an. Den Verlust von 40 Kampfflugzeugen muß die ägyptische Luftwaffe als Abschüsse durch die eigenen Raketen beklagen.
Die nächste Stufe der militärischen Entwicklung wird die Verbesserung der Anti-Rakete bringen. Schon in diesem Krieg war es den Phantompiloten möglich, eine Hitzerakete abzufeuern, die den Hitzesensoren der SAM-Rakete ein falsches Ziel weist. Erbeutete Batterien der Luftabwehrraketen sind in die Vereinigten Staaten geflogen worden, sie werden dort von Elektronikspezialisten seziert: bei kommenden militärischen Auseinandersetzungen ist die SAM-6 kein Schreckgespenst der Piloten mehr. Schwieriger wird es sein, ein Mittel gegen die drahtgelenkten Panzerabwehrraketen zu finden.

Das Nato-Hauptquartier in Brüssel prüft bei Kriegsende, welche strategischen und taktischen Konsequenzen aus dem vierten Nahostkrieg zu ziehen sind.

Der ägyptische Kriegsheld wird gestürzt

Dem ägyptischen Generalstabschef bleibt die düstere Erkenntnis, daß die taktischen Führungsqualitäten des Offizierskorps der Abnützung durch einen längeren Krieg nicht gewachsen sind. Anfangserfolge machen lässig. Zu schnell lassen sich die Obersten und Majore durch die Überzeugung anstecken, daß sich der Feldzug bald einem glorreichen Ende nähert, daß nichts mehr schiefgehen kann. Generalstabschef Saadeddin Shazli hat dem Offiziersnachwuchs den Grundsatz einprägen lassen: jede Information ist für das Hauptquartier wichtig zur Lagebeurteilung. Aber es ist auch in diesem Krieg wieder vorgekommen, daß Kommandeure ihr Wissen zurückgehalten haben.
Am dritten Kriegstag bereits waren die Israelis über den Suez-Kanal nach Westen vorgedrungen, in einer kleinen Kommandoeinheit. Sie hatten den großen Bittersee überquert, an dieser Stelle hielten die Ägypter Landungen für undurchführbar. Der Stoßtrupp wurde zwar aufgespürt und in Gefechte verwickelt, doch der Kommandeur des Abschnitts vergaß, seinen Befehlshaber zu informieren. Der Grund für die Vergeßlichkeit: nach kräftigen Feuerstößen der Ägypter schwiegen die israelischen Maschinengewehre. Der Kommandeur nahm an, daß der Stoßtrupp aufgerieben sei. Er irrte sich. Am vierten Tag drangen die israelischen Infanteristen weiter vor, wieder wurden sie entdeckt – diesmal drang eine Meldung von der Feindberührung bis zum Hauptquartier nach Kairo durch. Dort ist man nicht beunruhigt: »Es ist ganz logisch, daß die Israelis bei uns einzudringen versuchen, damit mußten wir rechnen.« Saadeddin Shazli selbst behält zu diesem Zeitpunkt sein Wissen für sich, er sagt kein Wort zu sei-

nem Präsidenten, der die Verantwortung trägt für den Feldzug, Shazli hat Angst. Er wird Opfer der ägyptischen Mentalität, die in Jahrhunderten geprägt, nicht auszurotten ist. Hassanein Heikal, der Chefredakteur von »Al Ahram«, nennt diese Erscheinung »die geistige Verdunkelung Ägyptens« – Shazli fürchtet den Zorn des Präsidenten, deshalb schweigt er. Der Generalstabschef hat die Hoffnung, die Lage bereinigen zu können, ehe Sadat die Panne entdeckt. An der »geistigen Verdunkelung« ist der Einfluß des Geheimdienstes, des Mokhabarats, schuld. Er ist permanent auf der Jagd nach Sündenböcken.

General Ismaïl Ali, der Kriegsminister und damit der Chef des Generalstabschefs, sagt: »Von der israelischen Infiltration habe ich überhaupt erst am 16. Oktober erfahren, und ich war die ganze Zeit im Hauptquartier. An diesem Tag hatte ich Präsident Sadat zu seiner Rede vor der Nationalversammlung begleitet. Als ich zurückkomme, sagt man mir, daß die Israelis eine kleine Zahl von Amphibienpanzern übergesetzt haben.« Den Informanten bezeichnet der Kriegsminister mit »man«, gemeint ist Saaded-din Shazli. »Da der Abschnittskommandant der Meinung ist, daß er die Lage in den Griff bekommt, fordern wir die Israelis auf, sich zu ergeben. Ich bin einer Täuschung aufgesessen. In Wirklichkeit stand bereits eine große Zahl an Feindpanzern auf dem Westufer des Kanals, sie konnten sich tarnen in den Feldern, unter den Palmen. Dieser Uferabschnitt ist ja dicht bewachsen, da ist ja keine flache Wüste, die leicht überblickt werden kann.«

General Ismaïl Ali wirft seinem Generalstabschef Führungsfehler vor: »An einem ganz entscheidenden Tag wurden bei unserer Truppe Kommandeure ausgewechselt. Die Folge war, daß das Hauptquartier völlig ohne Informationen blieb. Das geschah gerade zum Zeitpunkt, als der Feind seine Offensive begann! Der ganze Vorgang ist mir unbegreiflich. Irgend etwas stimmt da nicht. Wir werden die Hintergründe schon noch entdecken!« Ismaïl Ali ist empört. Er redet in seinem Zorn mehr, als er verantworten kann.

General Ismaïl Ali war selbst einmal Chef des Stabes. Zu seiner Amtszeit überfielen die Israelis die Radarstation auf der Insel Shadwan. Damals vergaß Ismaïl Ali auch, seine Vorgesetzten zu

informieren. Als der feindliche Kommandotrupp unter Mitnahme der streng geheimen Radaranlagen abgezogen war, da versuchte Ismaïl Ali die Blamage als Abwehrerfolg zu tarnen: »Wir haben die Israelis wieder vertrieben, sonst hätten sie sich auf Shadwan eingenistet!«
Einen Monat nach der Feuereinstellung weist sich der Kriegsminister den ganzen Erfolg der ersten Kriegstage zu: »Nur ich und Präsident Sadat kannten den Angriffstermin. Alle anderen wichtigen Beteiligten erfuhren erst achtundvierzig Stunden vorher davon!« Alle Vorbereitungsarbeiten des Saadeddin Shazli sind vergessen. Ismaïl Ali hat eine Möglichkeit entdeckt, den jüngeren und farbigeren Konkurrenten auszustechen. Er setzt sich wieder in ein Amt ein, dessen Funktion er nie ausgeübt hat: »Ich war der Oberbefehlshaber an beiden Fronten.« Die einzige Leistung des Oberbefehlshabers: er hat den Syrern die Mittagszeit des 6. Oktober als Angriffstermin schmackhaft gemacht. Die Syrer wollten in den Morgenstunden angreifen, damit der Gegner auf den Golanhöhen in Richtung der Sonne kämpfen muß; die Ägypter wählten die Mittagszeit, damit sie die Sonne am Suezkanal im Rücken haben.
Generalstabschef Saadeddin Shazli wird seit der Feuereinstellung nicht mehr in ägyptischen Zeitungen erwähnt. Es gehen Gerüchte um in Kairo, daß der Präsident Sondertribunale zur Aburteilung von Versagern eingesetzt habe. Am 12. Dezember 1973 ernennt Anwar el-Sadat den Nachfolger des Saadeddin Shazli.
Unter den Generalen gibt es Männer, die suchen die Schuld an der unglücklichen Wendung des Krieges bei übernatürlichen Kräften. Sie folgen einer Tradition. Kriegsminister Mohammed Fawzi, im Dezember 1971 verurteilt wegen Hochverrats, hatte einst über ein Medium verstorbene Scheichs nach dem besten Termin für den Angriff über den Suezkanal gefragt – er bekam zu seiner Enttäuschung nur verschwommene Auskünfte. Präsident Sadat hatte über den abergläubischen Offizier gespottet: »Zu einer Zeit, da Kriege elektronisch geführt werden, fragt mein Kriegsminister verstorbene Scheichs!« Doch heute wird ihm hinter vorgehaltener Hand vorgeworfen, er habe nicht alle Faktoren für den Kriegsbeginn beachtet; vor allem habe er übersehen, daß

es unmeßbare Kräfte gebe, die Einfluß haben. Schuld an der Niederlage bei Suez, so sagen die Abergläubischen, habe Anwar el-Sadat selbst, weil er den Transport der Überreste aus dem Grabe des Tut-Anch-Amon nach Moskau genehmigt habe. Für den 7. Oktober war der Abflug der Fundstücke vorgesehen; am 6. Oktober hat der Kriegsausbruch verhindert, daß die Grabbeigaben des Königs das Land verlassen. »Dafür hat Tut-Anch-Amon selbst gesorgt!« Und die Abergläubischen rechnen weiter: »Am 22. Oktober hätte in Moskau die Ausstellung eröffnet werden sollen, am 22. Oktober haben die Israelis ihren Brückenkopf am Ostufer des Kanals richtig ausbauen können. So rächt sich der König! Wer die Ruhe des Königs Tut-Anch-Amon stört, der ist verflucht!« Mancher in Kairo erinnert daran, daß der Fluch des Königs von den Forschern an, die das Grab geöffnet haben, jeden durch einen unnatürlichen Tod sterben ließ, der sich mit dem Inhalt des Grabs zu beschäftigen hatte. 22 solcher Menschen – so ist zu hören – sind bei Unglücksfällen gestorben: »Als die Grabbeigaben 1967 nach Paris transportiert wurden, da starben diejenigen, die den Versand zu verantworten hatten; sie wurden zu der Stunde beerdigt, als das Flugzeug abhob. Damals, 1967, gab es Krieg!« 1972 waren die Tut-Anch-Amon-Funde in London, auch damals, so schreibt die Kairoer Tageszeitung »Al Ahram«, seien Museumsbeamte auf geheimnisvolle Weise gestorben.

Der Direktor sagt: »Die Geschichte mit dem Fluch ist seltsam, die Todesfälle können natürlich Zufall sein.« Direktor Henry Riad bekommt viele Warnungen, daß der Krieg wieder ausbreche, wenn der Inhalt des Tut-Anch-Amon-Grabs doch noch nach Moskau geflogen werde.

Anfang Dezember 1973 kann die Ausstellung in Moskau eröffnet werden – der Waffenstillstand hält.

Die Sowjetunion denkt an ihr eigenes Spiel

Im Kriegsmonat Oktober liefert die Sowjetunion den Arabern Waffen, den Israelis Menschen und Intelligenz. Mehr Juden dürfen im Kriegsmonat ausreisen, als je zuvor. Das Lager Schönau bei Wien registriert 4200 Männer und Frauen, die als Emigranten aus der UdSSR nach Tel Aviv fliegen wollen. Bis zum Oktober hatten sich monatlich nur 2000 Juden gemeldet. Die arabische Seite registriert genau, welche Personengruppen die Ausreisegenehmigung erhalten; mit Sorge stellt Kairo fest, daß im Oktober Facharbeiter und Angehörige der Intelligenz ausreisen dürfen – Menschen, die Israel dringend braucht. Selbst Freunde der Sowjetunion sagen: »Moskau hat den Israelis den Ausfall an Menschen im Krieg doppelt ersetzt. 1850 sind gefallen, 4000 durften einreisen.« Ratloses Kopfschütteln ist die Reaktion.
In Israel wird die sowjetische Politik aus gutem Grund nicht gepriesen, die Position von Parteichef Breschnew soll nicht noch kompliziert werden: offenes Lob kann nur schaden. Auch ist bekannt, daß Breschnew die Juden nur ungern reisen läßt, Handwerker und Techniker kann die Sowjetunion selbst gut gebrauchen. Der sowjetische Parteiführer steht unter amerikanischem Druck: wirtschaftliche Hilfe und Handelserleichterungen werden nur gewährt, wenn Moskau die Juden nicht an der Ausreise hindert. Die Aufbaupolitik der Sowjetunion hängt von der Unterstützung der USA ab, Moskau will nicht wegen einigen tausend Juden Wirtschaftspläne umstoßen müssen.
Anwar el-Sadat hat oft auf den Schaden hingewiesen, den die Emigration sowjetischer Juden der arabischen Sache zufüge. Er bekam von den Sowjetführern nur patzige Antworten. Doch konnte Sadat mit diesem Hinweis neue Waffenlieferungen verlangen – mit Erfolg. Denn die Sowjetunion legt aus gutem Grund Wert auf die Araber als Verbündete. Mao Tse-tung hatte den Arabern gesagt: »Ihr haltet für uns Chinesen das Tor nach Europa in der Hand!« Dieser Satz wird in Moskau als Ankündigung einer expansiven Politik Chinas ausgelegt. Breschnew will seinen Fuß in diesem Tor der Chinesen haben.

Am 14. Mai 1972 kommt der sowjetische Verteidigungsminister, Marschall Adrei Gretchko, in Kairo an. Dem lachenden Sadat begegnet er mit finsterem Gesicht, mürrisch nickt er kurz mit dem Kopf zur Begrüßung; das Gefühl bleibt, daß hier ein absoluter Herrscher seine Satrapen besuche. Die Stimmung während der Gespräche ist kühl. Besprochen werden die sowjetischen Waffenlieferungen an Ägypten und Syrien; Gretchko weigert sich, weiterhin Angriffswaffen zu verkaufen, die ägyptische Bitte nach einem Langstreckenbomber lehnt er ab. Der damalige ägyptische Kriegsminister Sadek ärgert sich, er attackiert Gretchko: »Wir bezahlen an Sie 200 000 Dollar für einen gebrauchten Panzer, überall in der Welt verkaufen Sie ihn zur Hälfte dieses Betrages!« Das Gespräch wird nicht lockerer nach diesem Angriff. Gretchko will den Ägyptern jede Angriffsabsichten ausreden. Er sagt in harten Worten: »Ich bin nicht überzeugt, daß Sie siegen können. Eine neue arabische Niederlage bringt eine neue Blamage für uns, denn es sind unsere Waffen, mit denen Sie verlieren. Wir geben Ihnen nichts, was Ihnen den Angriff erleichert!« Ägypten hat zu diesem Zeitpunkt kein Brückenmaterial, um über den Suezkanal offensiv werden zu können; Gretchko verweigert Sturmboote und Pontons. Die Hartnäckigkeit der Ägypter erreicht schließlich einen Erfolg: das Abschlußkommuniqué der Besprechungen erwähnt die Notwendigkeit einer Steigerung der ägyptischen Kampfkraft. Der Besuch des sowjetischen Verteidigungsministers ärgert die Ägypter. Daß ihre Kampfmoral, ihr Wille zum Sieg, gering geschätzt wird, das reizt sie. Im Juli 1972 weist Präsident Sadat die sowjetischen Militärberater aus dem Lande. Er weiß, daß jede Kriegsplanung von den Sowjets verhindert werden wird, da Moskau die neue Auseinandersetzung mit Waffen unter gar keinen Umständen dulden will. Deshalb räumt er das Hindernis, die Militärberater, weg. Die SAM-Raketen, die bereits geliefert sind, werden seit diesem Zeitpunkt von ägyptischen Soldaten bedient. »Endlich sind wir Herr im Hause«, sagt Kriegsminister Sadek; er wird bald darauf abgelöst.
Moskau nimmt die schroffe Ausweisung seiner Offiziere und Techniker gelassen auf. Diese Ohrfeige vor der Weltöffentlichkeit beantwortet Gretchko mit der Lieferung von Pontonfahr-

zeugen für den militärischen Brückenbau. Sie fallen plötzlich unter die Kategorie Verteidigungswaffen. Gretchko wird in den Monaten vor dem Wechsel zum Jahr 1973 immer nachgiebiger. Die SAM-6-Raketen kommen in Ägypten an. Die Lieferungen erfolgen in Raten, unauffällig. Der sowjetische Verteidigungsminister läßt sich nach und nach überzeugen, daß ein begrenzter Krieg von den Ägyptern gewonnen werden kann – ein Krieg, der nur das Ziel hat, die Möglichkeit zu schaffen für eine Wiedereröffnung des Suezkanals. Daran sind die Sowjets brennend interessiert. Gretchko braucht den Suezkanal für seine Marine.
Vor zweieinhalb Jahrhunderten hat Zar Peter der Große ein Vermächtnis hinterlassen; er forderte: Rußlands Fahne muß am Persischen Golf wehen. Im neunten Absatz seines Testaments zeichnet der Zar den Kremlherrschern die Stoßrichtung der russischen Politik vor. Schwerpunkte der Expansion liegen am Ausgang des Schwarzen Meeres ins Mittelmeer und am Persischen Golf. Die Taktik, die Peter der Große 1725 empfiehlt: »Wir nehmen uns kleine Stücke, nach und nach brechen wir in fremde Machtsphären ein.« Rußland soll sich mit behutsamen Schritten den Weg bahnen nach Konstantinopel und Indien. Voraussetzung für diese Politik ist, daß Rußland am Persischen Golf Fuß fassen kann. »Wer hier regiert, der ist der wahre Herrscher der Welt!«
Rußland hält sich in der gewandelten Welt noch immer an diese Grundsätze. Breschnew, der Entspannungspolitiker, denkt nicht an Eroberung, aber an Ausdehnung des Einflusses. Aus dem Schwarzen Meer konnte die Sowjetunion ausbrechen ins Mittelmeer. Die Dritte Eskadra der sowjetischen Marine ist an Schlagkraft der amerikanischen Sechsten Flotte nahezu gewachsen. Die Strategen der Nato kalkulieren die sowjetische Strategie eines Stoßes in die Südflanke ihrer Verteidigung ein, der Schlag in den weichen Bauch Europas ist möglich. Dieser Punkt des Testaments des Zaren ist erfüllt. Moskau bereitet die Endstufe vor. Die Sowjetunion hat sich bereits eine Basis besorgt am Persisch-arabischen Golf. Der Irak, der arabische Staat am Nordende des Persisch-arabischen Golfs, ist durch einen Freundschaftsvertrag an die UdSSR gebunden. Politisch, wirtschaftlich, militärisch ist die Handlungsfreiheit des Irak eingeschränkt. Er darf künftig kein

Bündnis eingehen, das den Eindruck erweckt, es sei im geringsten gegen sowjetische Interessen gerichtet. Der Handschlag des sowjetischen Ministerpräsidenten Kossygin mit dem irakischen Staatschef Ahmed Hassan Al Bakr hat der Sowjetunion den irakischen Hafen Basra geöffnet.

Die Benützung dieses Hafens bringt der sowjetischen Flotte zunächst geringe Vorteile. Basra liegt am Shatt al Arab; über die Kontrolle der Verkehrsrechte auf dieser engen Wasserader streiten sich der Irak und Iran. In jeder Krise ist die Ausfahrt aus Basra gefährdet. Alexei Kossygin hofft auf eine spätere Rendite seiner Geste gegenüber Ahmed Hassan al Bakr. Die Sowjets geben den morschen Regimen der Öl-Emire am Persischen Golf keine Überlebenschance ins nächste Jahrzehnt. Der Feudalismus bröckelt ab, die Scheindemokratisierung entlarvt sich selbst, die Emirate werden reif für revolutionäre Strömungen. Es ist damit zu rechnen, daß der Irak in einigen Jahren das Emirat Kuwait aufsaugt – dann bekommt der Freund der Sowjetunion den nötigen stabilen Baugrund für einen Hafen, der Flottenbasis sein kann. Der Grenzstreit zwischen Kuwait und dem Irak, der in den letzten Monaten aufgeflammt ist, hat seine Ursache in der Absicht des irakischen Staatspräsidenten, den festen Baugrund zu erobern; der Küstenstreifen des Irak ist für den Bau eines Hafens nicht geeignet.

Die Sowjetunion hat einen strategischen und einen wirtschaftlichen Anspruch angemeldet. Die UdSSR will teilhaben am größten Erdölreservoir der Welt, es liegt unter dem Meeresboden des Persischen Golfes. Im Jahr 1980 wird die Sowjetunion Öl importieren müssen, bis dahin hat sie noch überschüssige Kapazität. 1980 aber wird die Sowjetunion ohne Importe nicht mehr in der Lage sein, die Energieversorgung der Partnerstaaten ihres Wirtschaftsblocks in der Hand zu behalten – darauf legt die sowjetische Wirtschaftspolitik Wert. Ein Beteiligungsanspruch an Ölreserven, die nach Meinung der Geologen bis zum Jahr 2020 reichen können, kommt Moskau gelegen.

Im Mittelmeer und im Persischen Golf hat die Sowjetunion Fuß gefaßt. Das Verbindungsglied fehlt zwischen beiden Bereichen; dieses Verbindungsglied ist der Suezkanal. Verteidigungsminister

Gretchko will, daß der Kanal wieder geöffnet wird. »Voraussetzung dafür«, so sagt Anwar el-Sadat, »ist der Rückzug der Israelis vom Ostufer des Kanals, 30 Kilometer Abstand genügen mir.« Die Sowjetunion und die Vereinigten Staaten schlagen der Ministerpräsidentin Golda Meïr die Rücknahme der israelischen Truppe bis zu den Paßhöhen des Mitla-Gebirges vor – Golda Meïr reagiert nicht. Anwar el-Sadat verpflichtet sich, keine eigenen Truppen auf dem Ostufer zu stationieren, wenn der Kanal geöffnet sein wird. Auch auf dieses Angebot hin schweigt die Regierung in Tel Aviv. Israel denkt nicht daran, die Voraussetzung zu schaffen für eine Öffnung des Kanals. Die USA decken diese Politik, denn selbst im Zeichen der Entspannung sieht Washington nicht gern, daß Moskau Punkte gewinnt.
Breschnew hat Gegner in der sowjetischen Parteispitze, sie lehnen die Konsequenzen der Entspannungspolitik ab. Breschnew bekommt den Vorwurf zu hören, er unterstütze die Araber nicht genügend durch Waffenlieferungen. Der Parteichef, der gedrängt wird, für die Öffnung des Suezkanals zu sorgen, gibt dem ägyptischen Präsidenten freie Hand zur Planung eines begrenzten Krieges; das Operationsziel: Besetzung des Ostufers des Suezkanals. Ein ägyptisch-sowjetisches Kommuniqué drückt diesen Sachverhalt so aus: »Beide Seiten stimmen überein, daß mit allen Mitteln versucht werden muß, die verlorenen Gebiete zurückzugewinnen.« In die drei Worte »mit allen Mitteln« versteckt Breschnew das Zugeständnis, daß gegen den Versuch einer militärischen Offensive keine Einwände mehr bestehen, doch sollte das israelische Kernland nicht angegriffen werden.
Anwar el-Sadat hält sich an die Absprache: der ägyptische Angriff stoppt nach der Eroberung des östlichen Kanalufers, die Zweite und die Dritte Ägyptische Armee graben sich ein. Der Suezkanal ist wieder in der Hand der Ägypter. Präsident Sadat macht den Sowjets sofort ein Geschenk: er ernennt den fähigsten Manager der ägyptischen Bauwirtschaft zum Minister für den Wiederaufbau. Osman Ahmed Osman soll in kurzer Frist den Suezkanal wieder befahrbar machen. Osman Ahmed Osman wird von den Sowjets als Könner respektiert, er hatte die Bauausführung des Aswandammes zu leiten, Arbeiter und Bauma-

schinen zu organisieren. Die Ernennung dieses Mannes zum Minister für den Wiederaufbau sollte nach Moskau signalisieren, daß Sadat den Wunsch der Sowjets nicht vergessen hat. Die Dritte Eskadra sollte sich darauf einrichten können, im Frühsommer 1974 ihr Operationsgebiet auf den Indischen Ozean und den Persisch-arabischen Golf auszudehnen. Das Verbindungsglied war gesichert.

Das Hamburger Taucher- und Bergungsunternehmen Ulrich Harms GmbH nimmt in Kairo Kontakt auf zur Suezkanalbehörde. Die deutsche Firma will die Wracks aus dem Kanal schleppen, um die Fahrrinne freizumachen. Zusammen mit dem jugoslawischen Unternehmen Brodospas legt die Ulrich Harms GmbH ein Angebot vor. Es erscheint den Ägyptern akzeptabel.

Am 16. Oktober kommt Kossygin nach Kairo, es ist der zehnte Tag des vierten Nahostkriegs. Der sowjetische Ministerpräsident drängt Anwar el-Sadat zum sofortigen Waffenstillstand; er sieht das Ziel gefährdet, für das dieser Krieg begonnen worden war, den Ägyptern wurde die Herrschaft über den Suezkanal wieder entrissen: südlich von Ismaïlia bauen die Israelis ihre Position aus auf dem Westufer des Kanals. Am Abend dieses Tages erst erfährt Anwar el-Sadat vom ganzen Ausmaß der israelischen Invasion; es dauert lange, bis er den Zorn unterdrückt hat, denn gerade an diesem Tag hatte er in einer Rede vor der Nationalversammlung den Sieg proklamiert. Den Vorschlag Kossygins, rasch einer Feuereinstellung zuzustimmen, lehnt Sadat ab. Jetzt, da der Sieg gefährdet ist, will er sicheren politischen Boden unter den Füßen haben. Sadat verlangt sowjetische Garantien; er will eine schriftliche Zusage haben, daß die Sowjets Israel zum Rückzug aus Sinai zwingen. Breschnew soll einen Brief schreiben. Kossygin hält es für undenkbar, daß Breschnew eine solche Verpflichtung schriftlich abgibt. Dazuhin weiß er, die Zeit eilt, die Truppen des Ariel Sharon dringen in Richtung Suez vor. Doch Sadat beharrt auf seinem Wunsch. Am 19. Oktober fliegt Kossygin nach Moskau zurück, er informiert Breschnew. Um 5 Uhr morgens, am 22. Oktober, übergibt Sowjetbotschafter Winowgradow dem ägyptischen Präsidenten die schriftliche Garantie. Sadat hat jetzt das Papier, aber wertvolles Territorium ist in den sechs

Tagen seit der Ankunft Kossygins verlorengegangen. Darüber setzt sich Sadat hinweg: Breschnew hat versprochen, daß Ägypten die verlorenen Gebiete zurückbekommt. Mit der Frage, was eine solche Garantie nützt, setzt er sich nicht auseinander.
24 Stunden nach Empfang des Briefes nimmt Sadat die Aufforderung des Sicherheitsrats zur Feuereinstellung an. Die offizielle Erklärung der ägyptischen Regierung sagt: »Ausschlaggebend für die Akzeptierung des Waffenstillstands war die Zusicherung des sowjetischen Parteiführers.« Leonid Breschnew hatte auch versprochen, mit sowjetischen Truppen die Israelis zur Einhaltung des Waffenstillstands zu zwingen. Auf Wunsch des ägyptischen Präsidenten schickt Verteidigungsminister Gretchko 70 »Beobachter« nach Kairo, es sind durchweg hohe Offiziere.
Am 26. Oktober hört Sadat gute Nachrichten aus Moskau. Leonid Breschnew spricht vor dem »Weltkongreß der Friedenskräfte«. Der Parteichef steht zu seiner Garantie, er verlangt die absolute Befolgung der Resolution des Sicherheitsrats vom 22. Oktober durch Israel; er fordert Israel auf, sich aus den arabischen Gebieten zurückzuziehen. »Die Sowjetunion«, so sagt Breschnew, »ist dann bereit, mit anderen Staaten zusammen den Schutz sicherer Grenzen für Israel zu übernehmen.«
Die Business-Regel lautet: »Wenn du deiner Bank 1000 Dollar schuldig bist, dann hat sie dich in der Hand – wenn du deiner Bank 10 Millionen Dollar schuldig bist, dann hast du die Bank in der Hand.« Diese Regel gilt auch für die Beziehungen zwischen Ägypten und der Sowjetunion. Ägypten schuldet der Sowjetunion – umgerechnet – 15 Milliarden Mark. Nach einer Rechnung der Kairoer Zeitung »Al Ahram« entspricht dieser Betrag dem Wert des landwirtschaftlich nutzbaren Bodens in Ägypten. Die Sowjetunion kann sich als Besitzer der ägyptischen Landwirtschaft fühlen, aber das stört die Ägypter keineswegs. Anwar el-Sadat hat von Breschnew die Zusage erhalten, daß Moskau keine Rechnung für die Waffenlieferungen der letzten Wochen schickt. Der Wiederaufbauminister, Osman Ahmed Osman, rechnet damit, daß sich die Sowjetunion im eigenen Interesse mit einem kräftigen finanziellen Beitrag an der Instandsetzung der Lotsenstationen und an der Ausbaggerung des Suezkanals beteiligt.

Ägypten hat guten Grund, nicht allzu empört zu sein über die Erhöhung der Auswanderungsquote für Juden aus der Sowjetunion. Die Sowjetunion hat materielle Opfer für die Araber gebracht, doch sie verzinsen sich hoch nach der Feuereinstellung. Die Russen sind bei streng gläubigen Moslems nicht mehr die atheistischen Teufel, mit denen man möglichst wenig Umgang pflegt. König Feisal von Saudi-Arabien nahm bisher diesen Standpunkt ein: »Die Kommunisten glauben nicht daran, daß Gott die Welt regiert, sie können keine guten Menschen sein!« Daß diese Kommunisten den Arabern die SAM-6-Raketen gaben, das hat den Monarchen bekehrt. Er plant eine Reise in die Sowjetunion.

Dem Herrscher des Emirats Bahrein am Persisch-arabischen Golf aber gibt er den Rat, der amerikanischen Marine die Benützungsrechte für ihren Stützpunkt Dschafer zu kündigen. Scheich Issa Bin Sulman Al Khalifa folgt diesem Rat. Die amerikanische Flotte muß die Basis auf Bahrein innerhalb von 10 Monaten räumen. Dschafer ist der einzige Stützpunkt zwischen Mittelmeer und Indischem Ozean, von dem aus amerikanische Marineeinheiten versorgt und repariert werden können. Erst im Dezember 1971 hatte sich Bahrein bereit erklärt, den Amerikanern die Benützungsrechte zu geben.

Es ist nicht auszuschließen, daß die sowjetische Flotte die Amerikaner ablöst.

Erfolg und Mißerfolg im Ölkrieg

Am 6. November gewinnen die Araber eine Schlacht im Ölkrieg: die Außenminister der Europäischen Gemeinschaft fordern Israel auf, sich aus den Gebieten zurückzuziehen, die es seit 1967 besetzt hält; der israelischen Regierung wird die Anerkennung der legitimen Rechte der Palästinenser empfohlen. Die Außenminister der Europäischen Gemeinschaft stellen sich damit auf die Seite der Araber.

Um 1 Uhr 55 morgens hatten sich die Minister auf die Erklärung geeinigt, nach einem sehr langen Abendessen. Gegen Ende des Mahls hatte der britische Foreign Secretary daran erinnert, daß von diesem Gremium eine Erklärung zur Nahostfrage erwartet wird. Vorbereitet war der Ministerrat auf die Behandlung dieses Problems nicht, doch da über Nahost schon ein gemeinsamer Beschluß existierte, wurde das Sekretariat des Ministerrats beauftragt, die frühere Resolution der politischen Lage anzupassen, am Sinn aber dürfe nichts geändert werden.

Die Resolution ist als Hilfsaktion für die Niederlande konzipiert, den Ölhafen Rotterdam bedrohte der arabische Boykott. Von der Unterstützung des arabischen Standpunkts im Nahostkonflikt konnten die Minister eine Lockerung des Embargos erwarten. Die politische Brisanz der eindeutigen Stellungnahme wird in der ersten Stunde des 6. November nicht diskutiert. Die Minister fühlen sich sicher, ihr Wortlaut verlangt nichts anderes, als was der Weltsicherheitsrat fordert. Der Text stimmt im Inhalt und im Ton mit der Sicherheitsratsresolution Nummer 242 überein. Die Außenminister hatten, als Geste gegenüber Israel, den Respekt vor sicheren Grenzen der Nahoststaaten postuliert. Für die arabischen Ohren war der dringende Wunsch formuliert, Israel möge sich sofort auf die Waffenstillstandslinie vom 22. Oktober zurückziehen. Anwar el-Sadat hat am 6. November Hilfe in Europa gefunden. Radio Kairo feiert den »Wendepunkt« in der Haltung Europas: »Die alte Welt ist klüger als die neue!« Die Politiker Ägyptens sahen einen Erfolg ihres langen Kampfes gegen die »zionistische Durchdringung der Weltmeinung« – »Europa macht sich frei vom zionistischen Einfluß, der die Vereinigten Staaten noch immer in der Klammer hält«. Die Chefs der Palästinensischen Befreiungs-Organisation sehen mit Erstaunen, daß in der europäischen Resolution von »Palästinensern« und nicht von »Flüchtlingen« gesprochen wird.

Der Sieg der Araber wird vollkommen, weil die Israelis die Erklärung der Außenminister der Europäischen Gemeinschaft als Niederlage ihrer Politik empfinden. Golda Meïr protestiert in Briefen an neun Regierungschefs gegen die »proarabische« Haltung. Die Ministerpräsidentin schreibt: »Die Resolution dokumentiert die zunehmende Unterwerfung der europäischen Länder unter die arabische Diktatur.« Außenminister Abba Eban ärgert sich darüber, daß sich die Minister über die israelische Textinterpretation der UN-Resolution Nr. 242 hinweggesetzt haben; der europäische Text verlangt den Rückzug aus allen besetzten Gebieten – diese Forderung wird in Israel als Unverschämtheit empfunden.

Die Enttäuschung in Israel erzeugt Zorn. Er konzentriert sich auf die Bundesrepublik. Das Außenministerium in Tel Aviv will die Beziehungen zu Bonn überprüfen. Botschafter Ben Horin attakkiert die »ausgewogene« Politik der Bundesregierung gegenüber den Nahoststaaten: »Hier geht es nicht um ein Fußballspiel, sondern um den bisher schwersten Existenzkampf Israels. Die Sicherheit Israels kann nichts mit dem Funktionieren der Zentralheizungen zu tun haben.«

Die europäischen Regierungen stehen zum Wort ihrer Außenminister. Israel bekommt nur inoffizielle Erklärungen der Sympathie zu hören. Die Forderung des Ministerrats bleibt bestehen: »Israel muß die besetzten Gebiete aufgeben!«

Die arabischen Könige, Emire und Präsidenten sind zufrieden, ihre Drohung mit dem Ölboykott ist ein Erfolg. Befriedigt registriert König Feisal, daß in Europa nahezu Panik ausbricht. Einsparungsmaßnahmen, Angstkäufe, Sonntage ohne Autoverkehr, Sorge um Arbeitsplätze – über alle diese Auswirkungen läßt sich der König berichten; er informiert die Emire am Persisch-arabischen Golf über die Frontlage im Ölkrieg. Die Sorge der kleinen Herrscher, daß die »Waffe Öl« ihnen ins eigene Gesicht platzt, ist verflogen. »Es hätte nicht besser gehen können.« Die Araber begreifen, wie wirkungsvoll sie durch Drehen des Ölhahns die Weltmeinung beeinflussen können. Die Popularität des saudi-arabischen Königs steigt in Arabien. Die Hoffnung macht sich breit, daß Feisal durch den Ölkrieg das erreichen kann, was Sadats Armeen verwehrt war, die Rückeroberung der Sinai-Halbinsel, der Golanhöhen, vor allem die Rückeroberung von Jerusalem.

König Feisal hat sich fest vorgenommen, er wolle vor seinem Tod noch einmal in der Al-Aqsa-Moschee von Jerusalem beten. Der König ist 67 Jahre alt, er hat – bei seinem Gesundheitszustand – nicht mehr sehr viel Zeit. Feisal sieht klar, daß der Erfolg des Ölkriegs noch keinen Sieg bedeutet: die Erklärung der neun Außenminister hat nicht zur Folge, daß sich Israel zurückzieht, auch für die Palästinenser ist noch keine Lösung gefunden – Israel bleibt so unnachgiebig wie zuvor.

Doch vier Wochen nach dem Ende der militärischen Kämpfe bröckelt die Solidarität der Emire und Präsidenten ab. Wie die Kommandeure an der Sinaifront geben sie sich mit dem ersten Erfolg zufrieden, viele halten den Krieg für gewonnen. Sie verweisen auf den Schah von Persien, der den Arabern nahelegt, den Ölboykott aufzugeben, da sich jetzt doch eine friedliche Zeit für den Nahen Osten abzeichne. Der Schah sagt: »Öl ist wie Brot, niemand hat das Recht, die Welt verhungern zu lassen.« In Wien treffen sich Mitte November die Energieminister der erdölexportierenden Länder. 12 Delegationen sitzen am Verhandlungstisch, und nicht alle sind einverstanden mit der Boykottdrohung. Eine Opposition zeichnet sich ab; zur großen Überraschung gehören zu dieser Opposition auch die arabischen Länder Irak und Libyen.

Nur während der Kriegstage war die Förderleistung der wichtigen irakischen Pipeline zu den Ölhäfen des Libanon und in Syrien gedrosselt. Sofort nach Feuereinstellung belieferten die Ölfelder von Mosul die Tanker in Tartus und Tripoli mit 113,3 Millionen Liter Öl pro Tag – mehr kann nicht durch die Pipeline gepumpt werden. Der irakische Ölminister sagt: »Eine generelle Drosselung der Ölförderung ist sinnlos, weil wir mit dieser Maßnahme Freunde und Feinde treffen. Die beste und einzig wirksame Waffe gegen die Vereinigten Staaten von Amerika ist die Verstaatlichung der Anlagen aller amerikanischen Konzerne.« Der irakische Ölminister fragt: »Warum ziehen König Feisal und die Emire nicht ihre Guthaben von den amerikanischen Banken zurück? Damit wären die USA zu schädigen!« Die irakische Regierung hat 24 Stunden nach Kriegsausbruch den amerikanischen Anteil an der Basra Petroleum Company beschlagnahmt. Standard Oil of New Jersey und Mobil Oil besaßen zusammen 23,75 Prozent der Anteile der Basra Petroleum Company. Diese Verstaatlichung bringt nun allerdings den Irak in Schwierigkeiten: Standard Oil of New Jersey und Mobil Oil nahmen der Basra Petroleum Company bisher 23,75 Prozent der Ölförderung ab. Dafür ist jetzt so schnell kein Käufer zu finden, da sich die Konzerne aus Solidarität weigern, Öl zu kaufen, das nach ihrer Vorstellung noch immer dem durch die Verstaatlichung geschädigten Konzern gehört. In den Tankfarmen bei Basra wartet das Öl auf den Abtransport – und die Regierung des Ahmed Hassan Al Bakr braucht dringend Devisen aus dem Verkauf dieses Öls. Die Situation ist schwierig, denn die Ölpumpen lassen sich nicht ohne weiteres abstellen, das Öl sprudelt weiter – wird es mit Gewalt gestoppt, kann die Quelle abgeschrieben werden; nur mühsam bohrt man sie später wieder an, unter großen finanziellen Ausgaben.

Ahmed Hassan Al Bakr kann nicht die wirtschaftliche Zukunft seines Landes aufs Spiel setzen, der Irak lebt vom Öl. Unter diesem Zwang fällt der irakische Staatspräsident dem Anführer des Ölkriegs, dem saudi-arabischen König Feisal, in den Rücken.

Der Monarch bedrängt seit Anfang November die Regierung in Tokio, sie möge alle Beziehungen zu Israel abbrechen. Japan deckt 95 Prozent seines Ölbedarfs durch Einkauf im Nahen Osten. König Feisal ist der Meinung, daß damit Arabien das Recht hat, von Japan eine klare Stellungnahme gegen Israel zu verlangen. Dem Ölkunden Japan dürfen auch keinerlei wirtschaftliche Kontakte zu Israel gestattet sein. Der saudi-arabische Ölminister droht: »Wenn Japan auf unsere Bedingung nicht eingeht, kann es sein Öl woanders kaufen!«

Der Irak bietet den Japanern Öl zu günstigen Preisen an: 23,75 Prozent der Förderung der Basra Petroleum Company, rund zwei

Millionen Tonnen im Jahr. Mit diesem Öl ist der Bedarf Japans nicht zu decken, trotzdem hilft schon allein das irakische Angebot den Japanern. König Feisals politischer Druck verliert an Kraft. Die Japaner kaufen das irakische Öl nicht, sie fürchten den Zorn des saudi-arabischen Monarchen; die Japaner wollen auch nicht die Konzerne durch Kauf von Öl verärgern, auf das Standard Oil of New Jersey noch immer ein Recht zu haben glaubt. Zu allem hin ist ihnen das Basra-Öl von zu schlechter Qualität.

Der Irak, der dem König Feisal im Ölkrieg in den Rücken fällt, klagt selbst den königlichen Strategen des Ölboykotts an, er bluffe nur: »Noch immer erreicht Öl aus Saudi-Arabien amerikanische Raffinerien!«

Der libysche Vertreter am Konferenztisch in Wien verhält sich ruhig. Die Anweisungen seines Präsidenten Muammar el-Gaddafi sind so zweideutig, daß er daraus keine vertretbare Politik ablesen kann. Der Präsident will in diesen Tagen europäische Hauptstädte besuchen, er wird überall seine Politik selbst vertreten. Der Libyer gibt in Wien auf die drängenden Fragen der Kollegen zu, daß in seinem Land Ölförderung und Versand nur geringfügig gedrosselt sind; auch die Tanker für die Vereinigten Staaten werden beladen. Die arabischen ölproduzierenden Staaten lockern darauf sofort den straffen Zeitplan der allmählichen Reduzierung der Fördermenge: Jedem einzelnen Land ist es freigestellt, wieviel Öl es in Zukunft verkaufen will. In Ägypten wird die Lockerung des Embargos begrüßt: »Europa hat sich auf unsere Seite gestellt, es besteht kein Grund, Europa länger zu bestrafen.«

König Feisal sieht, wie sich die starke arabische Front auflöst; doch die Hoffnung, daß die heilige Stätte in Jerusalem wieder an die Araber zurückgegeben wird, wächst nicht. Der König will hartnäckig den Ölkrieg weiterführen. Mit der praktischen Organisation des Kriegs hat er seinen Sohn Prinz Saud Al Feisal beauftragt. Der Sohn trägt den Titel eines Unterstaatssekretärs für Petroleumexport. *Frage an den Prinzen:* Sind Sie sicher, daß kein Öl die Vereinigten Staaten erreicht?

Antwort: Das funktioniert. Wir haben ein Überwachungssystem ausgetüftelt, das auf der sowieso schon hervorragenden Transportkontrolle für Öl aufgebaut ist. Jeder Tanker bekommt von uns ein Begleitpapier, darauf ist Herkunft, Bestimmungsort und Menge des Öls vermerkt. Die Behörden der Häfen, die der Tanker unterwegs anläuft, haben die Reiseroute zu bestätigen. Am Bestimmungsort wird von einem Vertreter der saudi-arabischen Botschaft auf dem Begleitpapier die ordnungsgemäße Ankunft des Öls bestätigt. Wir haben da überall junge Saudis sitzen, die sich peinlich genau um jedes Detail kümmern.

Frage: Glauben Sie, daß Sie die USA in die Knie zwingen können?

Antwort: Die USA müssen erkennen, wo ihre Interessen liegen, ob sie Freundschaft mit uns halten wollen. Saudi-Arabien hat sich viel Mühe gegeben, um die guten Beziehungen zu Amerika zu bewahren – wir haben ja gegenseitige Interessen: Die Amerikaner und wir von Saudi-Arabien.

Frage: Das Ansehen der Araber leidet sehr unter den Embargomaßnahmen. Stört Sie das nicht?

Antwort: Wir wissen, daß man uns derzeit nicht wohlgesonnen ist. Wir versuchen zu erklären, daß wir das Ölembargo nicht gegen die Völker richten, sondern gegen die Regierungen. Sie müssen sich darum bemühen, daß die Sicherheitsratsbeschlüsse endlich in die Tat umgesetzt werden. Wir Araber haben 25 Jahre lang gewartet, wir haben die Welt oft genug gewarnt; jetzt rütteln wir mit dem Ölhahn das Gewissen der Menschen auf. Sie müssen endlich begreifen, daß es ein Volk der Palästinenser gibt, das 25 Jahre lang in Lagern gelitten hat. Ein Volk, das hungrig ist und vor Kälte im Winter zittert. Solange für diese Palästinenser kein gerechter Friede gefunden wird, solange werden die Amerikaner und die Europäer um das Öl bangen müssen.

König Feisal von Saudi-Arabien zwingt im Dezember, vor der Friedenskonferenz in Genf, die ölproduzierenden Staaten erneut zur Solidarität. Aber er mildert seinen schroffen Standpunkt: Israel braucht den Rückzug nur zu versprechen, dann wird das Öl wieder fließen.

Der libysche Präsident will nicht an einem abgekarteten Spiel teilnehmen

Muammar el-Gaddafi, Präsident der libyschen Republik, zeiht den ägyptischen Präsidenten, ein Falschspieler zu sein: Den Krieg mit Israel habe er vom Zaun gebrochen, um Arabien an den Verhandlungstisch mit Israel zu bekommen; dafür habe Sadat Tausende von Männern geopfert. El-Gaddafi sagt: »Man hat mich bewußt getäuscht. Zwischen Kairo und Damaskus ist längst alles abgesprochen, von den anderen arabischen Staatsoberhäuptern wird auf der Gipfelkonferenz von Algier nur Zustimmung verlangt, wir sind dort Statisten. Von uns wird erwartet, daß wir die Anerkennung Israels gutheißen, weil Syrien und Ägypten Frieden schließen wollen. Wir sollen ja sagen zur Kapitulation!«
El-Gaddafi wirft dem Ägypter vor, mit seinem falschen Spiel den Großmächten als Werkzeug zu dienen: »Kissinger und Kossygin machen das mit sich aus. Zwischen den beiden sehe ich keinen Unterschied, beide sind gleich viel wert. Sie verteidigen beide egoistische Interessen!«
El-Gaddafi ist der Meinung, der vierte Nahostkrieg und die Streitigkeiten danach seien wie in einem Filmdrehbuch vorbereitet worden.
Tage vor Kriegsbeginn erfährt der libysche Staatspräsident, daß die Auslösung der Operation »Badr« bevorsteht. Muammar el-Gaddafi signalisiert seine volle Zufriedenheit nach Kairo: »Ich bin glücklich; der Zustand von Nichtkrieg und Nichtfrieden muß ein Ende finden!« Als die Kämpfe am 6. Oktober ausbrechen, sagt er: »Ich bin nicht einverstanden mit der Strategie und nicht mit dem Zeitpunkt. Das ist nicht mein Krieg!« Anwar el-Sadat in Kairo wundert sich, die Schuld muß er sich allerdings selbst geben. Die Haltung des libyschen Präsidenten ist aus seinen Erfahrungen in der Zeit vor dem Krieg zu verstehen.
»Jerusalem!« hatte das Stichwort geheißen, als eine Handvoll Majore und Obersten um Muammar el-Gaddafi den alten König Idriss al Senussi vom libyschen Thron jagten. Die Revolution fand zwei Jahre nach dem Junikrieg statt. Nach Meinung der Of-

fiziere hatte der König den Sturz verdient, weil er sich nicht für die Rückeroberung der besetzten Gebiete interessierte; sein finanzieller Beitrag, um die heiligen Plätze von Jerusalem den Arabern zurückzugewinnen, war gering. Die Offiziersjunta wollte die riesigen Einnahmen aus den Ölkonzessionen für den Befreiungskampf zur Verfügung stellen. Nur: wer sollte der Empfänger des Geldes sein? Die Kommando-Organisationen boten sich sofort an, sie wollten Israel zermürben. Muammar el-Gaddafi ließ der Palästinensischen Befreiungs-Organisation 500 Millionen Dollar überweisen.

Doch es ärgerte den Präsidenten, daß die 11 Gruppen der Kommandos sich nicht auf einen gemeinsamen Oberbefehlshaber einigen konnten. Niemand koordinierte die Aktionen, die Sabotageakte und Feuerüberfälle wurden unkonzentriert geführt. Muammar el-Gaddafi wurde deutlich: »Es wird Zeit, daß die Kommando-Organisationen ihren ideologischen Streit vergessen. Sie sollten sich lieber mehr um Stützpunkte innerhalb Israels kümmern, als sich in Beirut untereinander Wortschlachten zu liefern.« Jassir Arafat spuckte das Gift zurück: »Es gibt Leute, die üben ihre Zunge, indem sie Schwachsinniges über die Befreiungs-Organisation reden!« Die Freundschaft zwischen dem libyschen Präsidenten und den Kommandos war nicht von Dauer.

Muammar el-Gaddafi ist ein glühender Anhänger des arabischen Nationalisten Gamal Abd el-Nasser. Nach Nassers Tod schließt der Libyer Freundschaft mit dem neuen ägyptischen Präsidenten, mit Anwar el-Sadat. Aus der Freundschaft und aus der Liebe zum arabischen Vaterland entspringt die Idee einer Vereinigung von Libyen und Ägypten. Das Kernstück eines großen und mächtigen arabischen Staates sollte geschaffen werden – die Verbindung der ägyptischen Massen und des libyschen Geldes konnte den Magneten schaffen, der die auseinanderstrebenden arabischen Staaten anzieht. Anwar el-Sadat ist einverstanden mit der Vereinigung der beiden Staaten, doch ihm mißfallen die libyschen Vorstellungen von den Kräften, die den Unionsstaat regieren sollen. Muammar el-Gaddafi ist ein religiöser Mann; er ist überzeugt, daß der Koran den Willen Allahs ausdrückt, daß der Prophet in diesem Buch die göttlichen Regeln auch für das Leben im zwanzigsten

Jahrhundert fixiert hat. Er setzt in Libyen die geltende Gesetzessammlung außer Kraft und bestimmt den Koran zur Basis der Rechtsprechung. Die Konsequenz: Dieben muß die Hand abgehackt werden, die Scheidung ist für den Mann leichter geworden; männliche Damenfriseure haben den Beruf zu wechseln, da nach dem Willen des Propheten kein Mann eine fremde Frau berühren darf.

Diese Beispiele fallen nur einem europäisch denkenden Hirn als absurd auf, dem Araber sind sie verständlich. Der moderne gläubige Moslem sieht im Koran vor allem die sozialistische Tendenz, den Willen, soziale Ungerechtigkeit auszuräumen. El-Gaddafi sagt: »Die Worte des Propheten zeigen mehr Aufgeschlossenheit für die Entrechteten und Ausgebeuteten, als die Schriften des Karl Marx.« Doch Anwar el-Sadat, der fast europäisch denkt, scheut den Einsatz für Gesetze, über die man in London und Paris lacht – er wehrt sich schon bei den ersten Gesprächen dagegen, daß in Ägypten das harmlose Stellabier verboten werden muß, weil der Koran Alkoholgenuß nicht erlaubt.

Muammar el-Gaddafi torpediert seinen Einigungsgedanken selbst. In Anwesenheit der aufgeschlossenen Frau Sadats spricht der libysche Präsident vor ägyptischen Frauen über seine Vorstellung von der Ordnung in der einen großen arabischen Republik. Für die Frau sieht er keinen Platz im öffentlichen Leben, in der Politik. Er verärgert die Ägypterinnen, die stolz darauf sind, sich aus dem Harem, aus der Isolierung durch den Mann befreit zu haben. Sie beginnen sich vor der Zeit zu fürchten, in der auch der ägyptischen Frau das Autofahren verboten sein soll. Sie finden die Begründung des Gesetzes eine Unverschämtheit: »Mit dem Fahrverbot für Frauen wird die Gefahr der Prostitution reduziert.« Als el-Gaddafi dann von den »natürlichen körperlichen Defekten« der Frau redet, hat er ausgespielt. Die Frauen der Politiker in Kairo sind seine schroffsten Gegner geworden. Sie haben ihren Männern die Idee der Union zwischen Ägypten und Libyen ausgeredet.

Muammar el-Gaddafi ist eine hagere, fast asketische Erscheinung. Gelöst und locker gibt er sich nie. Erschreckend ist seine verkrampfte Haltung und die äußerste Anspannung, wenn er zur

libyschen Nationalhymne die Fahne grüßt; die zur Mütze geführte Hand zittert unter der Muskelkonzentration. El-Gaddafi lacht gern, aber er kennt kein heiteres Lachen.
Niemand weiß genau, wann dieser Mann geboren ist. Sein Vater, ein Beduine, kannte kein Standesamt zur Anmeldung von Geburten. Das geschätzte Alter zur Zeit des Krieges: 32 Jahre.
Wie Harun al Raschid regiert der Präsident sein Land. Im VW fährt er auf Inspektionstour, er taucht in Kasernen und Rathäusern auf; er entläßt Beamte, die er bei der Kaffeepause antrifft; er revidiert Kassenbücher. Libyen hat nur 1,8 Millionen Einwohner, die Verwaltung dieses Landes kann gerade noch mit solchen Methoden in Gang gehalten werden; für den ägyptischen Staat mit über 30 Millionen Menschen käme durch el-Gaddafi das Chaos ins Land. Und doch hoffen manche darauf, daß dieser Mann einmal Präsident wird in Kairo; viele der strenggläubigen Moslems sind auf seiner Seite. Sie sagen: »Jahrhundertelang wurde unsere islamische Religion verlacht und verachtet. Hier ist einer, der uns beweisen will, daß der Islam eine gute Religion ist.« Sie geben ihm politischen Kredit dafür. El-Gaddafi rekrutiert seine Anhänger unter den Offizieren der ägyptischen Armee, unter den Beamten. Anwar el-Sadat muß mit dem wachsenden Ansehen des Libyers rechnen.
Muammar el-Gaddafi selbst geht allerdings manchmal leichtfertig mit der Auslegung von Koranregeln um; solche Vergehen werden ihm sofort von den gläubigen Gefolgsleuten angekreidet. Seine zweite Heirat ist ein solcher Fall. Während eines Krankenhausaufenthalts hatte ihm sehr die Krankenschwester gefallen, er ließ sich sofort von seiner Frau scheiden – was nach islamischem Recht leicht möglich ist – und heiratete dieses Mädchen. Er versäumte aber dabei eine Grundregel: er vergaß zu fragen, ob die erste Frau zum Zeitpunkt der Scheidung schwanger war. Durch das Kind, das einige Monate später auf die Welt kam, wurde el-Gaddafis Fehler bekannt. Der Fehler ist in Arabien inzwischen vergeben.
Am 1. September 1973, fünf Wochen vor dem Ausbruch des vierten Nahostkrieges, sollten die beiden Staaten Libyen und Ägypten vereinigt werden. Anwar el-Sadat und Muammar el-Gaddafi

konnten bis kurz vor diesem Termin keine gemeinsame Verwaltungsbasis für den Unionsstaat finden, so wurde der Plan aufgeschoben. Mit dem Scheitern der Union war Libyen nicht mehr verpflichtet, seine Armee und seine Luftwaffe an den Suezkanal zu schicken. Die rund 50 Mirage-Kampfflugzeuge, die bisher von Frankreich geliefert wurden, bleiben auf libyschen Flugplätzen. El-Gaddafi versprach in den ersten Kampftagen, finanziell zu helfen, doch es bleibt beim Versprechen. Der wichtigste Wunsch des libyschen Präsidenten für den Tag der Vereinigung war die eigene Ernennung zum Oberbefehlshaber der Unionsarmee. Diesen Wunsch wollte Sadat nicht erfüllen. Er wußte, daß el-Gaddafi sich im Krieg nicht der politischen Entscheidung unterordnet. Nie hätte der Libyer den Befehl akzeptiert, nicht über die Kanalzone hinaus nach Sinai vorzustoßen. Sadat hatte, als er vor Kriegsbeginn den libyschen Präsidenten informierte, nicht davon gesprochen, daß er nur einen begrenzten Feldzug führen will, mit dem Ziel, nach dem ersten Erfolg einem Aufruf zum Waffenstillstand zu folgen. Dieses Geheimnis behielt der Ägypter für sich. El-Gaddafi aber fühlte sich betrogen. Er konnte sagen: »Mein Krieg ist das nicht!«

Am 15. November schreibt der libysche Präsident diesen Brief an Anwar el-Sadat:

»Der Krieg vom Oktober 1973 und alles, was danach kam, ist unter Verletzung des Artikels 14, Absatz B, der Verfassung der Föderation Arabischer Republiken (Ägypten, Syrien, Libyen) beschlossen worden. Dieser Verfassung haben in einer Volksabstimmung 40 Millionen Araber zugestimmt.

Der Übergang über den Kanal und der Angriff auf die Bar-Lev-Linie haben der arabischen Nation und Ägypten Ehre gebracht. Der Vormarsch auf den Golanhöhen zu Beginn der Schlacht war ein Beweis der Fähigkeiten und des Muts des arabischen Soldaten vor einem Feind, der mit dem Stab des Moses in seiner rechten Hand und mit Nixons Granaten in seiner linken Hand droht. Jedoch, Herr Präsident, wir haben wiederum Gebiete verloren in einem Krieg, der ja nicht geführt wurde, um den Wert des arabischen Soldaten zu beweisen, sondern um die Gebiete zurückzuerobern, die seit 1967 besetzt sind.

Wir haben dieses Mal die Initiative ergriffen, wir haben mit Mut gekämpft, wir haben dem Feind schwere Verluste an Menschen und Material zugefügt. Aber dann haben wir einen Waffenstillstand akzeptiert, der es dem Feind gestattet, alle Verluste wieder auszugleichen. Wir finden uns mit direkten Verhandlungen ab um des Friedens willen. Wir erkennen Israel an.
Herr Präsident, wir haben gekämpft, um die verlorenen Gebiete zurückzugewinnen, jetzt lassen wir die Waffen schweigen, ohne das Gebiet befreit zu haben. Wir haben um unsere Ehre gekämpft, und jetzt wird unsere Ehre bei Kilometer 101 der Straße Kairo–Suez durch den Dreck gezogen.
Wir erinnern uns an Ihren Wert als Kämpfer der Revolution. Wir erwarten, daß Sie den Einsatz der ganzen arabischen Nation höher einschätzen, den Einsatz der Waffen, der Tausende von Toten, den Einsatz der Menschen.
Wir bewahren unser Vertrauen in Sie im Augenblick, da die anderen zweifeln. Das libysche Volk und ich bleiben an Ihrer Seite, während die anderen Sie fallenlassen. Wir stimmen Ihren diplomatischen Manövern und der Aufnahme von Beziehungen zu den Vereinigten Staaten zu. Aber wir verurteilen energisch die Feuereinstellung. Die Kämpfe, wenn nötig mit der blanken Waffe, müssen fortgesetzt werden. In der Geschichte haben immer nur Sieg oder Kapitulation den Kampf beendet. Das, was bei Kilometer 101 vor sich geht, das treibt in mir den Zorn hoch. Ich hoffe, Herr Präsident, daß Sie den Kampf wieder aufnehmen, daß Sie bereit sind, Bequemlichkeit, notfalls Territorium und die politischen Schachzüge aufzugeben.
Land kann man aufgeben, die Ehre muß um jeden Preis erhalten bleiben.«

Muammar el-Gaddafi bereitet sich den Weg an die Spitze der arabischen Welt vor. Seine Meinung trifft die des Volkes in Ägypten. Der Libyer hat mit Absicht dafür gesorgt, daß sein Brief an Sadat nicht geheim blieb. Er hofft auf eine positive Reaktion aus dem Hauptquartier der Armee, aus den Büros der Administration, aus den Sitzungszimmern im massigen Haus der ägyptischen Staatspartei. El-Gaddafi kennt die Abneigung der Araber vor

einer Gängelei durch die Großmächte, er spricht für alle den Wunsch aus nach der Entfaltung des eigenen Willens.
Zwei Köpfe stehen sich gegenüber: Anwar el-Sadat, der sich der politischen Tendenz der siebziger Jahre anpaßt, der gute Freund der Großmächte – Muammar el-Gaddafi, der die Araber zur Größe führen will, und dabei Rücksicht auf niemand nimmt. El-Gaddafi wartet auf das Scheitern des Älteren, dann präsentiert er sich den Arabern als der Mann, der wieder anknüpfen will bei Glanz und Ruhm der Zeit des Propheten. Er will sich dabei durchaus der Waffen dieses Jahrzehnts bedienen. 1970 hat er im geheimen versucht, eine Atombombe zu kaufen, el-Gaddafi wollte jeden geforderten Preis dafür bezahlen. Damals haben ihm weder die USA noch die Sowjetunion eine Atombombe verkauft.

Israel muß Zeit gewinnen

Die Ministerpräsidentin liest ihre Rede ab, mit dem Zeigefinger der rechten Hand sucht sie die Zeilen. Golda Meïr spricht stokkend und ohne Klang, ihrer Rede fehlt der Fluß. Tief beugt sich der Kopf dieser Frau über das Manuskript. Die Regierungschefin gibt ihren letzten Bericht ab vor den Parlaments-Wahlen, die am 31. Dezember stattfinden.
Tag um Tag war diese Sitzung der Knesset verschoben worden, täglich hatten sich politische Gewichte verlagert: Der Besuch Kissingers liegt inzwischen weit zurück; das Problem der Kriegsgefangenen, der Verwundeten in ägyptischer Hand, konnte gelöst werden; die Verhandlungen mit den Ägyptern hatten begonnen, die Generale beider Seiten grüßen sich als Kollegen.
Die Verschiebung der Sitzung macht deutlich, wie schwierig es für die israelische Regierung war, die sich verändernde Lage in den Griff zu bekommen. Von Golda Meïr wird die Definition der Politik für den Rest des Jahres 1973 verlangt. Die USA warten auf ein Wort, das den Neubeginn anzeigt, das Hoffnung läßt

für ein Gelingen der Friedensgespräche. Die Ministerpräsidentin hat ihre Rede mehrmals umschreiben lassen, es sind nicht ihre Worte, die sie verliest, aber sie haben ihre Politik zum Inhalt. Von Konzessionen ist nicht die Rede, auch nicht von einer teilweisen Aufgabe des besetzten Gebiets. »Daß wir auf die Grenzen von 1967 zurückgehen, das kommt nicht in Frage; die Grenzen von 1967 könnten unsere Nachbarn zur Aggression verlocken!«

Was ist Wahlkampf in dieser Rede, was ist wirkliche Politik? Golda Meïr spricht nach dieser Rede mit Moshe Dayan; er muß sich weit herüberbeugen, zwischen beiden steht ein leerer Stuhl. Das Thema des Gesprächs kann man erraten: der Verteidigungsminister hatte kurz zuvor eine Auseinandersetzung im King-David-Hotel mit dem Befehlshaber der UN-Truppen, dem Finnen Siilasvuo; UN-Soldaten und Israelis waren beim Kilometer 101 vor Suez handgreiflich geworden, es ist der Tag der Streiterei um den Check Point. Golda Meïr flüstert mit Moshe Dayan, der Verteidigungsminister macht sich Notizen. Die Ministerpräsidentin ist Herr in der Regierung, Moshe Dayan kuscht.

Die Verflechtung von Wahlkampf, Auseinandersetzung mit den Vereinigten Staaten und Fixierung des Standpunkts für die Friedensgespräche macht die Stimmung in Parlament und Regierung so reizbar. Die Regierung hat keine Handlungsfreiheit, sie muß auf die Wahl am letzten Tag des Jahres 1973 Rücksicht nehmen; das Wahlergebnis ist Richtspruch über Kriegführung und Nachkriegspolitik. Jede Nachgiebigkeit wird von Menachem Begin, dem Wortführer der Opposition, angekreidet – jede Konzilianz gegenüber dem Gegner liefert Wahlkampfmunition. Begin selbst fordert Bedingungen für Friedensverhandlungen, die von den Ägyptern und Syrern nie akzeptiert werden. Für Menachem Begin ist der Wahlkampf einfach, er muß nicht das Land durch diese schwierige Zeit steuern – und er hat zwei Opfer in der Regierung, deren Fehler nicht bestritten werden können: Moshe Dayan und Abba Eban. Er wirft dem Außenminister vor, er habe die zunehmende Isolierung Israels nicht verhindert; die Abwendung der schwarzafrikanischen Staaten von Israel wird ihm angekreidet.

Abba Eban, seriös und würdevoll, versucht jetzt wenigstens den Riß in der Allianz mit den Vereinigten Staaten zu verkleinern, er will den Druck lindern, den Henry Kissinger jeden Tag verstärkt. Der amerikanische Außenminister fordert von seinem israelischen Kollegen eine Landkarte der Grenzen, die Israel als sicher betrachten kann. Moshe Dayan sieht die Situation so: »Wir müssen zugeben, der Unterschied in der Auffassung über künftige Grenzen ist groß. Unsere Vorstellung unterscheidet sich gewaltig von der Vorstellung, die Kissinger hat. Aber das ist kein Grund, daß wir das Diktat der Amerikaner annehmen. Nicht einmal Südvietnam hat ein derartiges Diktat angenommen – und wir sind nicht Südvietnam!«

Der Verteidigungsminister legt die Landkarte des künftigen Israel auf den Tisch: »Der Jordan bleibt unsere Sicherheitsgrenze; auf den Höhen bei Nablus müssen wir die Radarstellungen in der Hand behalten, das freie Land um die Gemeinden geht an Jordanien zurück; wir kontrollieren durch Militärstreifen, ob Ruhe und Ordnung herrscht. Sharm el-Sheikh wird nicht mehr an die Araber zurückgegeben, genausowenig wie der arabische Teil von Jerusalem.« Diese Verhandlungsposition läßt so wenig Hoffnung auf Frieden, wie die Bedingungen der Rechtsopposition.

Die Regierung Golda Meïr hat die Popularität der Ministerpräsidentin testen lassen: Vier Wochen vor der Wahl wünschen nur 45,1 Prozent der Bevölkerung Israels die Rückkehr von Golda Meïr ins Amt des Ministerpräsidenten. Direkt vor dem Jom-Kippur-Krieg hatten 62 Prozent die politische Verantwortung weiterhin der bisherigen Regierungschefin übergeben wollen. Eine Wahlniederlage droht.

Um den Verlust der Macht abzuwenden, werden neue Schuldige an den Fehlern der Kriegstage gesucht. Schuldige, die nicht zur Regierung gehören. General Chaim Herzog sagt im israelischen Rundfunk: »Schuld an der schwierigen Lage der ersten Kriegstage trägt die fehlende Disziplin der Soldaten und des Volkes. Offiziere und Mannschaften befolgen nicht mehr die Kleiderordnung. Wenn der israelische Soldat seine Uniform nicht pflegt, wenn er sich einen Bart wachsen läßt, wenn er nicht zum Friseur geht, dann kann man sich auch nicht mehr darauf verlassen, daß seine Waffe funktioniert, daß der Motor seines Panzers in Ordnung ist.«

Drei Männer planen den Frieden

Die Entscheidungen fallen bei dieser Konferenz nicht im Sitzungssaal. Noch ehe alle Könige und Präsidenten sich treffen, haben die drei wichtigen Männer die arabische Politik festgelegt, der Weg ist abgesteckt zur Friedenskonferenz in Genf.
Die Staatschefs wohnen in Bungalows, in Ferienhäusern, die im Sommer dem Tourismus dienen. Um das Palais des Nations, um das Kongreßzentrum, gruppieren sich diese eleganten Wohneinheiten.
Im Bungalow 107 ist König Feisal von Saudi-Arabien eingezogen. Hier finden die Begegnungen vor Konferenzbeginn statt, die Gespräche, die das Resultat der Konferenz vorwegnehmen. Zu Fuß kommt Hafez Assad, der syrische Präsident, umringt von seiner Delegation und von Geheimdienstmännern, die Straße herunter vom Bungalow 116. Vor dem Haus des Königs trifft er mit Anwar el-Sadat zusammen; die Begegnung wird vom Protokollchef exakt gesteuert. Die Begrüßung ist herzlich, die Präsidenten küssen und umarmen sich. Hafez Assad strahlt, als habe er den Krieg siegreich beendet – er ist nur bleicher als sonst, sein Haar liegt widerborstiger.
Der syrische Außenminister Abdel Halim Khaddam hat in den Vorgesprächen mit den Kollegen Andeutungen gemacht, daß Syrien im vierten Nahostkrieg ungeheure Verluste erlitten habe. Sofort kursieren im Palais des Nations Gerüchte: 30 000 syrische Soldaten seien auf den Golanhöhen getötet und verwundet worden. Abdel Halim Khaddam nennt keine Zahlen, er weigert sich, seine Angaben zu präzisieren. Er wiederholt nur: »Ungeheuer sind unsere Verluste!«
Der Chef des Außenministers spielt den entspannten gelösten

Politiker, der weiß, was die Zukunft bringen kann. Mit Anwar el-Sadat betritt er Arm in Arm den Bungalow des Königs. Sie winken den Geheimdienstmännern zu, die den Eingang gegen Attentäter dicht abschirmen. Der König erwartet die Präsidenten nicht an der Tür.

König Feisal ist krank nach Algier gekommen, seine Magenbeschwerden haben sich verschlimmert, die Schmerzen lassen gar nicht mehr nach; der König wird manchmal von Dienern gestützt, bei Begegnungen hält er sich mit Mühe aufrecht. Die Krankheit verhärtet seinen Standpunkt, Rücksicht kennt er keine mehr – auch nicht auf seine früheren Freunde, die Amerikaner. Der König, der weiß, daß er nicht mehr lange zu leben hat, will sich einen Platz sichern in der Geschichte Arabiens. Sein Ölkrieg soll Jerusalem den Arabern zurückbringen. Feisal will als ruhmreicher Sproß eines ruhmreichen Geschlechts sterben. Bei der Ankunft in Algier sagt er: »Mit Allahs Hilfe werden wir den zionistischen Feind besiegen!«

Hafez Assad und Anwar el-Sadat sind gekommen, um dem König ihren Plan für die Zukunft des Gebiets zwischen Jericho, Jerusalem und Nablus zu unterbreiten. Sie wollen auf der Friedenskonferenz den USA und Israel ein Angebot machen, das Israels Bedürfnis nach Sicherheit decken soll: das Westufer des Jordans soll der Aufsicht der UN unterstellt werden. Die beiden Präsidenten wollen selbst dafür sorgen, daß an der Ostgrenze des jüdischen Staates kein neuer Unruheherd entsteht. Auch auf den Golanhöhen wird die UN-Truppe einen Sicherheitskordon ziehen können; auch Hafez Assad ist bereit, auf einen Teil seiner Souveränität zu verzichten.

König Feisal nickt nur zu diesen Vorschlägen. Die Modalitäten sind ihm gleichgültig. Ihm ist alles recht, was dazu dient, den großen Wunsch erfüllen zu lassen. Hafez Assad und Anwar el-Sadat halten gebührenden Abstand vom König, sie zeigen Respekt vor dem Monarchen. So ganz ebenbürtig fühlen sich die Präsidenten nicht. König Husseïn von Jordanien ahnt vorher, was hier gespielt wird. Deshalb ist er erst gar nicht nach Algier geflogen. Die Beteiligung seiner Elitepanzertruppe am Krieg hat ihm keinen Kredit gebracht; jeder weiß hier, daß die Jordanier keine Heldentaten vollbracht haben. Husseïn, der sonst ein mutiger Mann ist, kämpft diesmal nicht für die Souveränität über sein Territorium, über seine Provinz auf dem Westufer des Jordans. Bei der arabischen Gipfelkonferenz in Algier überläßt er die Verteidigung seiner Rechte dem Chef des Königlichen Kabinetts, Bahjat Talhouni. Dieser Mann hat schon von seiner protokollarischen Stellung her kein Gewicht als Gesprächspartner; er ist von Husseïn beauftragt, in gewissen Verhandlungsmomenten Botschaften des Königs zu verlesen. Diese Briefe folgen zwar ziemlich genau dem Gesprächsablauf, sie sind dennoch kein Ersatz für die Anwesenheit des Königs Husseïn. Anwar el-Sadat und Hafez Assad haben keine Schwierigkeit, vier Stunden vor Konferenzbeginn ein Ergebnis der Gipfelkonferenz vorwegzunehmen: Jerusalem wird nicht mehr unter die volle Souveränität Jordaniens zurückkehren, das Gebiet westlich des Jordans bis hin zu Israels Staatsgrenze von 1967 bekommt einen Sonderstatus, es bleibt zwar dem Haschemitischen Königreich angegliedert – König Husseïn, Herr über die heiligen Stätten von Jerusalem, wird die Macht mit einem UN-Gouverneur teilen müssen. So grob und nüchtern wird dieses Ergebnis am Ende der Konferenz nicht verkündet werden, die Außenminister sollen umschreibende Formulierungen für das Schlußkommuniqué finden.

Ein offener Lieferwagen bringt das Mittagessen vor den Bungalow 107. Ein am Spieß gebratener Hammel wird abgeladen, knusprig braun und heiß. Im leichten Nieselregen tragen zwei Männer den Braten ins Haus. Die Präsidenten verabschieden sich, der König geleitet sie nicht zur Tür. Er setzt sich mit dem Gefolge auf dem Teppich zum Essen nieder. Die Männer reißen mit den Händen Fleisch ab. Feisal läßt den Hammel unangetastet, er ißt Pudding, um den Magen zu schonen. Während des Essens spricht der König kein Wort.

Nicht alle Besucher des Bungalows 107 sind bereit zur Zusammenarbeit, nicht alle Staatschefs der ölproduzierenden Länder stehen im Ölkrieg mit Enthusiasmus hinter Feisal. Houari Boumedienne, als algerischer Präsident der Gastgeber dieser Konferenz, sagt seine Meinung: »Algerien hat nicht, wie Saudi-Arabien und Kuwait, Finanzreserven, wir sind auf die täglichen Einnahmen aus dem Ölverkauf angewiesen. Unser Haushaltsplan ist ausgetüftelt – wenn wir die Ölförderung senken, dann sinken unsere Einnahmen. Die Folge ist, daß wir Entwicklungsprojekte einstellen müssen, das kann ich mir nicht erlauben, dafür hat mein Volk kein Verständnis. Mein Volk will Fortschritt, nicht Armut!« König Feisal nippt an seiner Teetasse, dann hebt er langsam die Augen und blickt seinen Gast an. Er gibt dem Algerier freie Hand, wenn nur nicht die Ausfuhr in die Vereinigten Staaten gesteigert wird.

Der Frieden wird verspielt in Algier

Anwar el-Sadat hat den schwarzen Anzug an auf dieser Konferenz. Er raucht Pfeife; der Duft seines Tabaks ist süß und noch drei Reihen hinter ihm zu riechen. Sadat verbraucht große Mengen an Streichhölzern. Während der Eröffnungsrede steht er auf, um den Bruder des marokkanischen Königs Hassan zu umarmen. Der König selbst ist per Schiff unterwegs von Tanger nach Algier. Man munkelt im Konferenzsaal, der Sicherheitschef in Rabat habe dem König nach den bitteren Erfahrungen mit der eigenen Luftwaffe von der Benützung des Flugzeugs abgeraten – marokkanische Jagdflugzeuge hatten vor Monaten versucht, die Maschine des Königs abzuschießen; die Piloten sind hingerichtet worden. König Hassan läßt seine Kollegen, die Könige und Präsidenten, bitten, den Beginn der Konferenz bis zu seiner Ankunft zu verlegen. Diese Bitte findet Anwar el-Sadat grotesk.
Die Runde der arabischen Politiker im Palais des Nations in Algier macht einen geschlossenen Eindruck. Lücken sind keine freigelassen für die fehlenden Delegationen. Libyen ist nicht vertreten auf dieser Gipfelkonferenz, und der Irak auch nicht. Der irakische Präsident Ahmed Hassan Al Bakr ist immer noch verärgert, daß seine Truppen zwar kämpfen durften, daß ihm selbst aber der Beschluß zur Feuereinstellung nie offiziell mitgeteilt

worden ist. Bagdad fühlt sich von Kairo nicht seinem Rang gemäß behandelt – der alte Streit zwischen Bagdad und Kairo bricht wieder auf.

Anwar el-Sadat entfaltet sein brillantes Können als politischer Taktiker, er ist flexibel und rasch in der Entscheidung. Er findet für die Politiker jeder Abstufung zwischen feudalistischem König und Revolutionär die richtigen Worte. Ganz besonders hofiert er den Chef der Palästinensischen Befreiungsorganisation, Jassir Arafat.

Im Bungalow 131 auf dem Gelände des Palais des Nations in Algier wohnt Jassir Arafat. Sein Haus ist außergewöhnlich stark bewacht; als wir uns nähern, werden wir sofort von den jungen Männern der Geheimpolizei umringt – doch Arafats eigene Garde kennt uns. Die großen Fenster des Bungalows sind weit aufgeschoben, die Vorhänge wehen auseinander: Arafat sitzt am Frühstückstisch. Er ist mit einem Gespräch einverstanden. Obst, Säfte, Brot und Magenpillen sind die Morgennahrung des Kommandochefs. Seine Kampfgenossen hinterlassen einen Berg von Orangenschalen; auf die feinen Sitten des Lebens legen die Kämpfer keinen Wert.

Arafat hat das Tuch der Beduinen um den Kopf geschlungen, wieder fällt mir auf, wie klein der Kopf dieses Mannes ist. Der Chef der Kommandos spricht über die kommende Friedenskonferenz und über das Dilemma, ob die Palästinenser teilnehmen sollen oder nicht. Arafat hat vor Monaten in einer depressiven Stimmung die Anweisung gegeben: »Wenn ihr das Gefühl habt, daß ich nicht mehr kämpfen will, dann erschießt mich und nehmt einen anderen Führer!«

Jassir Arafat hat sich unter dem Druck der Sowjets verwandelt; er ist dabei, seine Position zu überdenken. Bei diesem Gespräch am zweiten Tag der Konferenz von Algier hat er zu keinem der brennenden Probleme eine feste Meinung: »Wir, meine Freunde, und ich müssen noch viel darüber nachdenken!« Vorläufig will er dem ägyptischen Präsidenten keine Schwierigkeiten machen; er weiß, daß er an den Fäden Sadats tanzen muß. Doch Arafat hat Hoffnung, daß er an diesem Tag noch die eigene Lage verbessern kann, allein durch seine Anwesenheit auf dieser Konferenz, ohne eigenes Eingreifen. Man spürt es dem Kommandochef an, wie er lauert; ganz unvermittelt fragte er mit scharfer Stimme einen seiner Männer: »Hat man von König Hassan noch nichts gehört?« Bei aller Unentschlossenheit, immer wieder in dieser halben Stunde flackert der Gedanke auf: »Wir müssen aus Israel einen demokratischen Staat machen, in dem Juden, Christen und Moslems gemeinsam leben können!« In Arafats Mund klingen diese Worte nicht als leere Formel.

Jassir Arafat ist an diesem Tag von Anwar el-Sadat gestichelt worden, er sei immer noch nicht Herr aller seiner Mitkämpfer. Der Kommandochef hat Grund, sich über seltsame Zufälle zu wundern: als hier in Algier die blockfreien Staaten tagten, da überfielen Palästinenser die saudi-arabische Botschaft in Paris. König Feisal war damals wütend, er kanzelte Arafat ab und empfahl ihm dringend, auch die extremen Gruppen unter seine Kontrolle zu bekommen. Diesmal entführen drei Männer einer Organisation, die niemand kennt – sie nennt sich Bewegung der Nationalistischen Jugend Palästinas –, den Jumbojet »Mississippi« der niederländischen Luftverkehrsgesellschaft KLM mit 288 Passagieren an Bord. Die Fluggäste werden zwar in Malta freigelassen, doch fliegt die Maschine während der ganzen Konferenzzeit unter dem Befehl der Entführer von einem arabischen Flughafen zum anderen; in Dubai am Persisch-arabischen Golf bleibt sie schließlich stehen. Keiner der Luftpiraten gibt vernünftige Ziele für diese Aktion an: »Wir erwarten über Funk die Befehle des Hauptquartiers unserer Organisation.« Einen Tag später sagen sie: »Die Hälfte des Befehls haben wir erhalten, jetzt warten wir auf die zweite Hälfte.« Wer gibt diesen Befehl? Jassir Arafat bestreitet jede Verbindung zur Bewegung der Nationalistischen Jugend Palästinas.

Der Kommandochef braucht das unangetastete Ansehen, denn er verlangt von den Staatsoberhäuptern auf der arabischen Gipfelkonferenz die Anerkennung als alleiniger politischer Vertreter der Palästinenser. König Husseïn ist ebenfalls Bewerber um diese Aufgabe, aber er fehlt am Konferenztisch und bei den Gesprächen in den Bungalows um das Palais des Nations. Die Könige und Präsidenten ärgern sich über diese Mißachtung. Feisal schickt dringende Mahnungen in die jordanische Hauptstadt Amman, der König möge sofort nach Algier fliegen. Husseïn antwortet mit neuen Fernschreiben an seinen Statthalter Bahjat Talhouni. Der königliche Kabinettschef bekommt den Auftrag zu drohen: wenn die Befreiungsorganisation der Palästinenser auf der Friedenskonferenz die Rechte der Flüchtlinge vertreten, dann wird Husseïn auch nicht nach Genf kommen. Die Drohung verpufft; jetzt ist auch König Feisal nicht mehr dafür, dem König einen Platz im Kreise der arabischen Staatsoberhäupter offenzuhalten. Alle Delegationen stimmen dafür, daß die Organisation des Jassir Arafat Repräsentant der Ansprüche der Palästinenser sein soll. Für den Kommandochef ist das die Stunde des Triumphs, er ist jetzt als Führer der zweieinhalb Millionen Palästinenser anerkannt.

Husseïn, der diese Entwicklung vorausgesehen hatte, der aber nicht die Kraft besaß, sie zu stoppen, ist vom Augenblick dieser Entscheidung ab nur noch König von Transjordanien, Herrscher des jordanischen Gebiets östlich des Jordans. Die arabischen Staatsoberhäupter sind damit weit über den Plan der zwei Präsidenten Anwar el-Sadat und Hafez Assad hinausgegangen. Die beiden wollten das Gebiet um Jericho, Nablus, Jerusalem den Vereinten Nationen unterstellen – das war als Friedensgeste gegenüber Israel gedacht; die Souveränität des jordanischen Königs war damit nicht angetastet, Husseïn konnte bei dieser Regelung noch immer Herrscher auch von Cisjordanien bleiben. Der Vorschlag der Präsidenten berührte das Verhältnis des Königs zu seinen Untertanen nicht; die Menschen von Jericho, Nablus und Jerusalem brauchten keineswegs ihre jordanische Staatsbürgerschaft zu verlieren. Aber nun werden diese Menschen aufgerufen, sich hinter Jassir Arafat zu stellen, hinter den Mann, dem sie im vierten Nahostkrieg die Gefolgschaft verweigert hatten. Niemand im besetzten Gebiet war dem Aufruf der Palästinensischen Befreiungsorganisation gefolgt, der Aufstand fand nicht statt, zur großen Enttäuschung von Hafez Assad und Anwar el-Sadat. Das Fernbleiben des Königs von der Konferenz macht die Rehabilitierung des Jassir Arafat möglich. Er war der einzige Kandidat um die Vertretung palästinensischer Rechte, mit dem man an Ort und

Stelle in Algier die Zukunft besprechen konnte. Husseïn ist fern und fällt durch. Bahjat Talhouni, der Kabinettschef des Königs, verläßt mit traurigem Gesicht den Saal; Husseïn hatte zuviel von ihm verlangt.
Dem ägyptischen Präsidenten gefällt die Enteignung des jordanischen Königs nicht. Seine Geste der Konzilianz gegenüber Israel ist wirkungslos gemacht durch Einsetzung des militanten Kommandochefs in die Stellung eines Staatsoberhauptes ohne Territorium. Sadat kann sich ausrechnen, daß Israel mit Verhärtung seiner Position reagieren wird: keine israelische Regierung kann an der Ostgrenze ein autonomes Staatsgebilde dulden, dessen Politik eine Organisation beherrscht, die Israel zerschlagen will. Anwar el-Sadat macht ein grimmiges Gesicht am Ende der Konferenz von Algier. Er sieht die Zukunft: der Beschluß zugunsten der Befreiungsorganisation wird den Frieden verhindern und den Arabern neuen Streit bringen. Die Saat für Bruderkriege und für neue Kämpfe mit Israel ist gelegt.

Die erzwungene Friedenskonferenz

In der ersten Dezemberwoche rücken die Ägypter vor. Zehn Kilometer südwestlich von Ismaïlia besetzt die Zweite Armee einen palmenbewachsenen Wüstenstreifen, der bisher von den Israelis kontrolliert worden war. Schwere Artillerie gräbt sich im kampflos eroberten Gebiet ein. Die Dritte Armee schiebt ihre Panzerverbände auf Sinai um acht Kilometer nach Osten; die Israelis leisten keinen Widerstand. Nach diesem Erfolg verbessern die Ägypter ihre Position im Nordsektor der Kanalzone südöstlich von Port Said. Die israelischen Truppen wollen diesmal den Vorstoß abfangen, sie schießen Sperrfeuer. Am 8. Dezember registrieren die UN-Soldaten im Abschnitt von Port Said 27 Gefechte. Doch die Ägypter erreichen ihre Ziele, ihre Geschütze sind am 9. Dezember gefährlich nahe an die Nachschublinien der Israelis herangerückt.

Der eingeschlossene ägyptische Verband am Ostufer zeigt, daß seine Schlagkraft wiederhergestellt ist. Nach dem 23. Oktober hatten die Israelis die Kapitulation erwartet. Sehr spät erst entdecken amerikanische Aufklärungsflugzeuge vom Typ S.R. 71, auf welchem Wege die Dritte Ägyptische Armee mit Munition versorgt wird. Die Israelis lassen nur Lebensmittel, Wasser und Medikamente passieren – doch aus Agentenberichten erfahren sie, daß auch die Munitionsreserven der eingeschlossenen Armee wieder aufgefüllt sind. Die Amerikaner bieten dem Generalstabschef Elazar Aufklärungshilfe an: zwei Flugzeuge starten in der Türkei, sie überqueren die Suezfront in einer Höhe von 23 Kilometern mit einer Geschwindigkeit von 2500 km/h. Die Fotos der Spezialkameras zeigen, daß Fährschiffe im Golf von Suez pendeln; sie liefern der Dritten Ägyptischen Armee die Munition.

Am 13. Dezember kommt Henry Kissinger wieder nach Kairo. Acht Tage vor dem Beginn der Friedenskonferenz. Die Aufklärungshilfe der Amerikanischen Luftwaffe ist nicht unbemerkt geblieben, ägyptische Radarstationen hatten die S.R. 71 geortet. Doch der amerikanische Außenminister wird von Sadat mit unverminderter Herzlichkeit empfangen. Die Ägypter schlucken noch mehr: Moshe Dayan hat zwei Tage zuvor aus Washington die Zusage erhalten, daß er mit den neuesten »intelligenten Waffen« rechnen kann – für Anwar el Sadat aber bleibt Kissinger trotzdem der einzige Politiker auf der Erde, der dem Nahen Osten Frieden bringen kann.

In Kairo hat Henry Kissinger eine verborgene Verbündete, Jihan Sadat, die Frau von Anwar el Sadat. Seit ihrem Amerikabesuch im Jahre 1966 fühlt sich Jihan Sadat als Freundin der Amerikaner. Die vierzigjährige elegante Frau – ihre Mutter ist Engländerin – gleicht in diesen Tagen das Übergewicht des Militärs in der Umgebung des Präsidenten aus. So nebenbei erläutert Sadat im Gespräch mit Henry Kissinger die ägyptische Verhandlungsposition durch die Erzählung eines Erlebnisses seiner Frau. Ein Offizier hatte in den ersten Kriegstagen zu Jihan Sadat gesagt: »Auf Wiedersehen in Tel Aviv!« Die Antwort der Frau des Präsidenten: »Nein, nein, nicht in Tel Aviv! Diese Stadt gehört den Israelis, nicht uns Arabern. Wir wollen nur unser Land zurück-

haben, dann möchten wir mit den Juden in Frieden leben!« Diese Antwort gefällt dem amerikanischen Außenminister. Er geht mit Anwar el Sadat einen Verschwörerbund ein, um die Friedenskonferenz gegen kriegslüsterne und widrige Umstände zu erzwingen. Ein verzwicktes Spiel beginnt. Der Amerikaner verfolgt die bewährte Regel der Diplomatie. Der erfolgreiche Verhandler tauscht mit seinen Kontrahenten ungleichwertige Zusagen aus.
Der ägyptische Präsident hebt die Blockade am Tor der Tränen, am Bab al Mandab, auf. Dafür legen die Israelis den Ägyptern, die an der Suezfront bessere Stellungen suchen, keine Hindernisse in den Weg. Moshe Dayan erhält vom amerikanischen Verteidigungsminister Schlesinger das Versprechen auf langfristige Lieferung von Waffen im Werte von drei Milliarden Dollar. Das israelische Kabinett verzichtet auf die Bedingung der Heimkehr der Gefangenen aus Syrien vor Konferenzbeginn.
Nach den Unterlagen des Generalmajors Herzl Shafir werden 102 Israelis an der syrischen Front vermißt. Der Generalmajor, er ist zuständig für die Mannschaftsstärke der israelischen Armee, rechnet damit, daß sich diese 102 Soldaten in syrischer Gefangenschaft befinden. In Wahlkampfreden verspricht die regierende Arbeiterpartei, sich mit allen Mitteln für die Heimkehr der Gefangenen einzusetzen. Die Ministerpräsidentin wird attackiert für ihr Nachgeben vor Konferenzbeginn. Sprechchöre schreien ihr entgegen: »Erst müssen unsere Söhne heim!«
Generalmajor Herzl Shafir hat noch eine andere Statistik an Golda Meïr geschickt, die Verlustliste. Herzl Shafir korrigiert die Gefallenenzahlen: 2412 israelische Soldaten sind im Jom-Kippur-Krieg gefallen – nicht, wie bisher vom Generalstab angenommen, 1854. Die sterbenden Verwundeten sind in der revidierten Zahl noch nicht eingerechnet. Der Generalmajor warnt: die Wiederaufnahme der Kämpfe wird mit ähnlich hohen Verlusten bezahlt werden müssen. Herzl Shafir liefert damit ein wichtiges Argument für den Gang nach Genf. Mitte Dezember sind auch Israel, Ägypten, Syrien, Jordanien und die zwei Großmächte einig über Ort, Zeit und Verfahrensfragen der Friedenskonferenz:

1. Die Konferenz findet unter der Schirmherrschaft der UN statt, im Genfer Gebäude der UN, und unter der UN-Flagge.

2. Im ersten Stadium nehmen Ägypten, Syrien, Jordanien und Israel an der Konferenz teil.
3. Später wird eine Delegation des Libanon und der Palästinenser zu den Gesprächen eingeladen.
4. Die zwei Großmächte USA und UdSSR werden abwechselnd den Vorsitz führen.

Eine Woche vor dem geplanten Beginn der Konferenz bricht Streit aus um die Beteiligung des Generalsekretärs der Vereinten Nationen, Kurt Waldheim. Der Generalsekretär möchte die Eröffnungssitzung leiten und eine richtungsweisende Friedensrede halten. Ägypten hat nichts dagegen. Die israelische Regierung aber lehnt diesen Wunsch ab. Nach Meinung von Golda Meïr soll dem UN-Generalsekretär als Status ein Mittelding zwischen Beobachter und Teilnehmer zugewiesen werden. Israel hat UN-Resolutionen nie für wichtig und befolgenswert gehalten – die Regierung will nicht die Beschlüsse des Sicherheitsrats jetzt aufgewertet wissen durch eine wichtige Rolle des Generalsekretärs im Konferenzsaal. Henry Kissinger entscheidet: es ist Sache der Großmächte, festzulegen, mit welchem Gewicht Kurt Waldheim an der Friedenskonferenz teilnimmt. Israel ist mit dieser Entscheidung zufrieden, es ordnet den Generalsekretär eindeutig den Großmächten unter. Israel, das seit 1967 die direkten Gespräche mit den Arabern sucht, zögert, sich in Genf dem Willen der Vereinigten Staaten und der Sowjetunion auszuliefern. Die Konferenz mit den Arabern hat sich Moshe Dayan anders vorgestellt, er wartet seit dem Junikrieg von 1967 auf die Kapitulation der Ägypter, Syrer und Jordanier. Diese Kapitulation werden in Genf Andrej Gromyko und Henry Kissinger verhindern.

Anwar el-Sadat hat sich nach dem vierten Nahostkrieg eine starke psychologische Grundlage im ägyptischen Volk und in der Armee für die direkten Gespräche mit Israel geschaffen: auf dem Messegelände in Kairo sind 20 erbeutete israelische Panzer ausgestellt, Kolosse vom Typ Chieftain und Centurion. Manche der Kettenfahrzeuge waren unbeschädigt von ihren Besatzungen auf Sinai zurückgelassen worden, die meisten zeigen das Einschußloch der drahtgelenkten Panzerabwehrrakete. Diese 20 Panzer sind der Bevölkerung zur Demontage freigegeben. Anwar el-

Sadat kennt die Ägypter: jeder, der ein Metallteil abbricht, bringt das Gefühl mit nach Hause, am Erfolg beteiligt zu sein. Der Präsident sagt seinem Volk: »Im Siege sind wir Araber immer großzügig, wir können den Israelis die Hand zum Frieden geben!«
Noch vor Beginn der Friedenskonferenz aber lädt das Parlamentsmitglied Mahmud Abu Wafia die ägyptischen Scharfschützen zur »Jagd auf Israelis« ein. Mit einer Anzeige in der Tageszeitung »Al Akhbar« fordert der Abgeordnete die Männer und Frauen der ägyptischen Schützenvereine auf, sich an einem Wettbewerb zu beteiligen. Gewinner soll sein, wer mit dem Zielfernrohr die größte Zahl von Israelis abschießt. Der Abgeordnete stiftet die Siegesplakette. Als »Jagdgebiet« legt Mahmud Abu Wafia die Kanalzone von Ismaïlia bis Madiya fest.
Anwar el-Sadat verhindert diese »Jagdpartie«, die im Gehirn eines Mannes erdacht wurde, der sonst in der Politik Ägyptens eine vernünftige Rolle spielt. Im Verlauf der Friedenskonferenz und bei der Ausführung ihrer Ergebnisse wird der ägyptische Präsident mit den widersinnigsten Ideen zu kämpfen haben. Arabien steckt noch tief im Reifeprozeß.
Die Friedenskonferenz kann den Konflikt im Nahen Osten nur einfrieren. Zwei Voraussetzungen sind für den Frieden nötig: die arabischen Völker müssen zu einer politischen Einheit finden, die eine einheitliche Politik möglich macht – und Israel muß bereit sein, sich unter Aufgabe der elitären Arroganz in seine Umgebung im Nahen Osten einzuordnen. Diese Voraussetzungen für den Frieden sind in zwanzig Jahren zu erreichen – von einer neuen Generation auf beiden Seiten, bei den Arabern und bei den Israelis.
Golda Meïr hat zu Beginn der Genfer Friedenskonferenz erkannt: »Wir werden uns nicht immer auf die USA als Bundesgenossen verlassen können!« Die Konsequenz spricht sie nicht aus, daß Israels Sicherheit deshalb nur auf der Aussöhnung mit den Nachbarn aufgebaut werden kann.

Bildnachweis

Action Press/Foto Abbas-Sipa: 46 unten; *Associated Press, London:* 35 oben, 36, 37, 42/43 unten, 44 unten, 81, 110/111 oben, 146; *dpa:* 33 oben, 35 unten, 112 (2), 148, 154 unten, 234 oben, 235, 236 (2), 238/239; *Israel Sun:* 34 (2), 38/39, 40/41, 42, 46 oben, 48 oben, 82, 83 unten, 108 oben, 145 (2), 151, 152/153, 154 oben, 155, 156, 158, 159 oben, 160, 193, 194/195, 196 (2), 197, 198, 199, 200, 233; *Sven Simon:* 33 unten, 45, 47 unten, 48 unten, 86 unten, 87, 106, 107 (2), 108 unten, 109, 147, 194 unten; *Südd. Rundfunk:* 38 unten, 43 oben, 44 oben, 83 oben, 84, 85 (2), 86 oben, 88, 105, 108 oben, 109 (2), 110/111 unten, 149 (2), 150 (2), 157 (2), 159 unten, 234 unten, 237 (2), 240 (2).

Die Karten auf den Seiten 18, 53, 59, 123 und 167
zeichnete Wilhelm Heinold, München.